Contre-Révolution, Révolution et Nation en France

1789-1799

Jean-Clément Martin

Contre-Révolution, Révolution et Nation en France
1789-1799

Éditions du Seuil

ISBN 2-02-025872-2

Introduction

Est-il possible, aujourd'hui, en cette fin de XXe siècle, d'étudier sans passion la Contre-Révolution entre 1789 et 1799 et d'en parler sans intentions polémiques ? La question n'est pas rhétorique. Dans les années de son bicentenaire, la Révolution française a été l'objet d'une attention débordante et de débats d'autant plus animés que la chute du bloc soviétique semblait signer la condamnation définitive de l'idée révolutionnaire elle-même ; pourtant, alors que le climat intellectuel pouvait sembler propice, la Contre-Révolution est restée mal connue.

Quelques livres seulement, souvent partisans, s'étaient consacrés à son étude. Jacques Godechot [1], dans un cours professé il y a trente ans et réédité en 1984, la présentait comme constituée d'un noyau d'irréductibles opposants possédant une doctrine, engagés dans des actions précises et rejoints par des mouvements populaires, la Vendée et la chouannerie notamment. Dans une perspective plus favorable, les livres de Ghislain de Diesbach et du duc de Castries [2] brossaient des histoires de l'action contre-révolutionnaire hors des frontières, pour redonner aux émigrés un rôle dans l'histoire de la période. Plus

---

1. J. Godechot, 1984. [Les ouvrages cités sont classés selon le nom de l'auteur et la date de parution dans la bibliographie placée à la fi⁻ de l'ouvage.]
2. G. de Diesbach, 1975 ; duc de Castries, 1979.

récemment, Jean Tulard [3], prolongeant cette approche, montrait dans un livre collectif les différentes voies politiques, populaires et intellectuelles, empruntées par la Contre-Révolution, insistant sur son unité doctrinale ; il rejoignait Louis-Marie Clénet [4], qui avait ancré la Contre-Révolution dans un courant de pensée séculaire, pour assurer l'unité du mouvement organisé autour des grandes figures des princes, qui allaient après 1814 réinstaller la monarchie en France.

Pour ces auteurs, la Contre-Révolution, née à partir de 1789, constitue un courant de pensée qui refuse la Révolution et la philosophie des Lumières, les Droits de l'Homme et la laïcité, qui dénonce la Terreur et la guillotine, les illusions de l'égalité et les déviations de la fraternité, et qui est à l'œuvre chez l'abbé Barruel ou Burke dès 1790, jusqu'à Gaxotte dans les années 1980, en passant par Maurras, le tout créant un corpus idéologique dans lequel les mouvements royalistes et de la droite extrême ont puisé à pleines mains. Pourtant, même aux yeux de ses partisans, la Contre-Révolution semble désignée par avance comme victime de la Révolution – qui a seule légué son nom à la période historique –, tandis que ses détracteurs insistent sur le fait qu'elle demeure au second rang, voire qu'elle n'a été qu'une réaction confuse et sans avenir, avant d'être l'apanage de nostalgiques sans prise sur le monde moderne [5]. Une analyse critique va jusqu'à contester son existence même, estimant que le mot a perdu tout sens entre 1789 et 1799, parce que toutes les oppositions à la Révolution ont été, à un moment ou à un autre, qualifiées de contre-révolutionnaires [6]. Peut-on enfin penser que l'image de

3. J. Tulard, 1990.
4. L.-M. Clénet, 1991.
5. G. Gengembre, 1989, p. 9.
6. N. Hampson, 1987.

la Contre-Révolution a été d'autant plus brouillée que l'historiographie contre-révolutionnaire et catholique a donné aux révolutionnaires et surtout aux conventionnels une dimension quasi mythique pour faire oublier d'abord la facilité avec laquelle la monarchie s'était écroulée en 1789, ensuite l'incapacité des émigrés et des États étrangers à la restaurer [7] ?

Cependant, nous avons estimé que, suivant en cela des travaux récents, il était possible de comprendre historiquement comment un ensemble flou de « résistances » à la Révolution venues de tous les horizons avait été dénoncé, identifié, puis revendiqué, jusqu'à s'incarner en un mouvement précis. Le mot « Contre-Révolution » a certes désigné les adversaires des réformes, mais il a coupé progressivement la société française en deux blocs, entre 1789 et 1799, jusqu'à être appliqué à des groupes de plus en plus nombreux et de plus en plus divers, avant d'être contrôlé par un groupe exclusif d'opposants à la Révolution. C'est l'objectif de ce livre que de retracer la genèse de la Contre-Révolution, en démêlant les écheveaux qui ont conduit à cette situation, sans croire que la Contre-Révolution était inévitable, ni qu'elle a représenté l'exact envers de la Révolution – qui demeure cette étape du devenir humain marquée par la proclamation de la dignité humaine. Ce livre souhaite historiciser la Contre-Révolution – ainsi donc que la Révolution – et montrer que Révolution et Contre-Révolution participent du même processus culturel et politique, que leurs radicalités spécifiques se sont alimentées à cette naissance commune et se sont exacerbées sous l'effet de leurs rivalités comme de leurs divisions internes.

7. O. Ihl, 1996, p. 50 ; L. Madelin, 1935, p. 50-55 ; L. Dimier, 1ᶜ en parle comme d'« une chose formidable », p. 157.

L'attention portée à l'emploi des termes explique que ce livre prenne en compte autant ce qui a été pensé et voulu comme Contre-Révolution que les usages reçus dans les polémiques. Cette position est centrale. Il n'est pas possible de prendre parti dans le labyrinthe sans fin des opinions des acteurs de l'histoire, et le tri serait interminable pour qui prétendrait établir ce qui est Contre-Révolution « authentique » (doté d'un projet politique), Anti-Révolution, mécontentements… ou calomnies ! – sauf à partir de ses propres convictions. Il suffit de relever l'attitude du comte de Provence, qui accepte le début de la Révolution avant d'émigrer, pour comprendre que même les frères du roi n'échappent pas à cette incertitude. Que dire des monarchiens, appartiennent-ils à un « centre perdu [8] » réformiste tombé dans la Contre-Révolution, ou ne sont-ils, dès le début, que des contre-révolutionnaires masqués ? Que faire de Robespierre dénonçant fin 1793 l'alliance des contre-révolutionnaires à bonnet rouge (les sans-culottes) et à bonnet blanc (les contre-révolutionnaires « ordinaires »), ou de l'accusation portée, fin 1794, contre lui par Babeuf, le qualifiant de contre-révolutionnaire ?

Les querelles sémantiques ont été fondamentales dans le déroulement même du processus politique révolutionnaire qui est d'une « nouveauté ahurissante » [9]. Au moment où tous les rapports politiques et sociaux sont remis en cause, le sens des mots, notamment lorsqu'il faut en créer de nouveaux pour tenter de donner une signification aux événements, échappe à ceux-là mêmes qui les emploient. L'antonyme de « révolutionnaire » hésite entre « anti-révolutionnaire » et « contre-révolutionnaire », si bien que « contre-révolution » s'emploie à partir de 1790, alors que « dérévolutionner » ou « contre-

---

8. Titre du livre de R. Griffith, 1988.
9. Selon la remarque de W.H. Sewell, 1983, p. 138-139.

révolutionner » ne peuvent pas s'imposer[10]. Parler de Contre-Révolution sans précaution est encore participer, sans s'en rendre compte, à cette lutte pour le contrôle des mots qui affecte toute la période en Europe. Dans ce laps de temps pendant lequel les Français expérimentent de nouveaux rapports collectifs à la Cité, où l'ensemble des individus du pays créent, par leurs pratiques, les cadres de l'univers politique qui est encore le nôtre, leurs paroles construisent, aussi, un imaginaire politique dans lequel tous les coups sont permis, où l'adversaire est considéré comme une bête malfaisante et se voit même privé de toute humanité, avant de l'être de la vie[11]. L'histoire scientifique doit exercer toute sa vigilance pour ne pas être dupe des qualifications idéologiques dont nous avons hérité.

L'histoire de la Contre-Révolution doit donc s'établir contre la mémoire historiographique. Toute une historiographie favorable à la Révolution (« jacobine » dans le jargon consacré), dont le représentant aura été longtemps Albert Soboul, a tant diabolisé la Contre-Révolution, sans lui accorder d'attention érudite, qu'elle a rendu toute la période révolutionnaire incompréhensible. Elle a autorisé sa rivale « critique », conduite par François Furet, à dénoncer les errements révolutionnaires comme s'ils avaient été fondés sur une idéologie folle. Or la Révolution n'a pas été ce ring sur lequel un boxeur fou et solitaire se serait donné des coups. S'il n'est pas question d'atténuer la surenchère révolutionnaire, on ne peut pas oublier qu'aux frontières, dans toutes les villes et presque toutes les campagnes, des opposants s'armaient, complotaient, agitaient l'opinion. Révolution et Contre-Révolution n'ont pas d'existence l'une sans l'autre, et celle-ci hors des cadres de pensée imposés par celle-là.

10. A. Rey, 1989.
11. Propos de R. Chartier, *Le Monde*, 17 février 1993.

Il a semblé possible de se déprendre de ces habitudes historiographiques et de ces plaidoyers, et qu'il conviendrait d'exposer, époque par époque, l'opposition révolutionnaire/contre-révolutionnaire telle qu'elle avait été vécue, entre 1789 et 1799, pendant ces années d'indécision et de confusion, avant que Bonaparte et le Consulat ne figent les blocs d'opposants. C'est pourquoi nous avons insisté, dans les pages qui suivent, sur les mécanismes plutôt que sur les descriptions, que nous n'avons pas visé à l'exhaustivité, et que nous avons privilégié l'analyse des moments de conflits et de débats, pour passer plus rapidement sur les périodes pendant lesquelles les définitions se stabilisent et se cristallisent.

Dans cette perspective, la Contre-Révolution trouve sa place dans l'histoire nationale. Elle a proposé des orientations que l'État en construction a refusées au moment de la constitution de la nation ; elle participe du processus de politisation de la société française ; elle partage avec la Révolution la culture d'exclusion qui marque la vie politique française depuis Louis XIV ; enfin, elle appartient à cette époque particulière qui a vu la subversion des mots et l'invention de nouvelles catégories de pensée, ce qui rend la période de la Révolution française irréductible à toute autre révolution. Étudier la Contre-Révolution permet de comprendre la nouvelle configuration politique qui se met en place en France entre 1789 et 1799. Le flou de la Contre-Révolution n'est pas un obstacle à la compréhension ; il correspond, au contraire, à l'état des conflits dont est sorti un système politique durable, puisque la Contre-Révolution, tout aussi imprécise qu'elle ait été, sert encore de repoussoir dans la dynamique des droites [12]. Dans cette optique variant les échelles d'observation et mêlant les dimensions histo-

---

12. M. Winock, 1993, p. 8-9.

riques : histoire économique et sociale, histoire culturelle, histoire des représentations, la Contre-Révolution est étudiée en tant que réalité sociale et politique, argument politicien, expression des ruptures sociales et fantasme. Elle a été l'un des réceptacles de la colère et du mécontentement, des envies et des pulsions, des idéaux et des bassesses, provoquant l'engrenage de la violence et de la terreur ; elle n'a pas été vécue de la même façon à la Cour et à Paris, dans le Bassin parisien et dans l'Ouest, chez les notables languedociens et chez les paysans des Cévennes ; enfin, elle n'eut pas la même signification en 1790, en 1793 ou en 1795 ! Est visée une description dense [13] d'intrigues apparemment éloignées les unes des autres, mais qui furent nouées selon des conjonctures hasardeuses pour donner naissance à une trame devenue indéchirable ensuite.

Nous ne prétendons pas que cette opposition entre Révolution et Contre-Révolution épuise toutes les intrigues explicatives de la période, mais nous pensons qu'elle permet de comprendre comment s'est développée cette spirale d'exclusions, qui au nom de la Révolution a voulu édifier la nation débarrassée de toute Contre-Révolution. Nation, voilà bien le troisième terme du débat ; il trouve son sens nouveau dans le cours des années 1789-1799 et représente l'enjeu des luttes entre Révolution et Contre-Révolution, avant de se constituer d'une façon autonome.

La Contre-Révolution aura donc participé à la politisation massive de la société française, elle n'en aura été ni un épiphénomène ni un appendice, mais une alternative durablement débattue. L'étude de la Contre-Révolution se trouve ainsi au cœur même de la création de la Nation française.

13. H. Medick, 1990.

1

Au début était
la Contre-Révolution

A la recherche d'un acte de naissance.

L'historiographie s'étonne souvent de la trajectoire apparemment paradoxale du comte d'Antraigues, qui, auteur d'un pamphlet antinobiliaire en 1788, devient dès 1790 un contre-révolutionnaire activiste jusqu'à sa mort [1]. Au-delà de ce personnage, pourtant semblable à tant d'autres, l'identification même de la Contre-Révolution et des contre-révolutionnaires pose problème. A quoi, et à partir de quelle date, les reconnaît-on ?

Trois actes de naissance peuvent être dressés. Le terme de Contre-Révolution lui-même, ne daterait que de 1790 – avant le verbe « contre-révolutionner [2] » – ou de l'automne 1789 [3], mais la réalité politique est antérieure. Dès les événements du printemps et de l'été 1789, les journaux « patriotes [4] » se saisissent du mot « aristocrate » pour stigmatiser leurs adversaires et leur imputer la responsabilité des faits écoulés. L'accusation est fondée : depuis les manifestations de la « révolution aristocratique [5] » des années 1787-1788, un courant opposé à toute « démocratisation » de la monarchie française est actif – sur lequel se

1. J. Godechot, 1986a.
2. A. Rey, 1989, p. 118 *sq.*
3. C. Garrett, 1994, p. 790.
4. J. Guilhaumou, 1985.
5. J. Égret, 1962.

développera ensuite la Contre-Révolution. Cependant, si le mouvement dénommé « contre-révolutionnaire » en 1790, est déjà à l'œuvre en 1789, sur des orientations décelables en 1787-1788 [6], il ne convient pas pour autant de postuler une continuité sans faille. Au contraire, nous voudrions montrer que c'est dans les mutations continuelles des deux mouvements, Révolution et Contre-Révolution, qu'il faut comprendre comment sous les mots se mettent en place de nouvelles choses, avant que Thermidor, son contrôle politique et ses règlements de compte, puis l'historiographie ne figent le sens des termes.

Ce n'est que sous l'effet d'une logique apparente que la Révolution doit précéder la Contre-Révolution [7]. Or la date de naissance de la Révolution est liée au jugement des acteurs et des observateurs comme à une historiographie qu'il n'est pas possible d'avaliser sans réserve. L'habitude la plus courante en France est de faire débuter la Révolution avec la réunion des États généraux, en oubliant l'absence de toute volonté « révolutionnaire » de cette assemblée légale. La légalité n'est enfreinte qu'entre juin et juillet 1789, et la conscience de vivre une rupture ne s'impose qu'après octobre 1789. On comprend qu'il soit possible de proposer de rompre avec les traditions commémoratives nées dans les années suivantes (transformant 1789 en l'an I de la Liberté) qui ont été validées par la IIIe République (célébrant le 5 mai [8] et le 14 Juillet), et donc d'estimer que la Révolution commence dès 1787 [9] et que la Révolution est accomplie dès 1788 [10].

---

6. Voir M. Wagner, 1988a, p. 98 *sq.*
7. W. Doyle, 1988, p. 267.
8. Rappelons que l'ouverture des États généraux s'effectue religieusement le 4 mai 1789, et politiquement le 5. Le choix de la date n'est pas dénué de signification.
9. A. Mathiez, 1922, vol. 1, chap. 1-2.
10. F. Furet, 1988a.

Le débat n'est pas formel. Il répond à la nécessité de périodiser l'histoire[11] en refusant que l'opposition « Ancien Régime/Révolution » exprime tous les événements des années 1780-1790 comme si deux tentatives avaient été d'emblée vouées à l'échec : d'une part, le succès de la modernisation du royaume par le roi et par son administration[12], d'autre part, la prise de pouvoir par l'aristocratie nobiliaire et parlementaire ; cette dernière tentative étant désignée sous le nom de « révolution aristocratique » ou « pré-révolution ». Il faut comprendre ces années hors de la lutte en légitimation que les différents groupes politiques se sont livrée. Si la monarchie a traversé des crises auparavant, l'innovation de la fin du XVIIIe siècle réside dans la prolifération du langage politique et dans la création d'un « horizon de réception[13] » qui érode les mythes fondateurs de la monarchie, laïcise et autonomise les pratiques sociales et classe politiquement les opinions en même temps que le mot « révolution » devient autre que l'éternel retour[14]. Il est nécessaire de comprendre comment, à partir d'un ensemble de débats confus, se sont peu à peu dégagées des lignes politiques organisées et opposées.

L'exemple belge montre à quel point les dénominations de « contre-révolutionnaire » et de « révolutionnaire » sont déjà employées hors de nos références consacrées[15]. Dans l'été 1789, « la révolution brabançonne » se constitue contre l'empereur d'Autriche, Joseph II, qu'elle déchoit pour confier la souveraineté aux États. Or le mouvement est urbain, notabiliaire, et s'il fait référence à la loi naturelle et s'il compte en son sein un courant réformateur (autour de l'avocat Vonck, d'où le nom de vonckistes) qui

---

11. J. Solé, 1988, p. 16 ; sur ce genre de nécessité, A. Prost, 1996.
12. G. Weulersse, 1985.
13. R. Chartier, 1994, p. 5-8.
14. J.-M. Goulemot, 1996.
15. L. Dhondt, 1987.

a fait une jonction avec la révolution libérale de Liège d'août 1789, il regroupe pour l'essentiel d'authentiques conservateurs, qui ont refusé les réformes inspirées des Lumières de Joseph II, et qui veulent conserver leurs constitutions et donnent le pouvoir à leurs États (d'où leur nom de statistes). Ce retour au *statu quo ante* a des consé-quences paradoxales. A partir de mars 1790, les statistes affrontent deux oppositions, qu'ils qualifient, logiquement selon leur point de vue, de « contre-révolutionnaires » : les vonckistes, d'abord, qui sont battus et chassés, les paysans ensuite, qui se soulèvent contre les Grands et qui reçoivent le soutien de Joseph II ! Les ruraux, appelés aussi « bri-gands » par les statistes, sont réprimés au nom de la fla-mandité avant que ces derniers soient eux-mêmes battus par l'armée autrichienne en décembre 1790 – qui passe par le nord de la France avec l'accord de l'Assemblée constituante [16] !

La diffusion de termes identiques ne doit donc pas faire croire à une identité des situations ou des opinions, mais rappelle simplement que si l'Europe et l'Amérique sont traversées par des questions semblables, sur la nation, sur la légitimité, celles-ci reçoivent cependant des réponses variées, liées aux différents contextes et aux différentes histoires. Le mot patriote a été utilisé par les insurgents américains (comme Comité de salut public ou Convention [17]), puis par les révoltés des Provinces-Unies, bien avant que les Français ne s'en emparent. Lorsqu'ils le firent, ils laissèrent croire aux Américains ou aux exilés bataves qu'il était possible de trouver en France la réalisation de leurs espoirs ; ceux-ci furent amèrement déçus [18]. Au-delà des apparences de simila-rité, il n'y eut que des réalités nationales ancrées dans

---

16. T.C.W. Blanning, 1996, p. 49.
17. É. Marienstras, 1990, p. 12.
18. S. Schama, 1992, notamment l'introduction.

leurs passés respectifs, dépendantes de leurs contradictions internes, entre lesquelles il n'est ni possible ni souhaitable de postuler une unité [19] ou d'établir des classements [20], mais à partir desquelles il est nécessaire de comprendre comment des engrenages différents ont donné des résultats spécifiques. Ainsi, en même temps que d'Antraigues, il devient possible de penser l'exemple de La Rouérie, noble breton, combattant aux côtés de La Fayette, hostile à l'absolutisme, mourant en 1793 authentiquement contre-révolutionnaire.

Dans les contradictions de la monarchie française.

Dans la seconde moitié du XVIII⁰ siècle, la société française est engagée dans une série de mutations profondes mal maîtrisées par le pouvoir. L'administration royale, hésitante et déterminée, se lance dans une politique extérieure dispendieuse [21] et dans une gestion rationalisée de ses ressources, alors qu'elle dépend des corps intermédiaires et qu'il lui faut des fonds dans l'instant. Imposant une modernisation et une centralisation administrative, ce « vaste chantier » remet en question les équilibres sociaux et politiques. Les pouvoirs des officiers et des parlementaires sont limités (mis au pas en 1771 par la réforme Maupeou, ces derniers ne retrouvent pas toute leur autonomie après 1775) ; la Cour des aides, la Chambre des Comptes, la Ferme générale sont doublées par de grands commis salariés, dépendants du roi [22]. Or des parlementaires, des membres du clergé et même des nobles

---

19. Volonté de J. Godechot et R. Palmer dans leur « révolution atlantique », repris dans J. Godechot, 1983, chap. 1.
20. Volonté de F. Furet et de toute l'école qui veut opposer une bonne révolution américaine à une mauvaise française.
21. B. Stone, 1994.
22. M. Bruguière, 1986, p. 26-27 *sq.*

libéraux (comme La Fayette) [23] dénoncent le « despotisme » dans ces réformes (auxquelles s'ajoutent les Assemblées provinciales, de nouveaux impôts de quotité et de nouvelles répartitions des impôts), puisque le roi semble échapper à tout contrôle et affirmer son emprise sur les pouvoirs locaux [24].

Les contradictions sont particulièrement fortes dans l'armée, où les officiers nobles sont à la fois confortés dans leurs privilèges traditionnels par l'édit de Saint-Germain, comme par la rapidité des avancements, et contestés par les réformes entreprises par Guibert, pendant le ministère Brienne [25]. Si bien que l'entourage du roi se cristallise, d'une part, autour des conseillers (dont Turgot) qui veulent reconstruire le royaume selon des principes rationnels, excluant les non-propriétaires et mettant à mal les hiérarchies traditionnelles [26], et qui sont soutenus par certains qui, comme Condorcet [27], condamnent les prérogatives, jugées exorbitantes, des magistrats et des privilégiés ; tandis que, d'autre part, les partisans du renforcement de la noblesse prennent la tête des défenseurs des libertés. Si bien que lorsqu'un camp réussit à pousser en avant ses hommes et lance des réformes, l'autre bloque, attend des novations miraculeuses sans accorder les moyens à leurs promoteurs (Turgot ou Necker) ou démet ses porte-parole (Calonne ou Brienne) lorsque ceux-ci s'engagent dans des consultations jugées dangereuses pour les cadres anciens de l'État. L'effondrement du régime, voulant se réformer drastiquement, alors qu'il est malade de contradictions et

23. J. Égret, 1962, p. 19-53.
24. R. Dupuy, 1995 ; exemple à la marge, les nobles du Pays de Caux, G. Lemarchand, 1989, p. 402 *sq.*
25. E. Hublot, 1987 ; J. Meyer, 1991, p. 522-523.
26. O. Le Cour Grandmaison, 1992, p. 27-29 ; R. Halévy, 1991 ; D. Lacorne, 1994, p. 41.
27. K. Baker, 1988, p. 325-330.

tiraillé entre ses soutiens, est prévisible. Les élites nobiliaires estiment que l'organisation traditionnelle de la monarchie française est menacée et se fortifie des reculades de Louis XVI, abandonnant ses ministres.

Dans les contradictions qui emporteront la monarchie, l'une d'elles tient au principe même de l'accord entre le roi avec « ses peuples » ou avec « la nation [28] ». La familiarisation de ce dernier terme dans les années 1780 est capitale, le concept désigne alors à la fois une continuité historique et un facteur de revendication [29]. Les mutations survenues dans le système politique comme dans les conceptions politiques du temps ont remis en cause les liens donnés pour constitutifs du royaume et leur ont fait perdre leur « naturalité ». Le roi lui-même dénoue les liens anciens et politiques qui l'unissaient à « ses peuples » pour entreprendre avec « la nation », soit l'ensemble des forces vives, la réforme du royaume. Turgot incarne cette tentative qui lance la monarchie dans l'aventure : les liens verticaux, historiques, consacrés par le temps, doivent être remplacés par une communauté de vue horizontale, unifiée autour d'objectifs identiques, exposés, voire discutés. Ce bouleversement des valeurs, qui relève d'un courant de réflexion européen, contredit l'accusation ordinaire qui pèse sur « les Lumières », d'avoir voulu instaurer une unité politique absolue, annonciatrice de la Révolution [30].

Car ces discussions s'enracinent dans d'autres perspectives. Un courant d'inspiration janséniste, puissant chez les parlementaires, milite depuis le début du siècle contre « le despotisme » (mais pour le pouvoir absolu du roi), contre l'emprise du haut clergé (mais pour la défense des curés) et contre les philosophes (mais pour

28. P. Rétat, 1996, et S. Rémi-Girault, 1996.
29. D. Poulot, 1996, p. 83.
30. M. Antoine, 1987.

le messmérisme). Une longue tradition de lutte contre le
« despotisme » et une grande habitude à mener une propagande en sous-main ont donc été expérimentées [31]. Le
combat des années 1788-1789 n'est ni neuf ni révolutionnaire pour beaucoup de parlementaires habitués à
défendre l'État et la nation, au besoin contre le roi, à
refuser tout ce qui peut attenter à la puissance des parlements, mais aussi à négocier, puisque le roi a laissé
expulser les jésuites pour obtenir des impôts, en 1762,
comme à supporter des contre-attaques [32]. Cette opposition, qui se poursuit jusqu'en 1788, lorsque ces derniers
entendent garder leurs prérogatives et s'opposent au roi
et à ses agents, menacés de mort notamment à Rennes en
mai, renforce leur prétention à considérer les parlements
comme aussi anciens que la monarchie et la Cour des
pairs, et à comprendre les États généraux comme un
contre-pouvoir, qui constituerait le corps de la nation
dans une union mystique avec le roi. Les parlementaires
soutiennent le droit divin (tant que le lien mystique avec
la nation n'est pas brisé par le « despotisme » ministériel) et ne veulent pas remplacer le roi, mais le conforter
dans une monarchie absolue catholique. Leur optique est
profondément religieuse, loin du détachement politique
de la monarchie absolue, qui adopte une position déjà
laïcisée. Leur appel au peuple ne souhaitant pas établir
un contrat social, mais, à l'inverse, revenir aux hiérarchies divines, dans lesquelles les parlements sont des
intermédiaires indispensables, leurs revendications
constitutionnalistes ne sont pas « modernes », mais liées
au passé.

La « régénération », qui a tant fait gloser sur la volonté
de renouveau des « révolutionnaires », concerne différents courants de pensée, aussi opposés que les philo-

31. A. Doyon, 1969, p. 11, 40-49.
32. D. Van Kley, 1987.

sophes d'un côté et les illuministes de l'autre [33], les uns croyant dans la vertu des contrats et des organisations sociales, les autres, soucieux de restauration, tenant aux liens organiques et verticaux [34]. Pour ceux-ci, le couple entre le roi et la nation n'est pas rompu, mais considéré comme un collectif humain, mystique et historique, dévoyé par le despotisme ministériel ; il doit être rétabli dans la plénitude de ses droits, sans désacralisation [35]. Dans cette ligne, une partie du clergé s'inspire du *Discours sur l'Histoire universelle* de Bossuet [36] contre les Lumières et les demandes inconsidérées de liberté, annonçant la résistance des curés ou les condamnations de Joseph de Maistre [37]. Une pensée et des attitudes « réactionnaires » sont donc repérables, puisque, face aux principes rationnels affichés par la monarchie dans la gestion du pays, des élites manifestent leur attachement aux pratiques anciennes, refusent de perdre leur rôle d'intermédiaire et continuent à penser la société sur un modèle organiciste, interdisant toute représentation politique nouvelle.

Cette rigueur s'appuie sur une idéologie de combat, inspirée notamment de Boulainvilliers qui entendait restaurer la société française contre la monarchie et les roturiers [38], et sur les *Mémoires* de Saint-Simon, publiés très opportunément en 1788 et qui évoquent la situation de 1715 lorsque la convocation des États généraux fut envisagée pour renforcer la ligne politique du régent et revenir à la légalité par la violence. Ce dernier texte, qui paraît contenir le programme d'une droite manipulant

33. A.-M. Amiot, 1978. Sur cette complexité, voir R. Darnton, 1968, et G. Scholem, 1981.
34. M. Peronnet, 1987 et 1985.
35. F. Furet, 1979.
36. J.-M. Goulemot, 1996, p. 59-69.
37. M. Peronnet, 1985.
38. D. Venturino, 1993.

l'opinion publique contre le roi [39], trouve un écho chez les nobles normands voulant retrouver une province authentique en luttant contre la monarchie et contre le Tiers [40]. Des parlementaires comme Le Carpentier de Chailloué [41], l'un des meneurs du parlement de Rouen, se mobilisent contre toute prétention à l'égalité et toute atteinte aux privilèges (notamment fiscaux) de la noblesse ; en Franche-Comté, le conseiller Droz, « gentilhomme de province », comme il se définit lui-même, défend la sagesse des aïeux contre toute idée d'égalité, se réclame de la liberté contre l'uniformité, justifie les droits seigneuriaux « issus de l'esclavage », et dénonce la vanité de l'opinion publique [42].

Pour ces élites, l'honneur [43], qui permet la résistance au « despotisme », est au cœur des distinctions sociales et fonde leur rejet de l'universalisme de Rousseau (rejoignant ici les physiocrates, ces modernistes attachés à la production du sol). Dans cette perspective idéologique [44], la tradition « germaniste » oppose les « origines franques » de la noblesse aux « gauloises » du Tiers, et souhaite le retour à une société d'ordre purifiée. Si bien qu'au moment où le roi cherche à faire appuyer ses réformes par les représentants du pays [45], la définition de cette représentation bute sur les traditions de préséance et de corps comme sur la conscience d'une grande partie de la noblesse à incarner la Nation à elle seule (rejoignant là des conclusions de Montesquieu).

Si la rigueur de la « réaction féodale » est pour partie

39. J.-M. Beyssade, 1993.
40. Voir M. Gilli, 1988, p. 459 *sq*.
41. J. Égret, 1962, p. 205-214.
42. C.-I. Brelot, 1966, p. 43-45.
43. N. Hampson, 1973 ; R. Mousnier, 1985.
44. D. Richet, 1991, p. 398-402.
45. D. Roche, 1988, p. 369.

mythique [46], elle est exercée par tous les propriétaires (pas seulement les nobles de noblesse ancienne, notamment virulents en Bretagne, en Béarn ou en Artois [47]), si bien que le système social se grippe ; la noblesse avait été un « aspirateur social » important, nombre de bourgeois riches étaient entrés, sur plusieurs générations, dans cet ordre, composant de fait un groupe composite, ni tout à fait du Tiers, ni complètement de la noblesse, participant d'une « élite » hors des considérations strictes de naissance. Or, les distinctions de fortunes et de naissance n'ont pas disparu [48], et les concurrences restent vives entre nobles peu fortunés de noblesse ancienne, provinciaux aisés anoblis ou en voie de l'être, nobles de la Cour, puissants et pensionnés, et parlementaires soucieux de leurs rangs et de leurs stratégies familiales [49]. Une partie des familles nobles refuse les mélanges sociaux dans les salons [50].

Depuis 1781, la déclaration de Saint-Germain réserve aux descendants authentifiés de la noblesse l'accès aux grades militaires [51], avivant les frustrations notamment dans les petites villes, où des nobles soumettent des roturiers ou des anoblis récents à des vexations réelles, ou symboliques – d'autant plus mal ressenties : la mère de Barnave se voit ainsi refuser l'entrée dans une loge au théâtre. Dans les îles, les colons refusent eux aussi progressivement toute libéralisation [52] des rapports entre Blancs et Noirs. La « castification » de la noblesse est en marche sur fond de rivalités entre libres et petits blancs,

46. W. Doyle, 1988, p. 259.
47. D.D. Bien, 1974 ; A. Young, 1976, p. 1040-1041 ; M.P. Fitzsimmons, 1996.
48. T. Tackett, 1996, p. 41 *sq.*
49. C. Jones, 1991, p. 87.
50. D. Roche, 1988, p. 369.
51. D.D. Bien, 1974, p. 505-534.
52. G. Debien, 1953, p. 34-69.

de développement industriel et d'absentéisme des grands planteurs. En 1788-1789, la préparation des élections aux États généraux radicalise les positions, achevant de mettre au point mort le processus d'amalgame social puisque triomphe la lecture binaire : d'un côté, les nobles, de l'autre, le Tiers, dans lequel sont rejetés nombre d'anoblis récents [53]. L'opposition à la monarchie, considérée comme autoritaire, a rejeté Calonne puis Brienne, a paralysé toutes les réformes et provoqué la décision de réunir les États généraux. Cette conception qui estime qu'aucune institution ne peut délibérer seule va, en définitive, bloquer la monarchie et ouvrir la voie à un ensemble de demandes inspirées du rousseauisme [54]. Si, pour reprendre la formule de François Furet [55], la Révolution naît du conflit entre raison et passion, la première est promue par Turgot, Condorcet et leurs amis réformateurs, la seconde est portée par leurs opposants, animés par un siècle de frustrations et d'envie de vengeances, qui ouvrent, sans le vouloir, un champ politique inédit.

La naissance de blocs d'opposants.

Devant la constitution progressive d'une doctrine, par réaction, le camp des réformateurs fourbit également des armes théoriques, et l'histoire est perçue comme le lieu où s'enracine la grandeur des origines et où se trouve le secret des usurpations. Lorsque la lecture de la « révolution » de 1771 n'est pas inspirée du jansénisme mais de l'Antiquité, l'élite cultivée se rappelle que la République romaine s'est achevée dans l'Empire, lui-même sombrant dans le despotisme, faute de vertu civique, d'éga-

---

53. Même dans le Dauphiné, J. Nicolas, 1989b, p. 58.
54. Sur ce point, C.-L. Maire, 1995, tome 3, dact.
55. Préface de K. Baker, 1988.

lité sociale et de liberté politique pour le peuple. Cette vision dénonce l'incapacité des despotismes royal et parlementaire à régénérer le pays, ne voulant pas créer d'assemblée libre, établie comme souverain, à égalité avec le pouvoir exécutif. Elle conteste les privilèges (défendus par exemple par le *Catéchisme d'un citoyen* du Bordelais Saige) qui ne sont plus légitimés que par l'histoire [56] et non par la nécessité politique. Pour Rabaut Saint-Étienne, « l'ancienneté d'une loi ne prouve autre chose, sinon qu'elle est ancienne. On s'appuie de l'histoire ; mais l'histoire n'est pas notre code. Nous devons nous défier de la manie de prouver ce qui doit se faire par ce qui s'est fait [57] ». Contre l'historicisme qui défend les privilèges [58], le Droit est affirmé contre le fait, et aucun passé ne légitime plus le présent, le droit naturel ruinant la défense de « l'antique constitution du royaume ». Dans la course généalogique entre Francs et Gaulois, ces derniers permettent à leurs partisans d'estimer qu'avec eux la nation peut se dispenser des corps intermédiaires, puisque au-dessus d'elle il n'y a que le droit naturel [59]. Ce courant issu des Lumières refuse le mythe originel français et séduit nombre de petits lettrés, maîtres d'école, soldats, clercs richéristes hostiles à leur hiérarchie… qui croient en la nécessité des vertus civiques et qui expérimentent une certaine égalité dans les assemblées littéraires. Comme leurs rivaux, ils espèrent un retour aux origines (une révolution) qui recréera les conditions d'une société harmonieuse et cohérente.

Certains théoriciens audacieux, ayant des comptes personnels à régler, comme Sieyès [60], franchissent un pas

56. K. Baker, 1993, p. 183-220.
57. J. Égret, 1962, p. 332 ; *Considérations sur les intérêts du Tiers État*, p. 12-13.
58. R. Barny, 1993, p. 100-111.
59. G. Gengembre, 1988, p. 56-57.
60. W.H. Sewell, Jr., 1994a.

supplémentaire, imaginant la nation contre les nobles. La proclamation : « La Nation existe avant tout… Avant elle et au-dessus d'elle, il n'y a que le droit naturel » va bien au-delà de la réfutation de la thèse « germaniste » des nobles [61] puisqu'elle recommande le renvoi des nobles dans « les forêts de Franconie », au nom d'une théorie des races et d'une recherche de l'universel qu'incarnerait seulement le Tiers État représentant la Nation. La réclamation est grosse de conséquences ; elle crée par contrecoup un racisme antinoble mais exclut aussi le petit peuple qui est considéré comme quasi sauvage [62], contredisant l'idéologie des Lumières [63] et annonçant des conflits ultérieurs [64]. Les luttes se mènent partout : dans *La Punition des crimes de l'aristocratie* [65], ouvrage aussi pornographique que politique qui entend défendre la démocratie, comme dans les querelles érudites et philosophiques qui affectent la ville pourtant calme de Besançon, où les porte-parole du Tiers dénoncent le « gothique » défendu par les privilégiés et des anoblis qui semblent « renoncer à la communion de l'espèce humaine ». La noblesse est accusée de ne vouloir donner son sang que goutte à goutte, alors que le Tiers le donnerait à flots [66].

Ce débat politique, qui aurait été limité aux élites un siècle plus tôt, est au cœur de la « République des lettres » et devient public dans les années 1750, avec les querelles autour des sacrements, de l'expulsion des

61. D. Venturino, 1993.
62. O. Le Cour Grandmaison, 1992, p. 36.
63. R. Barny, 1993. p. 72-73.
64. Cette double exclusion nuance les dénonciations de P. Higonnet sur le racisme antinobiliaire qu'il repère dans le cours de la Révolution. Voir P. Higonnet, 1981, et les conditions de sa naissance ne permettent de le voir comme consubstantiel à « la Révolution », mais bien lié aux luttes initiales, à la différence de F. Furet, 1988a, p. 114.
65. J.-J. Pauvert, 1989.
66. C.-I. Brelot, 1996, p. 43-45.

jésuites et de la libéralisation du commerce des grains [67]. Dans les années 1780, lorsque la monarchie engage le processus de collecte des opinions préludant les réunions des notables et des États généraux, l'avenir du pays est discuté par des milliers de personnes, capables d'analyser les problèmes grâce aux catégories de pensée proposées par les sociétés de pensée, les cabinets de lecture et les folliculaires. Ce bouleversement affecte d'autant plus la société que tout semble remis en cause : les hommes s'affranchissent des lois de la pesanteur et s'initient aux mondes invisibles de l'électricité et du magnétisme [68]. Les insuffisances des cadres de pensée traditionnels apparaissent éclatantes, si bien que pour certains, comme le noble aixois Antonelle, les distinctions sociales doivent être elles-mêmes réexaminées et qu'il faut refuser la noblesse pour retrouver une vraie noblesse [69]. Le langage apparaît comme une machine à produire du réel.

Le monde rural et les couches urbaines pauvres et analphabètes participent à leur façon à ces débats [70]. Plus prosaïquement, les ruraux protestent contre les exigences renouvelées des propriétaires nobles [71], et nombre de communautés – notamment dans le Lubéron – s'en prennent au seigneur, se mobilisent, se donnant une maturité politique, qui s'exprimera vigoureusement par la suite. Si l'espace de l'intimité et de l'individualité est devenu une préoccupation des élites, les sentiments communautaires subsistent dans beaucoup de campagnes, qui font bloc contre les contraintes qui viennent du marché urbain ouvert sur les échanges. Toute mutation mettant en cause des équilibres fragiles – comme la circulation

67. J. Popkin, 1991.
68. R. Darnton, 1968.
69. P. Serna, 1994, p. 156.
70. A. Farge, 1988 ; S. Kaplan, 1995, montre la diffusion de l'alphabétisation chez les boulangers.
71. G. Lemarchand, 1989.

des grains – est perçue comme une atteinte aux principes communautaires. Ces populations sont traversées de rumeurs [72], créant un état d'esprit susceptible de s'enflammer autour de craintes sans fondement. Dans les années 1750, la peur de voir la police enlever de jeunes enfants avait conduit à des émeutes ; les échos des discussions politiques sont traduits par le filtre des libertés communautaires ; aussi, selon que l'on insiste sur le premier ou le second terme : libertés ou communautés, ces populations basculeront dans des directions opposées – mais de façon tout aussi impétueuse.

La France participe ainsi de cette sphère de discussions et d'innovations qui, dans le dernier quart du siècle au moins, affecte toute l'Europe, et qui n'oppose pas seulement novateurs et conservateurs, puisque la modernisation des Lumières s'effectue au travers du despotisme éclairé (ce dont la Révolution l'affranchira) : les élites s'opposent dans des conflits triangulaires, entre libéraux, réactionnaires et souverains réformateurs, à quoi s'ajoutent des réactions populaires mal canalisables. Différents courants aux arguments mêlés et interchangeables se rencontrent dans des conflits contradictoires. Les mêmes mots « peuple », « État », « République » ne désignent pas les mêmes choses ; l'emballement des événements viendra de la médiocre maîtrise politique de tous ces enjeux par le roi et son entourage. Le rejet brutal du Joséphisme [73] en Belgique ou les insurrections qui scandent le siècle en Suisse [74] trouvent des raisons voisines.

L'originalité du cas français tient à la rencontre des élites autour de traditions d'exclusion des opposants. L'une d'elles, réutilisée par la réaction nobiliaire, est inspirée par la politique monarchique qui a exclu les protes-

---

72. A. Farge, 1985.
73. H. Reinhalter, 1993.
74. G. Andrey, 1987, et J.-C. Meyer, 1987, p. 259.

tants, persécuté les jansénistes [75], combattu les camisards ; l'autre est inspirée par Rousseau, qui en fait la condition *sine qua non* du Contrat social : lorsqu'une assemblée de citoyens a pris une décision, il ne peut plus y avoir d'opposants et ceux qui ne voudraient pas se soumettre sont étrangers au corps social et, à ce titre, doivent être rejetés [76]. Depuis Montesquieu et Rousseau, la société est pensée par tous, futurs contre-révolutionnaires comme futurs révolutionnaires, dans la nécessité de concilier la vertu et la volonté générale, mettant hors de la société ceux qui n'en acceptent pas les règles ou qui entendent tout simplement poursuivre un intérêt privé [77] – ce que Sieyès ne modifiera pas en proposant « l'adunation ». L'absolutisation de la Patrie d'abord, de la Nation ensuite, légitime la dénonciation, l'exclusion et même la « délation » qui, d'une manœuvre basse, devient un acte politique [78]. Les officiers qui acceptent la réforme Lamoignon sont ainsi traités « d'infâmes et de traîtres à la Patrie [79] » par les parlementaires en 1787, préludant les accusations sous la Terreur. S'expriment déjà l'idée et le phantasme du peuple-Un, cette obsession qui se trouve dans le débat politique depuis longtemps, et qui va être l'une des clés de la période, unissant dans un débat mortel opposants et partisans des réformes.

Dans les années 1780, tout est encore possible, mais déjà le pouvoir royal n'est plus situé dans un absolu, contestable dans la révolte : il est discuté dans les cafés si bien que les questions liées à la politique sont désacralisées et tombées dans le domaine commun [80]. Ce « tri-

75. C. Maire, 1994.
76. J.-J. Rousseau, *Du contrat social*, Flammarion, 1966, Livre II, chap. IV, Livre IV.
77. N. Hampson, 1991, p. 49-51.
78. J. Guilhaumou, 1994.
79. N. Hampson, 1988a, p. 127-130.
80. A. de Baecque, 1988.

bunal » de l'opinion qui débat « démocratiquement » de la représentation dans la société et de la composition sociale [81] se tient par exemple dans les communautés rurales de Bourgogne [82], diffusant l'idée de l'unité nationale et d'un nouvel esprit civique, contredisant pêle-mêle les hiérarchies et la notion de privilège, les offices vénaux et l'administration royale. L'encadrement de l'opinion est devenu si nécessaire que la monarchie, qui a diminué les rigueurs de la censure, salarie des écrivains. Un effort de propagande touche tout le pays (s'appuyant sur des publicistes comme Volney) dans le but de réunir les États généraux pour enrayer le particularisme des parlements. Cette mutation est décisive : la parole a acquis une liberté irrévocable ; la Contre-Révolution la plus absolue ne pourra pas revenir dessus (l'échec du sacre de Charles X l'illustrera) et sera aussi obligée de combattre sur ce terrain. De ce point de vue, il est possible de penser que la Contre-Révolution de ces années a favorisé le développement de « l'espace public » en instaurant le débat politique devant l'opinion publique, avant d'en perdre le contrôle, puis d'en refuser la légitimité.

La légitimité en question.

Avant l'hiver 1788-1789, les lignes de clivage n'ont pas encore divisé durablement la France. Depuis les années 1770 qui ont mis « la nation [83] » au cœur des luttes politiques, tous ces débats ont popularisé, dans la confusion des notions et des combats, l'opposition entre réformateurs et traditionalistes sur fond unanime de

---

81. M. Ozouf, 1994, p. 419-433.
82. C. Jones, 1991, p. 105-112.
83. D. Van Kley, 1987.

modifications politiques et autour de la réclamation de la liberté. Or, étant donné les multiples usages du mot « patriote » et la dénonciation floue mais commode de tout despotisme (des ministres, des académiciens…), les revendications comportent un danger potentiel pour toutes les élites.

Dans ce paysage politique bouleversé, la querelle autour des Assemblées provinciales montre à quel point les arguments politiques sont volatils et enclenchent des antagonismes irrémédiables. La réforme veut créer une nouvelle institution intermédiaire fondant en un seul groupe l'élite politique ; elle échoue, mais l'idée lancée par l'administration royale, débattue dans tout le pays, crée des alliances imprévues. Certains intendants, comme une partie des membres du Conseil d'État refusent ces administrations, accusées de détacher les individus du roi. Cette méfiance de réformateurs « patriotes » rencontre singulièrement [84] celle des parlementaires les plus intransigeants qui expriment, logiquement, des réticences devant des assemblées qui les concurrencent et enlèvent à « des corps antiques des fonctions augustes et nécessaires ». Si bien qu'en août 1787 Brissot, patriote et messmériste acharné [85], souhaite établir une correspondance entre tous les parlements pour parer aux attaques royales, estimant qu'il faut maintenir l'unité traditionnelle pour contrecarrer la puissance du roi et son « gouvernement absolu » ; ce qui est aussi la position de Barnave en 1788.

De leur côté, des libéraux, qui appuient cette réforme opérée contre le « despotisme des bureaux », se trouvent en accord avec les nobles provinciaux, exclus jusque-là des États. Ces nobles, réduits à la figuration, se sentent devenir « sujets citoyens », comme le dit le baron de

84. J. Égret, 1962, p. 205-214.
85. R. Darnton, 1968, p. 100 *sq.*

La Lézardière à Poitiers. Conséquence imprévue, dans les Pays d'État, en Flandres et en Artois notamment [86], où la réforme ne devait pas être appliquée, un mouvement d'opinion souhaite que l'aristocratie ne domine plus les états, et la réforme affaiblit ici l'unité nobiliaire. Sur un tout autre plan, elle renforce provisoirement le ministère : Brienne estimant que ces assemblées remplacent les États généraux que voulait imposer le Parlement de Paris.

De l'été 1787 à l'été 1788, les luttes cessent de ne concerner que les élites traditionnelles : le roi et ses ministres, s'opposant aux parlements par la force, donnent à ces derniers le beau rôle et le soutien de toute la nation [87]. Ce contexte rebrasse les cartes, accélère la prise de conscience de l'urgence des réformes et autorise – voire sollicite – tous les flottements dans l'usage des mots. Calonne, partisan d'une révolution par le haut, à laquelle Louis XVI ne se résout pas et, ne convainquant pas plus les notables de la nécessité de répartir équitablement les impôts, dénonce l'immobilisme et les « privilèges » de ces derniers dans une lettre lue par les curés en chaire. Cette initiative est suivie par sa démission et par sa fuite en Angleterre – faisant de lui le premier émigré avant la lettre. Cet échec conduit son successeur, Loménie de Brienne, à essayer de se concilier les notables et d'obtenir d'eux des mutations fiscales. Le cœur de l'opposition parlementaire est d'établir une « union des classes », tous les parlements appartenant à un même corps, ce que la monarchie, notamment le garde des Sceaux Lamoignon, refuse puisqu'elle instituerait un contre-pouvoir [88]. Celui-ci dénonce la « barbarie féodale » des seigneurs justiciers [89], à quoi les élites traditionnelles répondent en condamnant la « bureaucratie » et

86. J. Égret, 1962, p. 119-122.
87. W. Doyle, 1988, p. 138-143 *sq.*
88. J. Égret, 1962, p. 243-249.
89. J. Égret, 1962, p. 129.

le « despotisme » ministériel. Les parlements, à la fois garants des libertés, môles de résistance provinciale et arbitres des rivalités entre ministres [90], usent et abusent des mots « citoyens » et « nation [91] ». Le 3 mai 1788, leur défense [92] des « droits de la nation » innove de façon inconsidérée : la réforme Lamoignon est qualifiée de « coup d'État » et le système des impôts d'« ancien régime [93] ». On comprend que les parlementaires soient soutenus par des foules qui brûlent des portraits de Calonne lorsque le roi envoie la troupe à Paris les 5 et 6 mai 1788, ou à Pau le 19 juin, ou le 7 juin, lors de la « Journée des tuiles » à Grenoble, encore à Toulouse, ou enfin en octobre 1788.

Alors que le roi, dans un décret du Conseil d'État du 5 juillet 1788, affirme « suppléer au silence des anciens monuments… en demandant… le vœu de ses sujets [94] », le 9 juin, et encore le 16 juillet, le clergé s'oppose également à toute réforme [95] avec cette formule : « Plaise à Dieu de conserver toujours à la France cette antique Constitution qui, par la force de son esprit, supérieure à la révolution du temps et à la licence des opinions, a porté le Royaume au plus haut degré de splendeur. » Plus que dans d'autres régions, en Bretagne la révolte nobiliaire, liée aux réseaux parlementaire et janséniste, est violente devant la suppression de fait des justices seigneuriales. Contre cette perte de pouvoir, et pour le maintien des « libertés » bretonnes, 12 députés bretons – dont La Rouërie – sont mandatés par les états à Versailles ; ce qui leur vaut d'être envoyés à la Bastille en juillet 1788. 1 429 gentilshommes signent un refus una-

90. W. Doyle, 1988, p. 100 *sq.*
91. L. Hunt, 1984, p. 33.
92. Texte *in* S. Rials, 1988, p. 522-527.
93. J. Égret, 1962, p. 129, 196.
94. D. Poulot, 1996, p. 86.
95. M. Lyons, 1980, p. 44 ; J. Égret, 1962, p. 294-297.

nime des nouvelles administrations et se préparent à défendre leur parlement, par la force[96].

Les parlements de Bordeaux, de Besançon et de Douai n'enregistrent pas l'édit de tolérance de novembre 1787, et celui de Toulouse fait des difficultés aux protestants. Entre les élites locales, les notables et nobles traditionnels des états provinciaux et des parlements, les libéraux, les réformateurs physiocrates, les intendants, se nouent des jeux complexes[97], différents d'une province à l'autre, rendant délicate toute vue d'ensemble, sauf sur deux points : le centralisme « absolutiste » est largement battu en brèche et la cohésion du pays est en crise. Mais l'exemple du Dauphiné montre les ambiguïtés et les limites de ce mouvement[98]. Si une coalition de nobles libéraux, de clercs et de bourgeois plus ou moins anoblis, compose une assemblée inédite à Vizille, ce groupe, se rendant compte que les libertés parlementaires ne coïncident pas avec les aspirations plus larges des réformateurs libéraux, se détache des prétentions du parlement de Grenoble, dont la défense contre les empiétements du pouvoir royal a été le choc initial. Il est inutile de chercher à rendre responsable de cette situation inédite un système spécifique de sociabilité (loges maçonniques, messmérisme, sociétés de pensée…), puisqu'une partie des maçons chrétiens – dont Joseph de Maistre – est acquise à un courant mystique, espérant créer un contre-pouvoir autour de l'Église opposée aux empiétements de la couronne[99]. Les associations militantes[100] accueillent en leur sein des individus qui auront plus tard des opinions très opposées ; elles ont contribué à véhiculer les querelles publiques et à populariser des

96. A. Doyon, 1969, p. 57.
97. R. Dupuy, 1995a.
98. J. Égret, 1962, p. 217-237.
99. J. Grondeux, 1994, p. 337-339.
100. Voir S. Rials, 1988, p. 84-85.

remises en cause, faisant sortir du cercle des élites des revendications, rapidement incontrôlables.

Cet état, dans lequel les positions ne sont pas clairement identifiées à des prises de parti, permet de comprendre que des individus opposés ultérieurement les uns aux autres, partagent les mêmes préoccupations et les mêmes voies. Que Brissot, La Fayette et d'Éprémesnil aient envisagé, dans ces années, des solutions proches n'annonce rien de leurs divergences et ne dit rien de leur communauté de pensée. La circulation des mots demeure fluide et leurs sens multivoques [101]. Quelques années plus tard, sous l'effet des luttes sociales, des rivalités personnelles et familiales, la fixation des notions rendra cette fluidité impossible à comprendre, d'autant que les principaux initiateurs des critiques envers le « despotisme » auront été intégrés, de gré ou de force, dans le camp contre-révolutionnaire et qu'ils accuseront leurs adversaires plus radicaux de s'être emparés, pour eux seuls, d'un langage dénonciateur avec un esprit de système, qu'ils n'avaient jamais voulu conduire aussi loin. L'esprit systématique des révolutionnaires aura été de pousser jusqu'au bout, par conviction ou par calcul, un système de pensée lancé par les parlementaires pour un usage limité. On comprend aussi que les premiers opposants aux prétentions parlementaires ne puissent ultérieurement jamais pardonner à ceux-ci d'avoir, involontairement, ouvert la porte à une logique revendicatrice qui ne sera pas cassée avant Thermidor [102].

Ces récriminations nobiliaires et parlementaires ont permis une remise en cause de l'ensemble social – que les élites récuseront ensuite et que le roi et son administration seront incapables de contrôler. Le roi s'est privé

101. T. Tackett, 1997, p. 52, 77.
102. D'où l'accusation portée contre d'Éprémesnil d'avoir été « le fourrier » de la Révolution.

d'emblée de la violence légitime, en laissant se développer la contestation « aristocratique » ; les aristocrates ont laissé croire que leurs buts étaient de tisser de nouveaux liens fraternels pour recomposer la société ; la croyance qu'il suffira d'abolir des « abus » et d'exclure des individus asociaux pour établir l'harmonie est devenue générale : les ingrédients d'une guerre civile sont prêts. Lamoignon [103] aurait dit : « J'ai tout prévu même la guerre civile », oubliant que les soldats craignaient alors d'être transformés en « automates prussiens », que les équilibres politiques étaient instables et que les délégués du roi n'étaient plus qu'un élément parmi d'autres, ignorant enfin les peurs opposées des parlementaires et des « patriotes » : les premiers craignant une « démonarchisation de la France » avec l'oubli des formes de 1614 et la fin de leur place comme représentants de la nation, les seconds une révolution aristocratique. Dans l'été 1788, la France se trouve devant un vide politique, où le mot de nation devient flou et où toutes les solutions deviennent envisageables ; ceci précipite la France dans une spirale ininterrompue jusqu'en 1795.

Renversements d'alliances.

La résistance bretonne et la crise financière d'août 1788 accélèrent les décisions. Le roi ne trouve plus que le recours aux États généraux pour espérer arbitrer, à son profit, les luttes complexes. L'insécurité se développe, des affrontements et des troubles graves se produisent contre les forces de l'ordre à Paris, contre les anciens ministres Brienne et Lamoignon, provoquant des blessés et des morts et donnant des habitudes émeutières aux Parisiens, comme en Bretagne ou en Normandie, obligeant les élites

103. J. Égret, 1962, p. 263-270.

à faire face aux violences populaires [104]. Les clubs et les
mouvements d'opinion se développent, librement encou-
ragés par la publicité faite par le roi autour des modalités
de réunion des futurs États généraux. Necker, indécis,
laisse rouvrir les Clubs, dont la Société assemblée chez
Duport, appelée la Société des Trente [105], à laquelle participent Mirabeau, Condorcet, qui, après avoir soutenu le
ministère, en deviennent les adversaires. Une partie des
membres prend peur de la démocratisation en cours,
illustrée par un « club des Enragés », ou une « société
de Viroflay ». Dans l'hiver 1788 le mécontentement des
« patriotes » monte contre les « privilégiés », qui refusent
le doublement du Tiers, et les pamphlets se répondent, disqualifiant d'avance les tentatives modérées [106]. Malouet
ou Sieyès perçoivent ainsi que le danger de demander plus
est moindre que de demander moins.

Parmi les élites politisées de l'époque, ces combats
créent de nouveaux clivages destinés à durer. Les cercles
parisiens « patriotes » les plus activistes sont baptisés « la
faction » par leurs opposants, parmi lesquels se distingue
l'abbé Maury [107], futur leader de la contre-révolution parlementaire. Dès le 25 juin [108], un arrêté du parlement de
Rouen récuse l'uniformité et l'unité que la cour plénière
instituerait. Le courant conservateur des parlementaires
réclame le 25 septembre 1788 [109] – puis le 5 décembre – la
réunion périodique des États généraux dans la forme de
1614, contre « l'esprit de système et d'innovation [110] » qui
accable, selon eux, le pays et qui risque de priver les parle-

104. R. Dupuy, 1972, p. 21-30 ; G. Lemarchand, 1989, p. 414-416.
105. Depuis A. Chérest (*in La Chute de l'Ancien Régime*, II, p. 162),
cité J. Égret, 1962, p. 326 *sq.*
106. J. Hardman, 1993.
107. F. Furet, 1989c, p. 1387.
108. J. Égret, 1962, p. 270-272.
109. T. Tackett, 1997, p. 85, y voit le prélude à la réaction. Il dresse
un état national des mouvements d'opposition.
110. J. Égret, 1962, p. 338-345.

ments de leur rôle de représentant de la nation [111]. Au Parlement de Paris, les opposants à toute réforme occupent les postes importants de rapporteurs et refusent notamment d'accorder une importance au Tiers. L'exemple le plus accompli est Duval d'Éprémesnil, célèbre pour son refus de l'absolutisme comme du doublement du Tiers, ennemi des philosophes et passionné de magnétisme, qui deviendra en 1789 l'un des tenants de la résistance. L'assemblée des notables prend les mêmes positions. Contre l'allié du parti patriote (le comte de Provence qui tente d'en faire augmenter la représentation) et pour interdire toute délibération commune, le Tiers est certifié représenter les villes, alors que les seigneurs « propriétaires primitifs » représenteraient les campagnes. A l'opposé de Provence et d'Orléans (qui reste muet), le prince de Conti, protecteur influent du parlementaire janséniste Le Paige, proteste le 28 novembre contre les « écrits scandaleux, qui répandent dans tout le Royaume le trouble et la division » et, le 12 décembre, un *Mémoire des Princes* (Conti, Condé…) s'élève contre les prétentions du Tiers.

Or le roi, pour contrer les « réactionnaires », accorde le doublement du Tiers aux États généraux, le mettant à égalité avec les deux autres ordres. En outre, ceux-ci sont représentés d'une façon inédite : tous les curés votent, ce qui avantage le clergé séculier, comme tous les nobles, qu'ils soient propriétaires ou non de fiefs ou de bénéfices, ce qui donne un pouvoir accru à la petite noblesse provinciale. Cette dernière innovation entraîne cependant l'obligation de désigner entre soi ceux qui appartiennent à cet ordre et ceux qui seront exclus. La noblesse, désavouée implicitement puisque le roi a appelé, le 9 décembre 1788, à la « Nation assemblée », et identifiée comme force antinationale, se divise. En Provence, les privilégiés au pouvoir refusent, par exemple, toute modification des élec-

111. J. Égret, 1962, p. 338, 349.

tions aux États qui donnerait un droit de vote aux nobles non possessionnés et non propriétaires [112] ; dans l'Ouest, les nobles excluent de leur ordre les anoblis récents créant de fâcheuses frustrations (les destinées de Le Chapelier et La Révellière-Lépeaux, nobles « recalés », en furent certainement infléchies).

Les princes de Conti et d'Artois, le duc de Bourbon, d'Enghien voulant maintenir les formes de 1614, rejoignent les positions les plus réactionnaires des nobles et des parlements, tandis que le comte de Provence adopte une position libérale, comme Orléans ou La Fayette [113]. Les rivalités et les inimitiés personnelles ou familiales (Lally-Tollendal, marqué par la mort de son père, est fermement opposé aux parlements [114]) aggravent les divisions. D'Antraigues, qui est rejeté, met alors ses espoirs dans une monarchie tempérée qui donnerait leur place à tous les nobles et accepte que le roi ne soit plus de droit divin et que la société puisse reposer sur un contrat. Il devient à la fois hostile au pouvoir exorbitant de la couronne et à la noblesse propriétaire qui le récuse, au point de commettre un pamphlet antinobiliaire en 1788 [115], assurant que le pouvoir repose sur le peuple et qu'il est heureux qu'il y ait eu des Républiques [116]. Mirabeau, en rupture de ban, adopte une position plus radicale et devient candidat du Tiers [117], comme Antonnelle en Arles [118], face à l'intransigeance réactionnaire qui fait craindre que « la guerre civile » ne se déclenche.

Face à cette fronde, les « patriotes », renforcés par les nobles libéraux, les réformateurs déçus et les anoblis

112. M. Cubells, 1987a, p. 20 ; *ibid.*, 1987b ; J. Égret, 1962, p. 349.
113. B. Hyslop, 1965, p. 248-249.
114. R. Griffiths, 1988, p. 124.
115. M. Cubells, 1987a, p. 202.
116. A. Doyon, 1969, p. 64.
117. G. Chaussinand-Nogaret, 1982.
118. M. Cubells, 1987a, p. 202 ; P. Serna, 1994, p. 198-242.

rejetés du second ordre, envisagent par la suite les parlements comme « accessoires » et veulent faire appel à la nation[119], et l'avocat Godard peut écrire : « Il y a maintenant... trois partis : celui des Royalistes, celui des Parlementaires et celui des Nationaux. Ces deux derniers font cause commune. Les Nationaux espèrent que cette alliance sera longue et qu'à son retour, le Parlement... conservera les bons principes » ; en janvier 1789, Malouet constate : « C'est une guerre entre le Tiers État et les deux autres ordres[120] ». La cristallisation des conflits s'opérant autour des privilèges, du catholicisme, de la propriété, l'unité du Tiers menacé se fait *in extremis* avec le roi, qui n'intervient guère contre les réactionnaires.

Dans une vision dépassée de l'histoire de France, la lutte antiaristocratique a été lancée par la monarchie espérant s'appuyer sur les « communes ». Or la crainte que le Tiers ne puisse pas se libérer de la tutelle de la noblesse disparaît parce que la noblesse conservatrice rejette des hommes qui vont prendre la tête du Tiers, comme Cottin à Nantes ou d'André, conseiller au parlement, gentilhomme non fieffé d'Aix et futur animateur des royalistes en 1795. Comme l'écrit Servan[121] : « Il existe maintenant, en France, une sédition d'environ 20 millions de sujets de tous les âges, de tous les sexes, qui ne demandent qu'à s'unir à leur Roi contre deux ou trois cents Magistrats, quelques centaines de grands Seigneurs, la petite légion sacrée des Évêques et autres consorts, lesquels sous le nom de la convocation de 1614 veulent réduire les peuples à l'état le plus extrême qu'ils appellent, avec raison, le dernier état des choses. » Dans

119. J. Égret, 1962, p. 276-278, le 25 mai 1788.
120. J. Égret, 1962, p. 353, 365-372.
121. Cité par J. Égret, *Glose et Remarques sur l'Arrêté du Parlement de Paris, du 5 décembre 1788*, Londres, 1789, 59 p., p. 12-13.

cette lutte qui oppose les privilégiés attachés à la « tradition » et la monarchie centralisatrice et réformatrice, les élites du Tiers État trouvent leur place, s'appuyant sur les intendants pour contrôler les municipalités importantes, comme en Bretagne. Dans ce cadre, Sieyès bâtit son livre contre l'aristocratie, et non pas contre les nobles ni contre les ministres [122].

A la Cour, la confusion est grande. Le roi est d'abord opposé à la révolte nobiliaire, mais lors de la guerre civile des Pays-Bas [123], s'il ne veut pas soutenir la bourgeoisie et le parti patriote, il ne peut soutenir le stathouder pour des raisons diplomatiques ; si bien que la crise est dénouée par les troupes prussiennes et la victoire des orangistes. L'abandon des patriotes par les Français provoque la perte de l'alliance avec les Provinces-Unies et la crise parmi les ministres français, privant le roi de la gloire militaire, alors que le déficit est maintenant connu. Ne se montrant pas aussi résolu en 1789 qu'il semblait l'être en 1787, il ne peut pas profiter des dissensions qu'il a semées [124]. De son côté, la reine peut affirmer : « Je suis la reine du Tiers, moi ! », elle demeure hostile à Necker. Tous les princes du sang et quelques sous-secrétaires d'État sont obstinément contre tout changement [125], et des opposants aux réformes font remplacer, dans le cabinet de Louis XVI, le tableau représentant Louis XV par celui qui représentait Charles Ier d'Angleterre ! Si Brienne estime que la division en ordre est fondamentale, il accepte néanmoins le doublement du nombre des députés du Tiers dans les États généraux, contre l'avis des physiocrates, qui rejoignent la noblesse traditionnelle. Quant aux réformateurs favorables au

122. W. Sewell, 1994b, p. 60 *sq.*
123. J. Égret, 1962, p. 70-72.
124. J. Hardman, 1993.
125. J. Égret, 1962, p. 363.

centralisme de l'État, comme Condorcet, qui soutiennent, au nom de la justice et de la rationalité, les initiatives du gouvernement, ils estiment[126] que la réunion des États généraux est un moyen d'assurer un programme réactionnaire contraire aux intérêts de l'État, que la monarchie peut seule régénérer !

La Contre-Révolution, en tant que groupe mythique accusé de complots et de réaction, comme en tant que mouvement réel composé d'individus, naît de ces contradictions. Elle a mobilisé le petit peuple au nom des libertés, mais l'a abandonné en 1788, permettant alors au roi de le retourner grâce au doublement du Tiers. Elle a surtout perdu d'emblée en négligeant l'ouverture représentée par le libre débat. Dans le cas de la Fronde, le champ politique n'avait pas changé de nature, la contestation était restée dans un cadre précis ; la création d'un horizon de réception nouveau a érodé les mythes fondateurs de la monarchie, a remis en cause les principes de légitimité et laïcisé les cadres sociaux. D'emblée, les initiateurs d'une révolution aristocratique sont dépassés par leur création et, de surcroît, peuvent être accusés de machiavélisme. Le processus de dénonciation et d'exclusion est enclenché.

Les « Noirs ».

Dans l'immédiat, la noblesse traditionnelle s'engage brutalement dans les compétitions politiques. A Rennes, dès janvier 1789[127], refusant toute modification des états de Bretagne, des États généraux et des liens entre la province et le royaume, elle provoque la colère des « bourgeois » et des anoblis déclassés. En découlent des

---

126. K. Baker, 1988, p. 325-330.
127. R. Dupuy, 1972.

combats de rue dans lesquels s'affrontent de jeunes nobles aidés par des domestiques et des petites gens, ce qui inaugure une alliance qui sera durable, mais qui, dans l'immédiat, laisse trois morts derrière eux, entraînant des rancunes inoubliables. La noblesse bretonne décide de ne pas participer aux élections des États généraux tandis que, en retour, un fort courant unitaire rassemble les « bourgeois » des villes en « fédérations », qui s'érigent en pouvoir légitime. Dans le Poitou voisin, la noblesse accepte des sacrifices fiscaux, mais adopte une position majoritairement hostile à tout changement, et notamment aux règlements des États généraux, ou des états provinciaux [128]. Dans l'Anjou, les Walsh de Serrant, affichant leur nostalgie du prétendant écossais catholique au trône anglais, s'opposent aux Angevins réformateurs [129] et diffusent un modèle de cahiers adopté par les populations des Mauges (insurgées en 1793). Dans le Midi [130], la liaison entre nobles traditionnels et classes populaires prolonge les émeutes populaires qui avaient aidé les parlementaires à résister à la pression royale, mais les privilégiés qui avaient voulu monopoliser les élections sont désavoués par Necker. Le pays se divise ainsi autour de l'acceptation ou du refus des réformes et les États généraux sont déjà dénoncés par les « conservateurs » qui n'ont pas été élus dans le Dauphiné [131]. L'échec répété de Condorcet à se faire élire aux États généraux, parce que rejeté par son ordre sans pour autant rallier les suffrages des électeurs du Tiers, qui réagissent selon leurs ressentiments devant les revendications nobiliaires et leurs craintes de voir que la fusion des ordres

128. J. Péret, 1988, p. 62.
129. J.-C. Martin, 1987, chap. 3 ; O. Pétré-Grenouilleau, 1995, p. 190-191.
130. M. Crook, 1991, p. 78-79 ; G. Chaussinand-Nogaret, 1982, p. 130-133.
131. J. Nicolas, 1989b, p. 63.

n'aboutisse au maintien du pouvoir des élites[132], montre la profondeur des ruptures, dont témoignent les cahiers de doléances de la noblesse. Si une minorité est vraiment réactionnaire et refuse tout changement, une grosse majorité est à la fois réformiste – contre le roi – et conservatrice – défendant la place éminente de l'ordre –, si bien que seule une dernière minorité accepte le vote par tête et la remise en cause des privilèges[133]. Telle est la réalité du pouvoir de forces. Faut-il ajouter que, pendant ces débats, la gestion journalière paraît suspendue, laissant sans répression des émotions populaires, qui accoutument au recours à la violence[134].

Cette intervention accélérée de la politique donne de nouvelles significations aux situations traditionnelles. Ainsi, lors de la réunion des États généraux, pendant la messe solennelle du 4 mai, un incident éclate sur la répartition des places entre nobles ; le lendemain, les députés du Tiers prennent conscience de l'inanité des espoirs de changements en revêtant l'habit noir qui leur est imposé, puis en constatant leur éloignement du trône, enfin en écoutant les discours du roi et des ministres. Le roi donne l'impression qu'il retire seul les fruits du pourrissement politique qu'il a créé[135], en rendant aux privilégiés, qu'il a combattus pour le contrôle de l'État, la place symbolique qui correspond à leur fonction. Les cadres de pensée devront donc être détruits pour que les réformes puissent se réaliser.

Les mois suivants sont logiquement accaparés par des questions de procédure et de protocole. Celles-ci, réglementant la disposition hiérarchique des hommes et des corps – jusqu'aux boucles de soulier – se situent dans le

132. K. Baker, 1988, p. 345-348.
133. L. Pimenova, 1991.
134. Exemple G. Lemarchand, 1989, p. 417.
135. J. Hardman, 1993.

droit fil des préoccupations quotidiennes de la Cour et de la noblesse [136], que le Tiers n'a pas encore révoquées. La position de la noblesse représentée aux États généraux s'articule entre certitude de sa légitimité, mépris et défense. En proclamant que la « constitution » repose sur la division des trois ordres, elle se fige politiquement dans un refus des négociations débouchant sur l'affrontement avec le Tiers, qui se déclare seul représentant de la nation. Dans ce jeu symbolique, l'installation du Tiers dans la plus grande salle de Versailles a été maladroite. Ses représentants ont converti à leur unique profit les revendications inabouties et abandonnées des ordres privilégiés, et incarnent maintenant seuls la lutte contre le despotisme et pour la constitution : la configuration du champ politique s'est réalisée en leur faveur.

L'invention des mots porte de redoutables conséquences. Alors que tous parlent au nom de la nation, les représentants du Tiers popularisent le terme « aristocrate » qui désigne « un gros, » un accapareur, un jouisseur, un voleur et un hypocrite qui ne rêve que de vengeances armées [137], si bien que la division entre « aristocrates » et « patriotes » permet à ceux-ci de s'identifier aux réformateurs et aux insurgents américains, et d'accepter en leur sein de multiples tendances, pourvu qu'elles rejettent les formes anciennes et les « privilèges », dénoncés dorénavant comme l'apanage des nobles de Cour, jalousés de tous, et rejoints dans l'opprobre par les parlementaires et les nobles réactionnaires de Provence ou de l'Ouest. Les distinctions sociales réelles disparaissent dans les affrontements, la violence – réelle et mythifiée – de l'aristocratie ayant radicalisé la violence du Tiers [138]. Le groupe de 90 députés qui refuse que les États généraux deviennent

---

136. On connaît là-dessus les *Mémoires* de Saint-Simon.
137. A. de Baecque, 1988, p. 130-131.
138. C. Garrett, 1944, p. 788-789 ; T. Tackett, 1989.

Assemblée constituante, puis qui se constitue en vrai groupe de pression, en liaison avec la Cour [139], est qualifié de « noirs ». Le mot évoque, par la couleur des habits, les ecclésiastiques qui appartiennent à cette sensibilité, mais il rejette aussi ces hommes du côté de l'ombre, loin des Lumières, dans une dépréciation dont ils ne pourront pas se déprendre facilement. En retour [140], *Le Mercure de France* du 10 juillet 1789 n'hésite pas à évoquer l'esclavage à Rome et à Athènes pour dénoncer les arguments creux des réformateurs. La « castification » de la noblesse a entraîné en réaction la création d'un bloc autour des libéraux du Tiers, ce qui donne ensuite naissance au mythe de la Révolution bourgeoise. Pourtant, tous les classements politiques ne sont pas liés à des positions manichéennes : lorsque, dans un discours prononcé le 25 juin 1789, Clermont-Tonnerre [141] parle du « grand œuvre » de la régénération publique, il se range du côté de Louis-Claude de Saint-Martin et rejoint une partie des nobles qui votent l'abolition des privilèges de leur ordre pour garder la pureté d'une noblesse militaire !

La politique royale est également reconsidérée. Ses manœuvres ayant réussi et les opposants nobles étant muselés par la disposition des États généraux, le roi peut envisager de procéder à ses réformes sans donner satisfaction aux courants qui l'ont soutenu. Refusant de modifier l'état de la société, et comprenant les enjeux du langage, il refuse par exemple l'expression « classes privilégiées » dans une lettre du 10 juin 1789 envoyée à Bailly [142]. Cette continuité des pratiques monarchiques s'inscrivant dans un nouveau contexte, il est rangé du côté de la réaction. Après les 20 et 23 juin 1789, la fer-

139. J. Tulard, 1990, p. 36-38.
140. É. Pommier, 1989, p. 36.
141. J.-L. Quoy-Bodin, 1987, p. 107-111.
142. *Archives…*, dossier 190.

meture de la salle de réunions, amenant les députés du Tiers à se retrouver dans la salle du Jeu de paume, la « séance royale » qui tente de contenir la remise en cause de la légitimité du gouvernement, puis le renvoi de Necker situent le roi du côté des « aristocrates ». L'ultime tentative pour unifier le pays derrière lui, le 23 juin, échoue, parce que trop tardive [143] et qu'une partie de la noblesse refuse toute aide et rend Necker responsable de la dérive, enfin parce que les « patriotes » craignent la préparation d'un coup de force. Même si, dans une vision historique dépassionnée, le recours à la force peut être compris comme chose ordinaire pour un monarque qui avait exilé les opposants à sa politique (parlementaires connus ou même princes du sang !), le contexte nouveau donne une lecture inédite à ce durcissement, jugé en fonction de principes politiques.

On sait la suite : à la résistance des députés s'adjoint la violence parisienne qui conspue les députés nobles et clercs hostiles à la réunion commune ; l'avenir du pays passerait par une révolution, que les « privilégiés » entravent. L'ordre du roi, le 27 juin, obligeant « sa fidèle noblesse » à rejoindre les réformateurs, confirme le jugement, d'autant que l'arrivée de milliers d'hommes de troupe dans la région parisienne justifie la crainte collective de menées hostiles à l'Assemblée. Le passage du côté du peuple de Paris d'une partie des gardes françaises, refusant l'idée de réprimer les manifestations possibles, accroît ce sentiment et conduit à la journée du 14 juillet [144], qui transforme la France en un « pays libre », ce dont se rendent compte les observateurs étrangers, comme l'ambassadeur anglais. Si bien que, hors de toutes les gloses sur l'événement et sur sa mémoire, hors de l'envahissement de la forteresse, en lui-même de

143. J. Godechot, 1984, p. 26-27.
144. H.-J. Lüsebrink, 1986, nos 55-56.

peu d'intérêt [145], hors de l'absence même de l'ennemi contre-révolutionnaire, la constitution d'un imaginaire politique est de première importance : les envahisseurs transfigurés en « héros de la Bastille », les légendes sur les prisonniers enfermés et libérés (l'invention d'un comte de Lorges, vieillard victime du despotisme), la propagande révolutionnaire démantelant la forteresse et vendant les pierres et les chaînes…, cela crée un nouveau système de références, permettant un discours rétrospectif sur la fin de l'aristocratie et de l'esclavage et la dénonciation de ce qui est condamnable (la féodalité, les privilèges) sans avoir à statuer sur la violence, et entretenant, paradoxalement, la peur du complot (du comte d'Artois, du Comité Polignac…) toujours à venir [146]. Cette journée permet de combattre ensemble les nobles réticents et le roi, soit l'aristocratisme et le despotisme, écrasés par l'action du peuple. Dans les régions de l'Ouest, les propos radicaux des députés du Tiers et les « fédérations » dans lesquelles les patriotes se lancent pour affirmer l'unité de la Nation contre les menées nobiliaires se vérifient, imposant une vision radicale des événements. Le club breton peut organiser la résistance. Les troupes amassées dans Paris, les reculades du roi et la peur de nombreux députés du Tiers devant leurs propres audaces contribuent à identifier une menace réactionnaire, aggravée par la crainte mutuelle née de la Grande Peur.

Ce qui advient apparaît comme sans ordre et sans cohérence, dans une suite d'événements qui projette des héros sur le devant de la scène et qui crée des ruptures imprévisibles, donne la conviction de vivre un temps

---

145. De l'énorme littérature sur le sujet, J. Godechot, 1969a ; M. Cottret, 1986, et C. Quétel, 1989, ont beau insister sur la « réalité » de la Bastille, c'est précisément l'écart créé par l'imaginaire qui est l'essentiel.

146. H.-J. Lüsebrink, 1986, p. 82-87 ; C. Garrett, 1994, p. 789.

d'urgence [147], si bien que la lutte politique devient vitale, sans échappatoire, et sans mémoire. Ce sentiment est général, puisque l'acceptation de l'état de fait par le roi, le 17 juillet, détermine le départ « en émigration » de son frère cadet, le comte d'Artois, ainsi que de quelques grands noms, Condé, Polignac, Conti, Bourbon, accentuant l'impopularité de l'aristocratie auprès du petit peuple, persuadé d'être trahi. Le premier député à démissionner est le comte de Damas [148], et la vague d'émigration touche aussi la province, puisque, à Istres, dès juillet 1789 [149], la noblesse pense qu'elle a été ruinée par le pouvoir royal et qu'elle est incapable de prendre la tête d'un mouvement de résistance en France. Significativement, Rivarol qualifie dès le 15 juillet de « barbare » la populace parisienne [150].

Enfin, l'absence de sanctions politiques et symboliques envers la violence fait qu'elle échappe au politique et permet tous les débordements. L'acceptation de la force contre les adversaires politiques est essentielle dans la radicalisation des positions : à la fois moteur des actions révolutionnaires et employée par le pouvoir, elle explique le dérapage ultérieur de la révolution. Mallet du Pan le comprit, écrivant en 1793, « le premier qui, impunément, plaça au bout d'une pique la tête de son semblable justifia d'avance les flots de sang… La carrière des crimes s'ouvrit en même temps que celle des erreurs [151] ». Ces événements dans leur rapidité et leur brutalité fixent le sens des oppositions idéologiques durables et interdisent que l'on compare les révolutions de France et d'Amérique. La peur que les nobles de Cour plongent le pays dans la guerre

147. J.-M. Goulemot, 1986 ; P. Rétat, 1990.
148. A. Patrick, 1990, p. 233.
149. C. Giroussens, 1990, p. 119.
150. B. Baczko, 1983, p. 204.
151. J. Mallet du Pan, 1793, p. 7.

civile [152] explique que les récalcitrants soient classés comme « aristocrates », ce qui donne un nouveau sens au mot, qui les isole de la Nation et les transforme même en ennemis. Dès juillet 1789, Robespierre estime qu'il est possible de violer le secret de la correspondance des émigrés au nom des principes supérieurs de la Nation [153].

La France binaire.

Le classement des courants de pensée entre soutiens et opposants est entériné dans tout le pays. Le député Martin Dauch [154], qui avait signé « opposant » le procès-verbal du 20 juin 1789, portant mention du serment du Jeu de paume, a été obligé de sortir de la salle sous la protection de Bailly. A Besançon, où une partie des parlementaires quitte la ville pour la Suisse, un rassemblement de 12 000 hommes crée les gardes nationales, pour s'opposer « aux traîtres » et à la dissolution de l'Assemblée, et, si nécessaire, pour « aller même à Versailles, délivrer sa majesté des méchans [155] ». Mais, aux yeux des patriotes, le roi a lié le sort de la monarchie à celui des aristocrates ; au lieu d'un conflit triangulaire, les luttes se résument maintenant à l'affrontement binaire entre « aristocrates » et « patriotes » tandis que l'intervention des masses et des journaux empêche les modérés de trouver une position médiane. Nombre de villes connaissent ce qu'il est convenu d'appeler des « révolutions municipales », c'est-à-dire le renouvellement des édiles municipaux au profit des réformateurs et l'inter-

---

152. P. Serna, 1994, p. 224.
153. R. Barny, 1993, p. 25.
154. E.-H. Lemay, 1991, p. 637-638.
155. C.-I. Brelot, 1966, p. 81-96.

vention de patriotes, organisés dans ce qui sera ensuite les gardes nationales, pour chasser des châteaux locaux les soldats et les officiers suspects de réticence envers les réformes.

« L'absolutisme » a rompu le premier les liens organiques qui existaient entre l'État et la société et les a laïcisés, permettant que s'insinue une remise en cause des légitimations traditionnelles de la monarchie et créant un nouvel espace politique ouvert par la publicité des débats. Dans l'affrontement entre la noblesse intransigeante et le roi, « l'opinion », mobilisée par ces deux forces, s'est affranchie des deux, et la Révolution passe par la brèche ouverte par la royauté réformatrice, rendant la Contre-Révolution incapable ensuite de renouer les chaînes du temps. Face à la Révolution, placée sur un plan moral, la Contre-Révolution ne pourra qu'exprimer un refus brutal, souligner les contradictions entre théorie et pratique révolutionnaires, sans arriver à refermer l'ouverture réalisée. Que les positions des différents protagonistes aient été enracinées dans les discussions des cent années précédentes [156] n'enlève rien à la spécificité de la conjoncture des années 1780 qui cristallise ces positions et configure l'espace politique différemment. Le simple fait que les parlementaires résistent avec l'idée du retour au même provoque l'invention du changement [157] et crée un débat autour des notions de nature, d'histoire et de liberté, de sociabilité et de valeur de l'éducation. Enfin, cet engrenage des luttes permet de comprendre pourquoi l'Assemblée nationale s'accapare la légitimité aussitôt qu'elle le peut. Elle ne répond pas en cela aux exigences d'une culture politique qui lui serait propre, elle résiste simplement aux prétentions de même nature qui ont été exprimées par la noblesse

156. W.J. Reedy, 1983.
157. F. Brunel, 1992a.

contre-révolutionnaire et elle la prend de vitesse, alors que la légitimité a échappé des mains du roi [158].

Rappeler le contexte des affrontements interdit que l'on puisse lire la Terreur par anticipation dans les actes de la Constituante, ou rétrospectivement la Contre-Révolution dans les positions de Bossuet [159] ou de Boulainvilliers. Même si l'hostilité de la majorité de la population à l'état civil des protestants [160] rappelle les temps de la Ligue, il est tout aussi vain de lier la Déclaration des Droits à la révolution religieuse du XVIe siècle [161]. Sans doute, la Contre-Révolution doit à Bossuet ce que la Révolution doit à Calvin, mais cette vision désincarnée, qui a l'avantage de l'explication simple, oublie que les conflits historiques n'ont jamais eu cette clarté d'épure [162]. Enfin, cette cristallisation brutale se réalise dans une culture spécifique. Si elle participe d'un courant réformateur identifié dans toute l'Europe du XVIIIe siècle, la réalité française se caractérise par la radicalité du vocabulaire et des luttes sociales, par les calculs démagogiques des appels à l'opinion et par les manipulations des masses, ce qui fausse d'emblée la nature des débats. Dès juillet 1789, les « jeunes gens » de Bretagne estiment que la noblesse est inassimilable dans la nation [163]. La sphère politique est ouverte d'emblée aux détournements de sens et à la violence. Car la culture française exclut les divisions toujours soupçonnées de fractionner le tissu social. Si la nation américaine [164] naît de la vie internationale et dans les relations entre nations, la nation française se bâtit en fonction de ses rapports et de ses contradictions internes.

158. C. Lucas, 1988a.
159. L.-M. Clénet, 1992, chap. 1.
160. J. Égret, 1962, p. 137-140.
161. M. Gauchet, 1989, p. 16 *sq.*
162. Voir S. Rials, 1988, p. 32-35.
163. R. Dupuy, 1988a, p. 62-63.
164. M.V. Olsen, 1988.

L'attribution de significations politiques à la violence, qui a toujours été d'usage fréquent et un spectacle ordinaire [165], en est la preuve. Alors qu'une partie des nobles bretons aurait été prête à revenir sur son intransigeance de janvier, les hostilités sont telles que les compromis sont devenus impossibles ; lorsqu'en août 1789 un garde national est tué par méprise devant un château, celui-ci est pillé le lendemain [166] ; lorsqu'un député de la noblesse, le vicomte de La Châtre, veut revenir auprès de ses commettants poitevins pour justifier ses positions, il est accueilli par une émeute qui met sa tête à prix et doit retourner à Paris [167]. Enfin, alors que la Contre-Révolution n'est pas dans les campagnes mais dans les villes, la « Grande Peur [168] » brouille un peu plus les cartes, faisant suite aux incidents qui ont opposé les paysans aux propriétaires et aux nobles, et aux attaques qui ont lieu notamment en Provence contre les palais des évêques et les granges des monastères [169]. Les rancunes sociales accumulées depuis longtemps se traduisent par des flambées de violence contre les aristocrates et les opposants aux réformes ; Arthur Young interprète déjà ainsi la mise à sac de l'hôtel de ville de Strasbourg, devant des soldats inactifs [170]. Le meurtre de Cureau et de Montesson, le 23 juillet, à Ballon dans le Maine, un bourgeois en voie d'anoblissement et un noble, témoigne que les temps nouveaux permettent d'extirper « l'aristocratisme [171] » au-delà des distinctions sociales anciennes. La Grande Peur accélère la

---

165. P. Rétat, 1990 ; R. Muchembled, 1992 ; J. Péret, 1988 par exemple.
166. R. Dupuy, 1988a, p. 64-67.
167. E.H. Lemay, 1991, p. 491.
168. C. Ramsay, 1992.
169. W. Doyle, 1988, p. 260-261.
170. A. Young, 1976, p. 346.
171. F. Dornic, 1951, p. 162-168.

politisation rurale : que des « messieurs » subissent ou endiguent le mouvement[172], ou que des paysans obligent un noble à se mettre à leur tête et aillent chez un autre au cri de « Monsieur le jean-foutre de correspondant de la noblesse », témoignent de cette anarchie traduite en langage politique quand les paysans contraignent les propriétaires à renoncer devant notaire aux droits féodaux[173]. La Grande Peur provoque aussi la multiplication des milices « patriotiques », qui donnent une légitimité aux municipalités révolutionnaires[174]. Le contrôle du pays passe, localement, aux mains des patriotes, aggravant les frustrations des anciennes élites, qui se raidissent d'autant : un certain Thoury de La Courderie ne paie pas les impôts réclamés à « M. Thoury[175] ».

Cependant, si la « Grande Peur » résulte de multiples mouvements aux enracinements et aux significations différents, une partie de ceux-ci ressortit à un refus des novations exprimé par des communautés rurales devant les atteintes aux droits communautaires : les ruraux s'opposent aux démembrements de pâturages communautaires et autres pratiques « immémoriales ». Qu'ils rencontrent, conjoncturellement, le mouvement révolutionnaire ne donne aucune indication sur leurs motivations réelles. Quelques années plus tard, ces ruraux « basculent » dans la Contre-Révolution ouverte, sous les yeux étonnés des historiens qui ont adopté les lunettes des spectateurs urbains de 1789 et qui n'ont pas voulu voir que des luttes contre des seigneurs étaient moins « antiféodales » que « communautaristes ». Sans croire que « le folklore » lutte contre la

172. J. Péret, 1988, p. 75 ; voir J. Nicolas, 1989a.
173. M. Vovelle, 1993, p. 36-37 ; sur la violence, G. de Diesbach, 1975, p. 56-57 ; P. Higonnet, 1981, p. 83.
174. J. Godechot, 1985a, p. 126-128.
175. P. Higonnet, 1981, p. 61.

Révolution [176], les exemples sont nombreux [177] d'hostilité envers un aménagement rationnel du monde, comme envers les mentalités urbaines (notamment dans le triangle Redon-Rennes-Ploërmel [178]), mais l'orientation globalement « contre-révolutionnaire » [179] n'est pas encore traduite dans le mode de lecture politique de 1789.

176. En détournant une formule de J. Solé, 1988.
177. M. Vovelle, 1993, p. 37-38.
178. P. Higonnet, 1981, p. 83.
179. P. Guéniffey, 1995, p. 221.

2

Entre Anti-Révolution et Contre-Révolution

août 1789-juin 1791

L'opposition impossible.

La nuit du 4 Août, perçue depuis comme moment d'unité, aggrave en fait les rivalités et les frustrations. Lorsque, en réponse à la violence rurale, l'Assemblée abolit les signes de la féodalité, elle transforme la noblesse en obstacle à la paix publique, oubliant que la société était fondée sur la notion même de privilège, et donne raison *a contrario* aux nobles hostiles à tout changement. La radicalité des aristocrates émigrés est cependant peu partagée ; quelques nobles obscurs réagissent, comme Foucauld de Lardimalie [1], qui proteste contre les grands seigneurs accusés d'avoir dépouillé les plus petits. Dans l'immédiat, la chute de la Bastille arrange tous ceux qui avaient des comptes à régler avec la monarchie. *La Gazette de Paris*, qui deviendra à la fin de l'année 1789 nettement contre-révolutionnaire, chante la « plus heureuse des révolutions » grâce à laquelle « le peuple et le roi ne font plus qu'un [2] » ; et lorsque le fougueux abbé Maury dénonce, plus tard, les risques de despotisme résultant de la confusion entre

---

1. M. Middell, 1992, p. 56.
2. L. Coudart, 1995, p. 52.

législatif et exécutif, et défend le veto royal, c'est encore sans s'élever contre la Révolution[3].

L'unité de la nation obsède cependant tous les esprits. Le mot « citoyen » est redéfini, désignant un participant du pouvoir législatif, et plus seulement l'habitant d'une ville[4]. La qualité des débats qui se déroulent à propos de la Déclaration des droits de l'Homme atteste de la profondeur des réflexions ; le texte dépend des circonstances, mais sa portée générale est essentielle. La Nation s'impose dans tous les domaines – précédant le roi ; parler en son nom équivaut à faire passer l'universel avant le particulier. Or ce discours unitaire met en cause l'existence des personnes morales qui ne dépendent pas de la loi (ceci permettra la nationalisation des biens du clergé[5]), condamne les corps intermédiaires (et à terme les opposants soupçonnés de créer des factions), et conduit à diriger les masses et éduquer les ignorants (ou à recourir à la démagogie). Anciennes luttes et nouveaux contentieux se conjuguent pour instaurer un ordre positif, renvoyer les récalcitrants dans les ténèbres de l'obscurantisme, des cachots et de l'archaïsme et accuser nobles et parlementaires de diviser la nation et d'amener la « guerre civile[6] ». Le processus d'exclusion est en marche, mais il répond aux manœuvres des contre-révolutionnaires de 1788 qui avaient voulu exclure les élites éclairées roturières ou anoblies des instances du pouvoir. La transformation des vainqueurs de la Bastille en acteurs (en « protagonistes[7] ») de la nouvelle histoire nationale et la nuit du 4 Août interdisent de voir la Révolution dans une dimension purement constitutionnelle.

3. Voir E.-H. Lemay, 1991, p. 646-647.
4. *Révolution de Paris*, 16-22 août 1789.
5. A.-M. Patault, 1988, t. 1, p. 156-157.
6. K. Baker, 1987b ; S. Maza, 1987 ; J. Starobinski, 1979 ; P. Serna, 1994, p. 242.
7. H. Burstin, 1986, p. 65-77.

La sensation de vivre des moments « immortels [8] » rompt avec les traditions, crée une solidarité inédite entre tous ceux qui participent à la même expérience [9] et délégitime les réalités antérieures [10].

Pour beaucoup de Français, le pouvoir s'empare ainsi de l'imaginaire – et non l'inverse [11] –, donnant un nouveau sens à la vie collective et provoquant l'éclosion de rêves et d'espoirs, sur fond de millénarisme [12]. Ainsi, le découpage de la France en départements est aussi un moyen employé par les constituants pour tenter d'enrayer les menaces qui pèsent sur eux, puisqu'ils essaient d'organiser la représentation politique du pays et, par ce biais, de garantir son unité. Mais, malgré les précautions, ils cristallisent l'opposition latente entre une vision insistant sur la nature éternelle de l'ordre français et la conviction que les hommes peuvent le réinventer ; si bien qu'ils provoquent des réactions dont les pôles peuvent être représentés l'un par les réactions « localistes » des provinces basques, des Marches de Bretagne et de Poitou, l'autre par l'affirmation « universaliste » d'un député béarnais assurant que « tous les habitants de ce grand royaume ne doivent être qu'un, n'avoir qu'un même esprit et un même nom [13] ». La Contre-Révolution militante ne pourra – ni ne voudra – comprendre cette hypertrophie de la conscience historique qui affecte le pays, ni reconnaître cette inventivité des individus ordi-

---

8. L'importance de l'événement risque bien d'être une des pierres d'achoppement des lectures « révolutionnaires » et « contre-révolutionnaires » de la Révolution qui se retrouvent dans des pratiques opposées d'écriture : insister sur l'inventivité des individus ou vouloir parler de forces échappant au contrôle, écrire l'histoire des « événements » ou privilégier la longue durée…

9. B. Anderson, 1996, p. 38-39.

10. C. Labrosse, 1990, p. 113.

11. B. Baczko, 1978, p. 415.

12. É. Pommier, 1989, p. 78.

13. M.-V. Ozouf-Marignier, 1989, p. 35-38, chap. 3, p. 130-132, 142.

naires – même plus tard concernant des hommes qui lui sont favorables [14]. La revanche du Tiers est patente en septembre-octobre 1789 : ses membres créent des municipalités nouvelles contre les anciens notables, forment des gardes nationales et des milices qui se proclament, comme à Besançon [15], « aussi nécessaires au nouvel ordre des choses que la vie l'est au corps » et excluent les anciens officiers de justice, les domestiques et les citoyens passifs, soupçonnés de ne pas pouvoir assumer une parole libre et citoyenne.

Dès le 10 août 1789, l'abbé de Montesquiou dénonce les atteintes à la religion contenues dans la Déclaration des droits de l'Homme, inaugurant les ruptures. Le baron de Gauville [16], député de la noblesse, qui, au nom de l'indépendance d'esprit, changeait de place dans la salle de réunion, constate, après août, qu'il ne peut plus siéger dans la partie gauche sous peine d'être hué par les tribunes dont il récuse « les cris, les propos et les indécences ». Il date du 29 août la création autour du président de l'Assemblée nationale d'une droite défendant les convictions religieuses et le pouvoir du roi. La pression des tribunes empêchant l'opposition nobiliaire et cléricale de se faire entendre à l'Assemblée, celle-ci se réfugie dans les relations privées, engendrant, pour nombre de nobles, rancunes et revanches, sur fond de ressentiments plutôt que de réflexion [17]. L'ignorance de la nouvelle logique politique explique que le maréchal de Broglie, croyant en la vertu de l'action virile d'une élite chevaleresque [18], assimile les députés à des « argumentateurs » qu'« une salve de canons ou une décharge de fusil » aurait

14. H.-J. Lüsebrink, 1986.
15. C.-I. Brelot, 1966, p. 80.
16. M. Gauchet, 1992, p. 398-399 ; E.-H. Lemay, 1991, p. 396-397.
17. M. Gauchet, 1989, p. 152-153.
18. Plus tard, les révolutionnaires « hommes libres » seront estimés supérieurs aux « esclaves » et autres « suppôts des tyrans ».

bientôt dispersés [19], et que, dès juillet 1789, le comte
Esterhazy prépare un complot destiné à enlever le roi [20].
Quotidiennement, des gestes rompent la trame de la vie
commune. Des troupes régulières manifestent leur mauvaise humeur en foulant aux pieds la cocarde tricolore en
présence de la reine [21] ; les officiers municipaux de Sar-
zeau dans le Morbihan protestent contre le « despotisme
irreligieux [22] » ; à Paris, pour se moquer de la Déclaration
des droits de l'Homme, des processions imitées des Pana-
thénées exhibent des phallus [23]. Le *Journal de la Ville*
écrit le 8 septembre 1789 : « Il fallait une révolution. Elle
ne pouvait s'opérer que par des moyens violents. Nous
nous trouvons encore froissés du coup [24]. » Le 18 septembre 1789, l'ambassadeur espagnol, Núñez, écrit que la
« contre-révolution » prépare un retour à l'ordre antérieur ; trois semaines plus tard, l'ambassadeur vénitien fait
état des préparatifs « contre-révolutionnaires » de la reine,
assemblant 60 000 hommes autour de Paris pour évacuer
le roi à Metz [25].

On comprend que la peur soit réciproque. Les habitants de Senlis, pourtant hostiles aux mouvements parisiens, n'osent pas soutenir Bertier de Sauvigny lorsqu'il
est poursuivi : les édiles craignent d'attirer l'attention de
Paris, alors que le prince de Condé se cache quelques
jours dans la forêt voisine avant d'émigrer [26]. Ces
craintes sont fondées : les milices urbaines contrôlent
les châteaux [27], redoutant elles-mêmes d'être massa-
crées. A Istres, la municipalité veut déférer le curé hos-

19. F. Furet, 1989c, p. xxv.
20. Duc de Castries, 1979, p. 30.
21. L. Hunt, 1984, p. 57-59.
22. M. Middell, 1992, p. 75.
23. J.-J. Pauvert, 1989, p. 56, 70.
24. G. Walter, 1948, p. 48.
25. C. Garrett, 1994, p. 790, 793.
26. G. Cabanes-Boquet, [sd], p. 47-48.
27. M. Crook, 1991, p. 87.

tile aux décrets du 4 août devant l'Assemblée nationale, le jugeant coupable du « crime de lèze-nation [28] ». En Bretagne, les jacobins, très minoritaires dans les campagnes, recourent à « tous les moyens, [à] la force, [au] trucage électoral » pour faire face aux difficultés de ravitaillement provoquées par l'éclipse des autorités traditionnelles et par la « quasi-rébellion » des troupes de ligne – ceci dressant en retour les populations contre les municipalités patriotes [29]. A Brest, la gifle d'un officier noble donnée à un marin brestois devient l'occasion d'une crise locale, apaisée par les excuses publiques de l'officier accusé d'être « aristocrate [30] ». L'opposition à la Révolution se voit dotée d'une unité idéologique : la « Contre-Révolution » est accusée par une gravure de l'automne 1789, dénonçant un aristocrate [31]. Cette montée des antagonismes se réalise sur fond de rumeurs et de craintes mythiques, de calculs politiciens et de rancœurs sociales qui font craindre des conspirations du clergé, des nobles ou de la province… A Versailles, en août et en septembre 1789, lors de la discussion sur les deux chambres, le principe d'un sénat est rejeté parce que la gauche a peur de l'aristocratie et que la droite, faisant la politique du pire, refuse de voter avec les monarchiens, qui tentent d'édifier une monarchie parlementaire [32]. Ces derniers n'apparaissent ni comme des remparts contre les contre-révolutionnaires, ni comme de véritables patriotes : ces surenchères politiques vont créer une tradition nationale.

28. C. Giroussens, 1990, p. 51.
29. R. Dupuy, 1989, p. 200, et 1988, p. 56.
30. P. Henwood, 1989, p. 98.
31. M. Middell, 1992, p. 48-49 ; A. de Baecque, 1988, p. 131.
32. J. Tulard, 1990, p. 39 ; R. Griffiths, 1988, p. 68-69.

Octobre : le coup d'équinoxe.

Si, en juillet 1789, la violence avait surpris, en octobre[33] elle devient un élément discriminant des choix politiques, même si les opposants sont pris de court. Le « crime » du 5 octobre, connu par de nombreuses correspondances, constitue une rupture[34] dans les grandes villes comme les villages. Les caricatures envahissent la politique, créant un monde imaginaire dans lequel les personnages ne sont que des types, « patriote » *versus* « aristocrate », mobilisant des habitudes populaires anciennes. Avec un temps d'avance sur ses rivaux, la critique révolutionnaire réutilise Ramponneau et le père Duchesne[35] ; le discours « poissard » amalgame la noblesse avec la Contre-Révolution, ce qu'atteste le titre d'une gravure : « Eh bien J... F... Diras-tu encore vive la noblesse ? » La désacralisation politique, qui prolonge les pamphlets pornographiques des années 1780, atteint aussi la reine. Accusée d'avoir organisé un bordel à la Cour, montrée comme une furie, elle entame une nouvelle descente aux enfers devant l'opinion, tandis que son entourage et les opposants à la Révolution sont déshumanisés. Comme l'avait dit Pétion dès février 1789 : « L'homme libre n'a point la tête courbée vers la terre ; son regard n'est pas non plus hautain et dédaigneux, mais assuré, sa démarche est libre » ; à l'opposé, l'aristocrate est un sous-homme, un monstre, un comploteur, responsable de massacres infernaux (la Saint-Barthélemy, la mort d'Henri IV...) justifiant la lanterne vengeresse, qui éclaire et détruit un groupe dégénéré[36].

33. Voir K. Michalik, 1989.
34. M. Middell, 1992, p. 58-62.
35. Contrairement à A. de Baecque, 1988, p. 49.
36. A. de Baecque, 1988, p. 75, 133, 139-143, 151, 185-187, 191-195 ; C. Garrett, 1994, p. 785.

Les opinions s'affichent et s'affrontent, excluant les indécis, empêchant les nuances. Le port des cocardes devient fréquent ; dès la fin 1789, dans l'Allier, les trois couleurs sont disposées sur le drapeau d'une petite ville avec des slogans révolutionnaires [37] ; à la mi-novembre 1789, dans le Sud-Est, un officier est arrêté par la milice urbaine parce qu'il porte une cocarde blanche [38]. Quelques mois plus tard, la mutinerie des Suisses du régiment de Châteauvieux à Nancy en mai 1790 précipite la cristallisation des antagonismes. Les demandes des soldats, appuyées par les jacobins locaux au nom de la liberté, la répression violente des mutins, au nom de l'autorité militaire interdisent toute position centrale, illustrée par la mort inutile du lieutenant Desilles, éphémère héros national. L'émeute provoque la mort de 90 personnes, mais la presse en annonce entre 250 et 400 et donne un grand écho à la répression. Rivarol y voit le résultat de l'abandon de la religion et du respect social. Contre la pression de la « foule », le Club de 1789, dénoncé préventivement comme « intrigant » par les jacobins, soutient la répression, avant que ses membres ne passent aux « Noirs » dans le Club monarchique [39].

La lecture politique est d'autant plus radicale que le trône paraît vide : le roi est à Paris, surveillé par les jacobins, l'Assemblée sous le contrôle des tribunes et les premiers leaders désavoués. Le 3 novembre 1789, les parlements sont mis en vacances indéfinies, donnant raison aux prévisions pessimistes de la noblesse réfractaire et rompant l'équilibre traditionnel des pouvoirs, puisque le législateur affirme de fait sa primauté sur les juges, qui perdent leur indépendance. La méfiance envers les parlements est

37. É. Liris, [sd], p. 122.
38. M. Crook, 1991, p. 88.
39. É. Hartman, 1990, p. 200-204 ; J.-C. Martin, 1996a ; K. Baker, 1988, p. 359, 368-370.

héritée des années 1780 ; mais la loi, instituée par la nation assemblée, ne restera pas qu'une réponse de combat à la pratique conservatrice des parlementaires [40], puisqu'elle permettra des dérives ultérieures. Ce vide est attesté paradoxalement à la fête de la Fédération, où ni le roi ni la religion n'organisent le système social [41] : les révolutionnaires modérés voudront maîtriser l'avenir au travers des institutions politiques et de la mort héroïque pour la Patrie ; les contre-révolutionnaires, dans une vision plus transcendantale, pourront jouer sur l'angoisse née de ces pertes.

Le camp modéré est affaibli. Mounier est le grand perdant, ayant échoué à obtenir le soutien du roi comme de la droite ; appelé M. Veto, caricaturé en jockey, avec la lanterne en croupe, il émigre, laissant le champ libre à Le Chapelier et à la gauche [42]. Mais le conte sur la famille Veto (des monstres possédant des fioles de poison et ravageant le royaume) cesse bientôt de le désigner pour viser le roi (et plus tard la reine). Le marquis de Virieu passe au Salon français ; l'évêque de Chartres, opposé aux privilèges de la noblesse avec Sieyès, émigre en 1791, rejoint par l'évêque de Nancy, qui a prononcé le sermon du 4 mai 1789, et devient l'agent de Louis XVIII. L'avocat Bergasse, un des fondateurs de la société Messmer, membre de la Société des Amis des Noirs, inscrit à la droite des monarchiens, s'éloigne de la vie politique [43]. Devant la radicalité populaire, les « philosophes » deviennent des émigrés de l'intérieur (l'abbé Raynal, Morellet) ou de l'extérieur (Grimm) [44]. En même temps que les bruits de conspirations circulent, une large partie des loges franc-maçonnes, refusant tout changement opposé à l'ordre, se

40. A. Laingui, 1993, p. 105.
41. H.-U. Grumbrecht, 1983.
42. Travail manuscrit de N. Cutting que je remercie ; J. Tulard, 1990, p. 66.
43. R. Griffiths, 1988, p. 115-120, et R. Darnton, 1968.
44. D. Roche, 1988, p. 725.

détache de la Révolution [45]. Le journaliste Peltier, bon représentant de la bourgeoisie financière favorable aux réformes, à la politique royale et hostile à l'aristocratie, passe cependant à la Contre-Révolution active, après ce « coup d'équinoxe [46] ».

Quelques modérés excusent les excès par les changements, comme le Sarthois Ménard de La Groye qui invoque la peur des Parisiens, et estime en juin 1791 que la Contre-Révolution est un « fol espoir [47] ». Contre les jacobins et les contre-révolutionnaires, se jugeant « après le despotisme et avant la constitution [48] », Malouet, et le Club des impartiaux, le comte de Clermont-Tonnerre et le Club des Amis de la Constitution monarchique maintiennent le cap modéré. Ces clubs concurrencent ceux des jacobins sur le terrain constitutionnel, les accusent de « disposer de toute l'autorité, de toutes les élections, de toutes les places et des fonctions publiques », et d'être ainsi des contre-révolutionnaires ; mais ils estiment que les « aristocrates » sont des « imbéciles et des rebelles [49] », puisque « la révolution est faite et ce qu'on appelle une contre-révolution est une absurdité en spéculation, et ce serait un malheur affreux, s'il était possible de la tenter ». Prolongeant les courants réformateurs, ce mouvement défend la Constitution et le pouvoir royal, contre la Contre-Révolution extérieure, les parlements et la noblesse héréditaire.

Si La Fayette et ses partisans essaient de concilier pratique modérée et dénonciation radicale [50], ce courant n'a ni unité ni base stable. Voulant sauver la monarchie en

45. J.-L. Quoy-Bodin, 1987, p. 120, 145.

46. H. Maspero-Clerc, 1973, p. 16 *sq*.

47. Ménard de La Groye, 1989, p. 379, 390.

48. E.-H. Lemay, 1991, p. 221. Le mot est de Clermont-Tonnerre.

49. J. Tulard, 1990, p. 67-68. Pour ce qui suit, R. Griffiths, 1988, p. 86-103.

50. B.M. Shapiro, 1992.

sacrifiant la noblesse – ce qui ne lui sera pas pardonné –, éviter les cabales de la droite ou du duc d'Orléans, comme les émeutes populaires, il est délégitimé fin 1790, lorsque le débat entre Révolution et Contre-Révolution ne concerne plus les privilèges, mais l'opposition entre royalisme et républicanisme. Les modérés sont vus comme les « gens de la Cour » par la droite, qui adopte la politique du pire, puis refuse tout compromis avec les feuillants. De leur côté, les jacobins nient leur existence. Brissot écrit dans *Le Patriote français*, du 20 février 1790 : « L'aristocratie ne paraît qu'une chimère... et pour comble de malheur, les Modérés, les Impartiaux, qui soufflent ces opinions, se disent les amis du peuple, se font ses apôtres ; je la crains plus sous ce masque que le poignard à la main. » Lorsqu'en janvier 1791 le Club des impartiaux distribue du pain gratuitement aux indigents, Barnave parle de « pain empoisonné », refusant la charité et la démagogie politique. Les pamphlets de la gauche accusent le club d'être « monarchien » ou, pis, « monarchieux », jusqu'à sa fermeture le 28 mars, et le Club monarchique est persécuté, son siège pris d'assaut le 28 mai 1791.

Les modérés gardent pourtant des illusions : l'abbé Raynal, venu le 31 mai 1791 devant l'Assemblée pour la mettre face à ses contradictions, sert à Robespierre[51] ! Dans les villes de province, les monarchiens se soumettent bon gré mal gré à l'obligation du rassemblement des révolutionnaires en un seul club, alors que les clubs contre-révolutionnaires entrent dans l'illégalité à partir de la fin de 1791. Le compromis monarchien est impossible et la monarchie parlementaire durablement discréditée en France. Son échec souligne la radicalité des élites qui acceptent, par calcul, la souveraineté d'une

51. J. Tulard, 1990, p. 76 et p. 51-68 ; R. Griffiths, 1988, p. 95-101, 123-127.

assemblée unique et l'intrusion populaire, pensant pouvoir utiliser la violence pour établir la légitimité politique. Avec prudence, l'Assemblée tente encore d'endiguer les débordements : elle condamne les auteurs de la mort du boulanger François, le 21 octobre 1789, lui déniant une signification politique et refusant les demandes populaires [52]. Cependant, ce refus par des autorités inspirées par l'esprit des Lumières [53] ne peut rien au fait que la violence est désormais associée au pouvoir du peuple assemblé, ni ne remet en cause l'existence du sujet violent, protagoniste de la réappropriation de la souveraineté. Les constituants [54] condamnent, mais inutilement et tardivement, la violence, qui a fondé le nouvel ordre.

Pour la gauche, en cette fin d'année, la contre-révolution est une entrave et Sieyès estime que seul le Tiers peut réaliser l'unité de la nation, mais qu'il a un bras enchaîné par la noblesse [55]. En estimant que les « associations partielles » (société féodale mais aussi clubs) puissent être une menace pour la fédération nationale, dans laquelle toutes les anciennes dénominations seraient abolies et les Français frères [56], la gauche récupère à son profit l'idée nationale (qui repose aussi sur les frustrations [57] nées après les guerres de 1740 à 1770 qui virent la France perdre sa prépondérance européenne) assortie du principe de représentation qui permet que la nation soit formée d'individus égaux devant la citoyenneté, mais inégaux dans la société [58]. La xénophobie, vis-à-vis de la Grande-

---

52. G. Rudé, 1953, p. 97.
53. P. Rétat, 1990.
54. C. Lucas, 1994b.
55. C. Larrère, 1993, p. 145-147.
56. M. Genty, 1995, p. 42-46.
57. B. Stone, 1994, p. 58-59, et F. Furet, 1979, p. 25-35, et B. Hyslop, *French Nationalism in 1789*, cité par Stone, p. 202-203.
58. G. Procacci, 1993, p. 79 *sq.*

Bretagne et de l'Autriche, se combine avec la peur des complots et de l'aide aux émigrés, limitant la portée de la déclaration par laquelle la France renonce à la guerre [59].

La nation reste plus que jamais unifiée par les opinions. Le 21 octobre 1789, le crime de lèse-nation est constitué en délit jugé par le Châtelet de Paris en dernier ressort. Les premiers poursuivis sont le prince de Lambesc, pour son rôle le 12 juillet précédent dans le jardin des Tuileries, et Bésenval, pour son commandement lors du 14 juillet [60]. Si le double jeu [61] semble caractériser cette organisation judiciaire, pendant modéré du Comité des recherches, le procédé permet la radicalisation des accusations et fait du noble un étranger, sinon un ennemi. Il s'appliquera plus tard aux émigrés, exclus du pays, faute pour l'opinion d'articuler ensemble la nation, sa représentation et ses membres [62] : car, si l'espace public existe comme lieu de débat, nombre de révolutionnaires ne comprennent pas son éclatement et ses disparités, et refusent toute fraction, provoquant paradoxalement la violence. La rapidité attendue dans l'application des lois protégeant ce « phantasme du peuple-Un », qui traduit la conviction que tous doivent être soumis à la même loi, redouble la brutalité des mesures répressives demandées contre tous les auteurs de « lèse-nation [63] ». Loustalot résume la situation, écrivant dans *Les Révolutions de Paris* que « les représentants de la nation » s'opposent dorénavant au « parti aristocratique [64] ».

59. T.C.W. Blanning, 1996, p. 48-49.

60. C.-L. Chassin, 1973, G 1, p. 89. Les deux affaires se terminent par des acquittements. Par exemple, Billaud-Varenne estime qu'il faut créer un tribunal pour juger les ennemis de la nation, voir F. Brunel, 1992a, p. 39.

61. B. Shapiro, 1992.

62. S. Wahnich, 1997.

63. F. Brunel, 1992a, p. 38-39.

64. C. Garrett, 1994, p. 792.

Dès novembre 1789, des fédérations de gardes nationaux se sont constituées contre les « ennemis » de la révolution [65], mêlant orientations politiques et rancunes, liens
familiaux ou claniques. Le mouvement qui culmine dans
l'été 1790 autour de la fête de la Fédération exprime
moins l'accord des Français, que l'expression d'une légitimité nouvelle (la fidélité est déplacée du roi vers la
nation), contre les opposants aux nouvelles institutions [66].
Les tensions parisiennes et le médiocre engagement du roi
illustrent bien cette situation. Dans ces luttes, toutes les
occasions sont bonnes : lorsque les marins et les ouvriers
des arsenaux se soulèvent, ils sont défendus par les municipalités des grands ports [67] ; lorsqu'en septembre 1790 la
municipalité de Besançon veut fermer la Société des Amis
de la Constitution, « comme impolitique et illégale »,
le club est soutenu par les autorités départementales [68].
L'anticléricalisme, traditionnel dans une partie de l'opinion, renforce le courant patriote : les caricatures contre
les gros moines ne relèvent plus de la veine gauloise, mais
de l'idéologie contre les contre-révolutionnaires, empêchant de voir la Révolution comme un phénomène purement intellectuel. Enfin, la lutte politique interdit de
reconnaître les erreurs de son camp. Barère refuse ainsi de
voir les enrichissements exagérés de Palloy, qui accomplit
« une destruction politique… un acte vraiment révolutionnaire [69] ». Young, de retour en France en janvier 1790, est
frappé de la bipolarisation de la vie française : la dichotomie Révolution/Contre-Révolution s'est imposée [70].

65. P. Viola, 1995, p. 20-22 ; M. Ozouf, 1976, p. 50-52.
66. P. Higonnet, 1981, p. 85, cite le pamphlet qui montre nobles et
curés travaillant ensemble sur le Champ-de-Mars, avec la légende :
« Aristocrates, vous voilà donc F… Nous baiserons vos femmes et
vous nous baiserez le c. »
67. J. Godechot, 1984, p. 135.
68. C.-I. Brelot, 1966, p. 63, 87-90.
69. C. Jones, 1991, p. 70.
70. C. Garrett, 1994, p. 797.

La constitution de la droite.

Duval d'Éprémesnil, « magistrat patriote » avant 1789, illustre cette création. Luttant pied à pied contre la gauche, il soutient, en novembre 1789, les parlements de Rouen et de Rennes [71] refusant d'entériner les décrets de l'Assemblée ; il veut que les députés se soumettent aux mandats de leurs électeurs, que les libertés provinciales soient respectées, que la violence soit réprimée, que la religion catholique reste religion d'État, que les réformes judiciaires et militaires soient abandonnées, enfin qu'une demande d'amnistie soit déposée auprès du roi [72]. Ces oppositions, apparues sous des formes atténuées dans les débats de l'été 1789, se cristallisent dans l'automne autour de la question religieuse qui divise l'assemblée et fait surgir un bloc conservateur mené par l'abbé Maury. Alors que la proposition de l'abbé d'Eymar [73] d'inscrire la religion catholique comme religion d'État dans le premier article de la Constitution n'avait provoqué, en août 1789, que l'indignation devant « un retour au despotisme », l'affaire devint sérieuse en octobre à propos des biens ecclésiastiques puis de la Constitution civile du clergé. Tandis que Maury pratiquait une guerre intellectuelle à Paris, l'évêque de Tréguier accusait, dès le 5 et le 6 octobre 1789, les « chimères » du nouveau régime et critiquait « les commis appointés des brigands [74] ». Cette ligne politique, qui refuse les innovations et défend les libertés provinciales et traditionnelles, structure le groupe des « Noirs », qui rassemble dans l'Assemblée

71. J. Tulard, 1990, p. 48.
72. F. Furet, 1989c, p. 344-346.
73. B. Cousin, 1989, p. 79.
74. B. Cousin, 1989, p. 83.

205 députés du clergé, 178 de la noblesse et 85 du Tiers [75], et brave l'opinion et les tribunes. La Contre-Révolution, consciente d'elle-même, et qui espère que le peuple français va choisir entre le chaos révolutionnaire ou ses projets de retour à l'ordre, se constitue [76].

Sur cet échiquier politique dont les enjeux lui ont échappé, le roi suit une ligne politique personnelle. Par principe, il refuse les sociétés jacobines ; sa volonté réformiste, qui le rendait proche des patriotes et relevait du « despotisme éclairé », le conduit au refus des prétentions de la gauche et même des modérés qui le dessaisissent de la réalité du pouvoir ; il ne garde des ministres monarchiens que pour répondre aux attentes exprimées par le pays. Par conviction et par sentiment, il rejette la droite dure et hautaine incarnée par ses propres frères et il s'oppose aux extrémistes qui, comme Artois, souhaitent le remplacer, se méfie de Provence qui a des visées sur le trône, enfin il doit résister à la radicalité de la reine, isolée comme lui [77]. Dans cette situation difficile, il ne peut compter que sur une poignée de fidèles pour conduire une politique mêlant publicité et secret, faisant de Breteuil un plénipotentiaire occulte. Il adresse, dans ce cadre, le 7 octobre 1789 une lettre au roi d'Espagne, Charles IV, à l'intention des souverains d'Europe, pour protester solennellement contre « tous les actes, contraires à l'autorité royale, qui [lui] ont été arrachés par la force, depuis le 15 juillet de cette année et en même temps, pour accomplir les promesses que [il a] faites par [ses] déclarations du 23 précédent [78] ».

Le roi, les modérés et la droite dure condamnent ensemble la limitation des pouvoirs royaux instituée par

75. J. Tulard, 1990, p. 41-45.
76. C. Garrett, 1994, p. 791.
77. L. Madelin, 1935, p. 13-20.
78. L. Miard, 1989, p. 138-139.

l'Assemblée, qui dépasse la volonté de réforme fiscale initiale et qui a changé la société ; ils veulent maintenir le pouvoir militaire du roi, puisqu'une partie de l'identité même de la noblesse est enracinée dans les traditions militaires. Après 1790, le centre et l'aile droite dénoncent la spéculation et la vente des biens nationaux, inaugurant une attitude antimoderniste vouée à une longue postérité. Ils opposent la Banque, voleuse par nature, les spéculateurs et propriétaires de papier, et Paris, qui dirige l'escompte, aux véritables propriétaires et entrepreneurs et à la province où se trouve la vraie richesse solide [79]. En tirant les conclusions, l'abbé Maury propose en 1790 une taxe sur le luxe pour baisser les impôts directs et appelle à maintenir ensemble le roi, le peuple et la province contre les spéculateurs, Paris et l'Assemblée nationale ; celle-ci devrait quitter Paris pour s'établir dans les grandes villes de province. Cette défense globale de la propriété exprime la peur qu'après les biens du clergé, ceux des nobles et des petits soient menacés. Si bien que les profiteurs de la Révolution sont dénoncés tout autant que les exploiteurs de la pauvreté (dont les Juifs appartenant à une autre nation !). Détournant un thème antérieur, la droite accuse l'Assemblée de « despotisme » et fait craindre que le déplacement de pouvoir fasse perdre la liberté acquise, dans l'anarchie. Elle préconise, suivant Malouet et Montlosier, le retour à un pouvoir fort et récuse la destruction de l'ordre.

Si les modérés condamnent l'émigration qui prive le roi de ses soutiens et entraîne une radicalisation forcenée, ils sont cependant conduits à se radicaliser eux-mêmes pour garder une ligne politique autonome. Montlosier, qui a tenté de s'opposer au principe électif dans la justice pour conserver le caractère monarchique de la constitution française, s'engage peu à peu dans une voie plus ferme,

---

79. F. Furet, 1989c, p. 65-67, 516-517, 543, discours de l'abbé Maury, 13 octobre 1791.

conseillant au roi de résister, avec l'armée, contre les clubs. Les divergences qu'il entretient avec les contre-révolutionnaires ultras sont réelles, mais les principes d'une « contre-révolution » modérée restent sans effet, parce que la cosouveraineté du couple peuple-roi n'est plus possible. Les termes : Révolution et Contre-Révolution ont déjà changé de sens [80].

Les cercles de la Contre-Révolution.

Auprès de la société française, le relais est pris par des clubs contre-révolutionnaires. Le Salon français naît autour du vicomte de Mirabeau, de Bouville, de D'Épresménil, de D'Antraigues, puis de Virieu [81]. Fort de 600 membres brillants, il envisage une insurrection populaire dans le Sud-Est, du Forez au Vivarais, et élabore un plan pour l'évasion du roi à partir du Lyonnais, désigné comme pôle de reconquête. L'arrivée de nobles auvergnats à Lyon fait long feu, étant refusée par le roi et même dénoncée par le Club monarchique. Mais leur voyage entre dans une stratégie unissant résistants de l'intérieur et émigrés. Dans nombre de petites villes, des Sociétés des Amis de la Paix établissent un contrepoids aux Sociétés des Amis de la Constitution, s'affilient les unes aux autres et créent une sensibilité contre-révolutionnaire, surtout dans le Sud [82], avant d'être

80. J. Tulard, 1990, p. 76-80 ; F. de Montlosier, *Essai sur l'art de constituer les peuples...*, 1790.
81. R. Griffiths, 1988, p. 117 ; J. Tulard, 1990, p. 51-52 ; A. Doyon, 1969, p. 68 ; J. Chaumié, 1968, p. 46-50.
82. M. Vovelle, 1993, p. 140-141, oppose la « contre-révolution à visage découvert » dans le Sud à « l'inquiétant silence » de l'Ouest qui ne compte pas de club. La lecture téléologique est ici évidente. A Toulon, les Amis et défenseurs de la Constitution du début 1791 deviennent le Club des Noirs ; un club des Amis du roi et du clergé aurait existé à Aix ; à Carpentras, l'Assemblée représentative modérée qui

interdites. Dès 1791, la résistance passe par ces réseaux, aux lieux de réunion tenus secrets, et par les messes des prêtres réfractaires qui jouent un rôle central [83].

Cette voie, inscrite dans des pratiques élitaires, débouche dans une série de complots non coordonnés. En octobre 1789, un fermier général, Augeard, est arrêté pour avoir voulu conduire le roi à Metz et la reine à Vienne ; le comte d'Astorg se lance dans une entreprise similaire, sans plus de succès. Plus tragique est le complot du marquis de Favras. Poussé par le comte de La Châtre, franc-maçon et homme à tout faire du comte de Provence, il essaie d'enrôler des gardes françaises, pour enlever Louis XVI. L'échec tourne à la confusion du frère du roi, protégé par le silence de Favras ; ce dernier, arrêté le 25 décembre 1789, est pendu le 19 février suivant [84]. Le 15 décembre 1790, la police découvre un complot qui voulait libérer le roi et marcher sur Paris [85] ; si l'efficacité est douteuse, la présence de contre-révolutionnaires dans la vallée du Rhône est réelle. Dans l'Ouest, « la Coalition de Poitou », liée au comte d'Artois autour de La Lézardière mobilise des gardes nationaux apeurés [86] par des rumeurs qui annoncent l'entrée en France de 400 000 hommes, poussant ensuite les patriotes à faire des « visites » régulières des châteaux en 1791. Enfin, en février 1791, un groupe de nobles sur-

---

veut adhérer au modèle français, en préservant les intérêts du pape et du catholicisme, bascule progressivement dans l'Union de Sainte-Cécile ; à Villefort, en Lozère, le club monarchique organise en janvier 1791 une manifestation royaliste qui condamne la Révolution, désavoué par le Club monarchique de Paris...

83. L. Coudart, 1987, p. 220-221.

84. E. Cléray, 1932 ; J.-L. Quoy-Bodin, 1987, p. 104 ; L. Miard, 1989, p. 267-270 ; pour ces cas C.-L. Chassin, 1973, G I, p. 94-96. L'abbé Le Duc, fils naturel de Louis XV, mêlé à cette tentative, conspire ensuite dans l'entourage de l'abbé Brottier.

85. G. Lewis, 1978, p. 27.

86. J. Péret, 1988, p. 126.

nommés par dérision les « chevaliers du poignard » est facilement désarmé aux Tuileries, sur ordre du roi (puis dénoncé par *Le Père Duchesne*). Toutes ces tentatives, médiocres et inefficaces, sont divulguées par la presse patriote, assurant que la droite contre-révolutionnaire reste active, autour du souverain, ce qui délégitime ces actes individuels face au mouvement qui parle au nom de la Nation mais assure que la Contre-Révolution menace dans l'ombre.

La naissance d'une presse de droite [87], à la fin de 1789, change la donne. Avec *Le Journal de la Cour et de la Ville* (ou *Le Petit Gautier*), puis *Les Sabats jacobites*, *La Rocambole des journaux*, *L'Ami des patriotes*, soutenu par la liste civile [88], ou *Les Actes des Apôtres* dirigés par Peltier et Suleau, elle possède un lectorat surtout urbain, estimé à 20 000 personnes. Ses responsables sont des auteurs reconnus comme l'abbé Royou, collaborateur à *L'Année littéraire* avant 1789, ou comme Rivarol, polémiste déjà célèbre et rédacteur du *Journal politique national*, puis collaborateur des *Actes des Apôtres*, et auteur du *Petit Dictionnaire des grands hommes de la Révolution par un citoyen actif, ci-devant Rien*, par des convaincus comme Jean-Gabriel Peltier, comme par des aventuriers, comme Webert, dit l'Allemand, ou Gautier de Syonnet, qui allie pornographie et politique [89]. Si les journaux populaires de gauche restent plus nombreux que ceux de droite, ceux-ci emploient les mêmes procédés que leurs concurrents, notamment des personnages imaginaires, Janot, le général La Pique, Polichinel, Ramponneau ou Martin, « ci-devant philosophe, maintenant fort de la Halle [90] ».

87. C. Langlois, 1988a, p. 10-15 ; J.-P. Bertaud, 1987, p. 205-208.
88. R. Barny, 1993, p. 45-47.
89. L. Hunt, 1993c, p. 315.
90. O. Elyada, 1991, exemple p. 14, 232, 234…

En décembre, pour des raisons peu claires, peut-être financières, *La Gazette de Paris* de Du Rozoy passe brutalement à la droite extrême [91], avec un programme simple : tout pour le peuple, rien par lui ; elle rejoint le souhait de Rivarol d'une révolution faite par le roi en s'appuyant sur le peuple, ce qui constitue l'une des lignes durables de la presse contre-révolutionnaire. Elle trouve son unité dans la contestation des « faux principes » de l'Assemblée et le relevé de leurs contradictions avec le déroulement de la Révolution [92] (mais les jeux de mots remplacent les analyses), comme dans la condamnation des journées populaires. Le 14 juillet apparaît comme une émeute de la faim, mais les journées d'octobre découlent de l'arrivée de la populace et entraînent l'emprisonnement du roi à Paris [93]. Elle se divise sur les causes de la Révolution. Un courant dénonce les meneurs occultes, alors que *L'Ami du Roi* de l'abbé Royou accuse la frivolité de la haute noblesse, prône la réconciliation des notables autour du programme royal du 23 juin 1789 et propose que les rapports entre les ordres s'apaisent, la noblesse accueillant les meilleurs des roturiers.

Dans une vision politique et théologique, une partie de ces journaux lance des appels au peuple, défend l'émigration et soutient les émigrés. Cette analyse, qui sera lourde de conséquences, affirme l'unité entre les rois étrangers et la Contre-Révolution, exagère le risque représenté par les révolutionnaires et pousse dans cette « croisade [94] » tous les journaux – ou presque –, comme beaucoup de leurs lecteurs, à s'en remettre à la violence. La critique des acteurs de la Révolution fait feu de tout

91. L. Coudart, 1995, p. 57 *sq.*
92. R. Barny, 1993, p. 26-27.
93. J.-P. Bertaud, 1987, p. 206.
94. J. Tulard, 1990, p. 107-109.

bois et se déchaîne particulièrement contre certains. Pour ces journaux, l'homme est sanguinaire et la femme dépravée : dès décembre 1790, les démocrates sont comparés à des « tigres démuselés » et Marat au chef des brigands [95]. Théroigne dite de Méricourt, incarnant la « liberté » permise par la Révolution, est l'objet d'une campagne violente et pornographique. Cette « violence de papier [96] » façonne la réalité, lorsque Théroigne, dénoncée pour avoir été sodomisée par dix députés, transformée en dangereuse espionne, est enlevée par des contre-révolutionnaires en 1791 [97]. Cette presse est enfin proche des mouvements favorables à l'esclavage [98] ; nombre d'abonnés de *La Gazette de Paris* se retrouvent au club Massiac. Le refus des droits de l'homme « que ce peuple noir ose ressaisir » remet en cause les fondements de la Révolution : « On veut tout ramener à la nature mais il est un ordre social dont les lois exigent que l'on modifie celle que nous a donnée la nature elle-même. » Ces journaux donnent une large place aux massacres de Saint-Domingue et à la ruine des ports. La lutte politique est donc vive, et rapidement brutale : *Les Actes des Apôtres* sont poursuivis dès décembre 1789 et les journaux « aristocratiques » pillés le 21 mai 1790 [99].

Le quatrième cercle contre-révolutionnaire, et le plus remarqué, est le groupe d'opposants constitué autour du comte d'Artois, à Turin, et désigné à partir de décembre 1789, d'abord sous le vocable « émigrans » puis « émigrés » ; partis pour trois mois, selon Artois lui-même, certains resteront plus de vingt ans en exil. Leur nombre est mal connu, sans doute pas plus de 150 000, dont

95. A. Mathiez, 1975, p. 34.
96. Mot de J. Popkin.
97. L. Hunt, 1993c, p. 316 ; É. Roudinesco, 1989, p. 42-44, 65-66.
98. G. Debien, 1953, p. 110-128 (il cite *Les Actes des apôtres*, *Argus patriote*, *Le Spectateur national*, *Le Journal de M. Suleau*).
99. H. Maspero-Clerc, 1973, p. 37.

5 000 se battent effectivement[100], et leur position est difficile d'emblée. Ces hommes n'ont été accueillis ni par l'Espagne, de peur d'une réaction française[101], ni par l'empereur d'Autriche, attaché à la légalité monarchique, si bien qu'avec l'accord de Louis XVI ils s'installent à Turin, où règne le roi de Sardaigne, beau-père du comte d'Artois. S'ils dissocient leur fidélité monarchique de la nation française – Condé, qui en appelle au peuple « bon », estime la lutte nécessaire dès octobre 1790 –, l'adage « Où sont les fleurs de lys, là est la patrie » illustre la nature du lien personnel dans une perspective patrimoniale et familiale qui relie les nobles au roi (ce à quoi les roturiers seront moins sensibles), si bien que beaucoup d'émigrés ne peuvent pas entreprendre des actions contre le roi, quand bien même ils désapprouvent ses positions. Le relâchement des liens entre le roi et les nobles causé par le refus d'une partie d'entre eux du « despotisme ministériel[102] » favorise l'émigration, qui ne devient vraiment importante qu'après la tentative de fuite du roi. Jusque-là, la reine soutient Condé, tandis que le roi veut éviter tout risque de guerre civile. La division de la France éclate dans les représentations à l'étranger. A Madrid, le roi est représenté par La Vauguyon, l'Assemblée législative par Bourgoing, tandis que les princes délèguent d'Havré[103] !

Une brouille avec le roi de Sardaigne contraint Artois à partir pour la Suisse et Bâle, puis pour Coblence où il s'installe le 15 juin 1791 ; avec Worms, la ville entre dans le légendaire français, obnubilé par les armées contre-révolutionnaires massées sur les frontières dès le début de 1791. Cette arrivée à Coblence provoque bien

100. J. Roberts, 1990.
101. L. Miard, 1989, p. 139-141, 274.
102. J. Chaumié, 1968, p. 40-41.
103. M. Wagner, 1994, p. 37.

des ambiguïtés. Elle laisse penser que le roi arrive, ce qui renforce la conviction que celui-ci incarne la légitimité, justifie le serment de Provence de ne pas émigrer en octobre 1790 et la position modérée de l'empereur, et conforte *in fine* la modération de Louis XVI, maître du jeu. Car les souverains étrangers ont peu confiance en ces émigrés (sauf le roi de Suède) qui ont radicalisé la Révolution, menaçant du retour à la féodalité, et confondu les modérés avec les jacobins [104].

Les rivalités entre les frères éclatent lorsque le comte de Provence, favorable aux philosophes et à Necker, cible des premiers émigrés, s'enfuit, finalement, le 20 juin 1791. Il doit invoquer « l'état de détention » dans lequel il se trouvait en France pour justifier son silence, puis s'aligner sur les positions du comte d'Artois. Celui-ci tente de faire accréditer la thèse de l'empêchement du roi, ce qui obligerait à installer un régent ; il envoie un émissaire à la Diète de Ratisbonne de sa propre initiative et rencontre Léopold II le 17 mai 1791, à Mantoue, mais en vain [105] : il n'y aura pas de camp contre-révolutionnaire unifié, puisque les souverains étrangers demeurent réticents devant les tenants de la droite extrême, que les modérés ralliés comme Mallet du Pan ou Montlosier ne rejoindront jamais [106]. On mesure l'étendue de l'incompréhension entre les révolutionnaires et Artois, qui s'instaure comme détenteur de la légitimité royale et soumet le sort de la France aux cours étrangères – annonçant le Congrès de Vienne de 1815.

Les principaux chefs de la contre-révolution se retrouvent d'abord dans « le comité de Turin », qui s'épuise dans des querelles et des intrigues, avant d'être renforcé par Calonne, qui a critiqué violemment l'œuvre de la Consti-

104. L. Madelin, 1935, p. 30-31.
105. M. Reinhard, [sd], p. 130-131 ; duc de Castries, 1979, p. 35-42.
106. Contrairement à J. Godechot, 1984, p. 80 *sq*.

tuante et échoué à conseiller Louis XVI ou le duc d'Orléans. Il joue le rôle d'un véritable premier ministre, hors
des dissensions, amassant des fonds et nouant des contacts
avec les monarchies européennes. Il tente de développer la
Contre-Révolution en Europe, pousse à la constitution
d'armées et de plans pour que le roi puisse quitter la
France. Pourtant, le marquis de Vioménil, chargé de préparer la fuite du couple royal et envoyé par Marie-Antoinette,
échoue en août 1790, car celle-ci ne veut pas dépendre de
son beau-frère [107]. En octobre 1791, elle écrit à son frère si
« les émigrés [revenaient] en France en armes, tout serait
perdu, ce serait un esclavage pire que le précédent ».

Calonne a autant de difficultés avec les comploteurs
qu'il en a avec les membres de la Cour. Dans le Sud-Est
s'agitent de nombreux réseaux en liaison avec Artois [108] :
autour de Pascalis à Aix, de Froment à Nîmes (qui
dénonce le complot des protestants contre la monarchie
et le catholicisme), des frères Allier (qui jouent un rôle
dans les camps de Jalès, mais ne peuvent pas faire débarquer des marins espagnols en renfort), de De Maistre à
partir de la Savoie ; le comte d'Espinchal est l'instigateur
de la coalition d'Auvergne, qui envoie 200 gentilshommes à Lyon [109] ; Imbert-Colomès soulève Lyon les
25-26 juillet 1790, mais la garde nationale réprime aussitôt cette tentative ; en outre, d'Antraigues, dans la ligne
de Montesquieu, défend les provinces contre la noblesse
et le roi. Le projet d'une insurrection générale en décembre 1790, avec l'entrée des émigrés par Lyon et Cham-
béry, est refusé par Louis XVI, et le complot est déman-
telé [110]. Dans l'Ouest, La Rouërie lance l'Association

107. J. Godechot, 1964, p. 161-168 ; duc de Castries, 1979, p. 35-
42 ; A. de Baecque, 1988, p. 198-204.
108. W. Wilson, 1985 ; Cdt de Champflour, 1899 ; G. de Diesbach,
1975, p. 98.
109. J. Dalby, 1989, p. 55-56.
110. J. Chaumié, 1968, p. 46-47.

bretonne liée à Artois, véritable organisation paramilitaire : des nobles collectent des armes et nouent des liens avec des mécontents, ainsi qu'avec d'autres nobles « américains » et francs-maçons [111]. En Vendée, le baron de La Lézardière anime un réseau de résistance et subit un siège en règle par les gardes nationales. Liés à ces agitations, les émigrés vivent au rythme des campagnes annoncées et des contrordres [112].

L'embarras des royalistes, divisés entre eux, accablés par le refus du roi de s'engager dans la résistance ouverte, les conduit souvent à faire la politique du pire [113], et se traduit par l'attente et l'inaction de la droite extrême à l'intérieur du pays. L'apathie du roi et de la noblesse est dénoncée par les partisans du royalisme [114], mais « la morne stupeur » provoquée par l'écroulement de toute la société, par la « peur de la peur », freine toute résistance, faisant échouer la campagne lancée par *La Gazette de Paris* pour le rachat des biens nationaux. Les premiers succès viennent de la publication des protestations contre la suppression de l'ordre de la noblesse. Ceci permet l'organisation d'un groupe qui se reconnaît progressivement après juin 1790 et qui se lance, après 1791, dans la défense des « bons prêtres », ancrant la Contre-Révolution dans la religion. Dans ce mouvement, le groupe nobiliaire n'est pas au cœur de la Contre-Révolution, puisque les principaux acteurs sont des roturiers : les nobles suivent mais ne précèdent pas.

Il est possible de penser que si la révolution constitue bien une rupture et fonde un nouvel ordre [115], la prise de

---

111. J.-L. Quoy-Bodin, 1987, p. 104, 114 ; A. Bouton, 1958 ; P. Lamarque, 1981 ; J. Godechot, 1984, p. 224-226 ; J. Roberts, 1990.

112. G. de Diesbach, 1975, p. 110-111.

113. J. Tulard, 1990, p. 51.

114. L. Coudart, 1987, p. 214-215. G. de Diesbach, 1975, parle de « la maudite personne du roi », p. 106.

115. Ph.-I. André-Vincent, 1974, p. 10.

conscience n'est pas encore accomplie, les cadres de pensée traditionnels demeurent très prégnants, induisant des lectures biaisées des événements et justifiant des évolutions par ricochets : ainsi, la Contre-Révolution nobiliaire reste encore largement un refus personnel – dans une vision manifestement empreinte de dépit, d'Éprémesnil et d'Antraigues songent même à créer une société pour envoyer 119 personnes aux États-Unis [116] –, donc loin des mécontentements populaires. Dans le Sud, la violence de la politisation semble être en avance sur celle qui va affecter tout le territoire, elle fait écho aux luttes anciennes entre catholiques et protestants, et donne à la Contre-Révolution un de ses terrains essentiels, au XVIIIᵉ siècle comme plus tard. A Montauban [117], pour lutter contre les patriotes, l'aristocratie s'organise militairement dès 1790. La Légion Saint-Barthélemy ou « bande noire », liée aux parlementaires, est composée de porte-chaise, de valets des nobles et impliquée dans des incidents entraînant morts d'hommes. Le 10 mai 1790, une véritable bataille rangée oppose patriotes protestants, dans la garde nationale, à la municipalité catholique appuyée par l'armée, laissant derrière elle cinq morts et provoquant l'arrivée de l'« armée patriotique » des fédérés bordelais, contre les « scènes d'horreur ». Dans le Toulousain agité par une contestation paysanne qui rencontre le mécontentement des seigneurs devant la perte de leurs droits seigneuriaux, Montauban apparaît comme la première ville contre-révolutionnaire de France, alliant nobles et clercs, contre lesquels les jacobins approuvent la répression violente. A Nîmes [118], le 13 juin, sur un schéma proche, les mêmes adversaires se retrouvent, provoquant deux jours de tueries qui causent la mort

116. J. Vidalenc, 1963, p. 71, cite H. Carré, *Les Émigrés français en Amérique*, p. 6.
117. M. Lyons, 1980, p. 49-50, et J. Godechot, 1987, p. 120-122 ; A. Forrest, 1974, p. 44, 75 ; C. Garrett, 1986 ; D. Ligou, 1991.
118. G. Lewis, 1978, p. 24-27 ; A.-M. Duport, [1988], p. 60-62.

de 400 personnes. Une succession de rixes a opposé pendant les mois précédents des dragons volontaires et des « cebets », les catholiques appartenant aux légions de Froment. Celui-ci a fait jouer les réseaux de sociabilités organisés autour des pénitents blancs. Dans le Sud-Est comme dans le Sud-Ouest, dès 1790, les luttes communautaires et religieuses dégénérant en luttes politiques, les votes sont émaillés par des rixes et des pressions sur les électeurs, les « aristocrates » étant particulièrement visés [119].

Une nation, une loi, une messe [120].

Dans ce processus, la question religieuse, inscrite dans la continuité des divisions franco-françaises, instrumentalisée dans les jeux politiciens et vécue très intensément par nombre de Français, sert de détonateur et de dénominateur commun à tous les groupes d'opposants. La substitution de la Nation à Dieu pour garantir l'État [121] effectuée par la Déclaration des droits de l'Homme et le refus réitéré des constituants de maintenir la religion catholique comme religion d'État ne peuvent qu'entraîner un pays comme la France dans des affrontements, qui réactualisent des conflits anciens. De l'héritage du jansénisme viennent des réclamations richéristes contradictoires : l'affirmation de l'État sur l'Église, mais aussi la liberté de l'Église face à l'État, surtout la liberté face à la hiérarchie ecclésiastique. Ceci justifie autant des positions anticléricales (dans le fil du parlementarisme de 1760-1770, et dont Châteauneuf-Randon, noble lozérien, pourrait être un exemple), des prétentions étatistes (assujettissant l'Église à l'État) que la défense des biens du

119. R. Huard, 1988, p. 31-33, 63-76.
120. Emprunt à P. Goujard, 1983, p. 24.
121. M. Peronnet, 1990.

clergé et des « curés de droit divin » contre l'État, revigorant les traditions de résistance du clergé français [122].

Les luttes entre protestants et catholiques expliquent que les adresses envoyées à la suite de la motion de Dom Gerle souhaitant garantir la religion catholique comme religion d'État viennent surtout de l'Ouest et du Sud-Ouest [123], où les plus graves heurts se produisent sur les lignes de fractures anciennes. Une quasi-guerre civile se tient ainsi dans le Velay dès 1791, où une partie des gardes nationaux est hostile à la Constitution civile [124]. La lecture religieuse de la vie politique conduit les catholiques à voir la main des protestants partout et ranime les souvenirs douloureux des guerres de Religion [125]. La querelle religieuse, conditionnée par le passé français, engage la société dans une voie inédite, en apportant des masses de manœuvre à la Contre-Révolution.

Ces habitudes de luttes induisent enfin une lecture critique de la novation révolutionnaire qu'est le contrat entre des individus libres [126], vu dorénavant comme portant atteinte à la sacralité des liens sociaux. Alors que la Révolution française et la religion avaient pu trouver un terrain d'entente autour de l'utilité sociale de la religion jusqu'en décembre 1789, la Constitution civile du clergé introduit une vision laïcisée de la religion insistant sur les principes de sûreté et de liberté, rompant des traditions et faisant de la question religieuse une des pierres de touche de l'acceptation du régime. Les divisions, repérables après coup, se sont révélées à la manière des lignes de faille, ceci expliquant à la fois le caractère anecdotique des événements qui provoquent ces prises de position et l'ampleur des conséquences qui en résultent.

122. C.-L. Maire, 1995, p. 341-380 ; M. Peronnet, 1980, p. 11-22.
123. M. Vovelle, 1993a, p. 161-163.
124. J. Bayon-Tollet, 1982, p. 301-314.
125. M. Peronnet, 1980, p. 15-17.
126. C. Langlois, 1994.

Le roi refuse les changements mais reste silencieux, ne donnant pas prise au jugement politique. Il estime qu'« on aura beau multiplier les lois et les règlements, si le clergé ne s'attire pas lui-même la considération qu'il désire, il est impossible de la lui procurer d'une autre source », mais il est poussé dans les bras de la « coterie [127] » et ne peut croire en la sincérité des jacobins, même repentis comme Barnave. De leur côté, les prêtres réfractaires vont d'autant plus incarner l'opposition à la volonté de contrôle social de l'État que les prêtres constitutionnels sont progressivement disqualifiés ; ils peuvent donner une autre envergure aux oppositions populaires et légitimer toutes les manifestations et toutes les menées contre-révolutionnaires. La condamnation de la Constitution civile du clergé par le pape, les 10 mars et 13 avril 1791, provoque un courant de rétractations et un renouveau des heurts [128]. Dès 1790, la condamnation avait été décidée (surtout contre l'exercice de la liberté d'opinion), elle récuse enfin le « catéchisme des Droits de l'homme [qui] a pour but de faire l'apologie des abominables maximes qui tendent au renversement de tout gouvernement ». En retour, les révolutionnaires dénoncent de façon virulente « Sa Stupidité notre Saint Père le pape », ainsi que les principaux opposants à la Constitution civile, les abbés Royou, Maury ou l'archevêque de Rouen.

La position des évêques a été prudente ; sauf l'évêque de Bayeux, très contre-révolutionnaire, les autres veulent dissocier politique et religion, et nombre de clercs et d'évêques tentent de maintenir une différence entre leur refus du serment, pour des raisons purement spirituelles, avec des positions contre-révolutionnaires. Mais, si la Constitution civile du clergé ne vise pas directement la croyance religieuse, elle porte atteinte à l'Église hiérar-

---

127. L. Madelin, 1935, p. 23.
128. M. Reinhard, 1969, p. 65, 224.

chique facilitant l'amalgame [129]. Mirabeau avait noté le 21 janvier 1791 qu'« on ne pourrait pas trouver une occasion plus favorable de coaliser un plus grand nombre de mécontents d'une plus dangereuse espèce et d'augmenter la popularité du roi » et qu'il est possible de pousser l'Assemblée nationale encore plus loin dans les incidents. *Le Journal de Fontenay* propage, lui, l'idée du complot antireligieux tramé par la Révolution. Du Rozoy appelle à la croisade : « La religion lève son étendard dans les jours de proscription. Chevaliers et chrétiens, réunissez-vous autour de l'autel comme vous vous réunissez autour du roi. » A côté des jeux politiciens – Maury adepte de la politique du pire, Cazalès de la modération [130] –, la Constitution civile du clergé aliène surtout « une partie des ruraux à la cause de la Révolution [131] » et fait des prestations de serment un référendum national, qui inaugure le schisme religieux, aux conséquences déterminantes [132].

La désacralisation fait réagir les ruraux, parce qu'elle rompt les relations organiques, refuse les manifestations « archaïques » et conteste la vision eschatologique qui accorde une place importante aux liens avec les morts – il faut noter que la rechristianisation du XIXᵉ siècle se fera sur ces points [133]. En Alsace [134], les curés et les évêques s'opposent à la vente des biens nationaux, tandis que les ruraux du nord de la région expriment des revendications communautaires et particularistes ; ils rappellent les traités anciens et s'opposent à tout changement non prévu dans les cahiers de doléances ; manifestations paysannes authentiques et actions contre-révolutionnaires se conju-

129. M.-H. Frœschlé-Chopard, 1987.
130. J. Tulard, 1990, p. 49-50.
131. G. Lefebvre, 1924, p. 757.
132. T. Tackett, 1986 ; M. Vovelle, 1993, p. 88-89.
133. D. Roche, 1988, p. 111 *sq.*
134. R. Reuss, 1922, p. 70-71, 360 ; R. Marx, 1974, p. 161-174.

guent, jusqu'au meurtre. Toute une propagande contre-révolutionnaire dénonce en vrac la spoliation, les Juifs accapareurs et les protestants, suscitant une guerre des pamphlets qui obtient un grand succès à Molsheim et Rosheim – où des soulèvements auront lieu en 1793. En Bretagne, dès février 1791, deux groupes de paysans en colère assiègent Vannes avant d'être dispersés par la troupe et poursuivis dans un procès qui touche 160 personnes [135] ; en Lozère, où les querelles vont jusqu'à subtiliser des cadavres, une « bagarre » a lieu à Mende en mai [136] ; dans les Pyrénées-Orientales, au nom de la communauté et de la religion, les schismatiques et ceux qui sont en relation avec eux doivent être massacrés [137]. Dans les campagnes de l'Ouest et du Sud-Est notamment, l'arrivée des prêtres constitutionnels – accusés d'être schismatiques ou protestants en terre d'oc – déclenche de véritables guerres civiles locales. La force publique est requise pour permettre leur installation, toujours provisoire [138]. Pour les patriotes, cette situation [139], qui contredit la constitution de la Nation, est illégale et justifie leurs attaques contre la religion et les religieux. Gorsas brûle un mannequin représentant le pape et quelques journaux royalistes ; à Paris, dans le couvent Sainte-Marie, et près de Nantes, aux Couëts, des religieuses sont fustigées par des femmes patriotes ; à Nîmes, en juin 1791, la maison d'un prêtre réfractaire est brûlée par des protestants ; à Besançon, des incidents et des bagarres ont lieu tandis que les catholiques dénoncent de leur côté les prêtres constitutionnels, accusés de danser « avec les belles vierges révolutionnaires »…

135. I. Jehanno, 1990.
136. A.-Q. Délègue, 1989, p. 94.
137. P. Mac Phee, 1993, p. 329-333.
138. Exemple, J.-C. Martin, 1987, chap. 2.
139. M. Reinhard, [sd], p. 75-89 ; A. de Baecque, 1988, p. 110-115 ; G. Lewis, 1978, p. 27 *sq.* ; C.-I. Brelot, 1966, p. 65.

La tendance au refus de la Révolution est perceptible chez nombre de clercs et de nobles locaux. Des pôles de résistances à la Révolution se créent, autour du séminaire Saint-Irénée à Lyon, dans des réseaux comme la société secrète Aa (*Associatio amicorum*) dirigée par un « Conseil de confiance et de direction » de 6 membres [140], qui, après 1790, fait passer des prêtres en Espagne et groupe à Vich, en Catalogne, ceux qui résistent. L'exemple de la mobilisation des élites pourrait être Bonald, président du directoire du département de Millau en 1790, qui rompt dès lors avec la Révolution [141]. Il n'y eut jamais d'unité autour des catholiques, et si, par exemple, les hautes terres du Gévaudan deviennent un refuge temporaire pour nombre de catholiques, qui répandent la haine des protestants, partisans de la Révolution, la peur de ces paysans cantaliens mécontents reste sans lien avec les nobles contre-révolutionnaires [142]. Cependant, la collusion entre clergé, ruraux déçus et contre-révolution est renforcée par le fait que dès juin 1791 la majorité des évêques a émigré, et *a contrario* par la dénonciation de la part des révolutionnaires « des anthropophages sacrés » ou des « fourberies monastiques [143] ».

Ces antagonismes possèdent de multiples dimensions. En politique intérieure, ils signalent l'échec de la politique du roi ; à l'extérieur, ils provoquent une crise diplomatique [144]. Socialement, ils créent la première rupture dans les traditions populaires [145] (dans le Midi occitan, le contrôle de l'opinion par les contre-révolutionnaires passe par l'emploi du « patois », pour discréditer les

---

140. J. Godechot, 1984, p. 122-123.
141. G. Gengembre, 1988, p. 348.
142. J. Dalby, 1989, p. 55.
143. M. Reinhard, 1969, p. 75-81 ; [sd], p. 83.
144. P. et P. Girault de Coursac, 1988.
145. Y.-G. Paillard, 1970, p. 298.

mesures religieuses [146]) et choquent les esprits les plus évolués (les universitaires jansénistes de Caen [147] sont tous réfractaires parce que opposés aux francs-maçons et aux protestants) : la religion sert ainsi à exprimer des passions [148] archaïques comme elle est l'occasion de discussions théologiques et philosophiques. Enfin, si les contre-révolutionnaires sont rangés du côté des fauteurs de troubles, ils peuvent cependant revendiquer leur volonté de retour à l'ordre, renouant avec les longues traditions de révoltes populaires des siècles précédents [149]. Les communautés les plus soudées, et dont les membres dépendent étroitement les uns des autres, semblent résister davantage et trouver dans l'expression religieuse un des modes de refus, le curé et l'église apparaissant ainsi comme des symboles de la communauté. Géographiquement, la crise religieuse provoque la naissance de grandes zones sensibles : autour de la Moselle, du Bas-Rhin, de la Lozère et tout l'Ouest.

L'enfer de la Contre-Révolution.

L'apprentissage de la politique se fait lentement et de façon détournée pour les classes populaires. Comme pendant la Grande Peur [150], jusqu'en 1790, les révoltes rurales ne reçoivent pas systématiquement de lectures politiques. La révolte des paysans du Quercy et du Cantal [151] échappe ainsi aux dénominations politiques manichéennes, il s'agit plus d'une jacquerie antiféodale que

146. H. Boyer, 1989.
147. J. Laspougeas, 1991.
148. P. Higonnet, 1981, p. 58.
149. G. Sabatier, 1985.
150. Exemple l'Alsace, R. Marx, 1974, p. 124-125.
151. J. Boutier, 1979, p. 760-787 ; M. Ozouf, 1976 ; J. Dalby, 1989, p. 37-41.

d'un début de guerre civile. Les mots d'ordre restent énigmatiques : « La nation, la loi et le roi, et les bons habitants de Velzic. Les aristocrates reviendront quand l'arbre [un mai] fleurira. » Sans lien avec les clercs ou les nobles réticents, les ruraux apparaissent comme des êtres attardés, dont la force est le langage ordinaire, qu'il faut remettre, fermement, dans le bon chemin [152] ; c'est encore vrai même quand une cinquantaine de paysans sont tués en 1790 dans l'Allier [153], pour des raisons frumentaires. Les compagnons charpentiers, compagnons du « renard », ne possèdent guère plus d'expérience politique que les ruraux lorsqu'ils s'adressent à l'Assemblée pour qu'elle limite, au nom de la liberté donnée récemment à la France, les « privilèges » jugés exorbitants des compagnons rivaux du « devoir ». Les « renards » ne maîtrisent pas plus les nouveaux codes de langage que le jeu politique, et prennent le risque de révéler qu'ils demeurent tributaires d'un ordre hiérarchique situé aux antipodes du système social prôné par l'Assemblée, en voulant régler leurs rivalités professionnelles [154].

La même indulgence n'est de mise ni pour les élites – le 12 août 1790, l'architecte de Besançon, qui a tenu des propos contre la Constitution, est démis de ses fonctions ; à Frontignan, un petit seigneur, qui a « critiqué » l'Assemblée et augmenté le loyer de ses terres, se voit refuser par la municipalité l'usage de son banc à l'église et devient un « rebelle [155] » –, ni dans le Midi, où les gardes nationales rassemblées au camp de Jalès, en août 1790, qui approuvent un manifeste « pour la cause de la religion et de la royauté », sont dénoncées par les autorités départementales comme ennemis de la Révolution rallumant « la

152. R. Doucet, 1909, p. 64.
153. É. Liris, [sd], p. 52-57.
154. W.H. Sewell, 1983, p. 137-139.
155. C.-I. Brelot, 1966, p. 68 ; P. Goujard, 1989, p. 76-77.

guerre civile religieuse ». Lorsqu'ils se retrouvent dans un deuxième camp en février 1791, les coups de feu qu'ils échangent avec les soldats et des rumeurs de massacres qui courent légitiment une répression violente menée par les administrateurs et les patriotes locaux [156].

A la fin de 1790, la diversité des opinions n'a plus guère de place et des légitimités opposées s'affrontent au nom de l'État. L'achat de biens nationaux devient un brevet de patriotisme et de révolution, d'autant que la propagande contre-révolutionnaire prône le refus (cependant l'exemple de l'Alsace rappelle que là où beaucoup de nantis achètent des biens les paysans les plus pauvres se répartissent autant dans les clubs que dans des groupes antirévolutionnaires [157]). Surtout, la violence est courante : à Belfort, les troupes se divisent face à l'introduction de la politique dans la vie régimentaire ; des officiers « aristocrates » sont massacrés dans des mutineries qui éclatent pour des prétextes apparemment futiles [158]. A Montauban [159], le 17 mars 1791, la légion (patriote) de Saint-Cyprien perd deux hommes en empêchant la Légion Saint-Barthélemy (dite la « bande noire ») de traverser la Garonne : par mesure de rétorsion celle-ci est dissoute le 18 mars et son drapeau brûlé (son colonel sera guillotiné en l'an II). La ville passe sous le contrôle des jacobins – les « scélérats soldés » selon un avocat contre-révolutionnaire – qui répriment sans hésitation toute contestation. La cristallisation politique entraînée par la question religieuse, réservée au sud du pays avant 1791, s'étend rapidement. A Poitiers [160], où,

156. M. Peronnet, 1988, p. 326-334 ; pour Montpellier, D. Poton, 1990, p. 81, 87 ; G. Lewis, 1978, p. 33.

157. R. Marx, 1974, p. 507-515 ; Y. Baradel, 1988, p. 75-76.

158. J. Godechot, 1985a, p. 131-132.

159. M. Lyons, 1980, p. 49-50 ; J. Godechot, 1987, parle de tuerie et non de noyade accidentelle ; D. Ligou, 1995, p. 147-148.

160. J. Péret, 1988, p. 110, 124-126.

dès 1790, la Société des Jacobins dénonçait les « aristocrates », cette « horde de fanatiques qui veut teindre de notre sang chaque page où se trouvent gravés les droits de la Constitution », le directoire du département interdit le club « noir » en mars 1791 après une échauffourée, inaugurant la censure politique. Paradoxalement, la radicalité est encore hésitante chez les législateurs, puisque la loi du 22 décembre 1790 contre les émigrés n'affecte que les rentes et les traitements des émigrés [161], mais pas sur le terrain. Pour preuve, le 3 mars 1791, le roi doit intervenir pour que la commune d'Arnay-le-Duc (Côte-d'Or) laisse ses tantes, porteuses de passeports, sortir du pays.

Avignon est déchirée par une opposition à la fois sociale et religieuse, entre « patriotes », modérés et ultras, contre « papalins ». Dans une grande confusion, ceci débouche sur la mort de notables, accusés d'aristocratisme les 10 et 11 juin 1790. Les Avignonnais réformateurs se heurtent au refus du pape envers tout changement et à la rivalité avec Carpentras. L'hiver et le printemps 1791 sont l'occasion d'une guerre civile, marquée par des combats et des massacres, par la prise de Cavaillon et le siège de Carpentras ! Dans ces affrontements, face à l'Union de Sainte-Cécile, qui rassemble les opposants à la Révolution, les Avignonnais constituent une armée dont la pointe commet des pillages et des violences et s'attire le nom de brigands. Les luttes triangulaires sont momentanément interrompues par un armistice inspiré par des médiateurs venus de l'Assemblée constituante [162]. Vue de Paris, la querelle demeure trop complexe pour être bien appréciée, et la tendance est de rechercher les deux pôles antagonistes ordinaires, ce qui

---

161. *Archives...*, 1988.
162. R. Moulinas, 1988b, p. 14-65, 1994a et synthèse 1994b ; M. Lapied, 1996, p. 83-91.

fait déclarer à Robespierre, le 16 octobre 1790[163] : « La cause d'Avignon est celle de l'univers, elle est celle de la liberté », radicalisant d'un coup la question, identifiant Avignon à la France terre de la Liberté et classant le Comtat comme contre-révolutionnaire.

Dans un cercle vicieux, aux effets redoutables, l'espace public est interdit aux opposants, relégués dans le secret et condamnés pour cela. Ils se sont certes rapidement engagés dans les complots, mais les tentatives d'expressions publiques contre-révolutionnaires sont impossibles à partir de 1791. Les paysans cessent d'être des « frères » de la campagne, pour devenir des « ignorants » ; les « accapareurs » ne sont pas que des contre-révolutionnaires[164], mais des cannibales et des buveurs de sang, si bien que, dans une vision métaphorique et cosmique, ils n'ont plus le droit de vivre. Le contre-révolutionnaire, qui n'est encore qu'un ennemi de la Révolution et des patriotes, est en passe d'être l'ennemi de la nation, avant d'être l'ennemi du genre humain. La Contre-Révolution s'était, imprudemment, engagée dans la sélection des individus capables d'incarner la nouvelle légitimité, elle en subit la première les conséquences, elle devient « antipatriotique[165] » pour les militants les plus humbles, mais les plus nombreux, annonçant les drames ultérieurs.

Ce processus d'exclusion et de déshumanisation des adversaires est illustré par l'usage des images qui stigmatisent femmes, nobles et prêtres[166]. L'irrespect de la caricature révolutionnaire désacralise les corps collectifs et dénonce l'omniprésence du contre-révolutionnaire[167], alors que la critique contre-révolutionnaire, obligée de légitimer le retour en arrière, s'attaque aux individus

163. M. Lapied, 1996, p. 79, 81.
164. W.H. Sewell, Jr., 1994a, p. 260-262.
165. Exemple F. Allié de Valence, R. Pierre, 1990, p. 132.
166. N. Cutting, p. 87.
167. A. de Baecque, 1987, p. 553-586.

existants, avec moins de radicalité [168]. Un pamphlet intitulé « la chasse aux bêtes puantes et féroces qui continuent à dévaster le royaume, suivie d'une nouvelle liste d'aristocrates inconnus jusqu'alors et des peines que la nation leur inflige par contumace en attendant l'heureux instant qui les mettra en sa puissance » édité « à l'imprimerie de la lanterne Favras », met à prix « la louve Polignac [qui] s'était accouplée avec le tigre et la panthère », et offre 10 000 livres à celui qui présentera le duc de Bourbon les yeux crevés...

Pour les deux camps, l'emploi de la pornographie est une arme politique et le corps de l'opposant devient un enjeu : Maury, qualifié de « plus grand J_ F_ de l'univers », est présenté coiffé en calotin, réfugié sur le toit d'un bordel, affublé d'une maîtresse, accusé de deux viols ; il devient le prototype de tous les traîtres à la révolution, voué à la punition par le peuple usant de verges et de fouets. La reine et les princesses sont présentées se vautrant dans le complot et dans la fange ; la nonne, « cannibale du peuple » et dépravée, chevauche entourée d'un serpent et d'un moine aux oreilles d'âne ; d'Aiguillon est déguisé en femme et mêlé aux poissardes ; les parlementaires sont des vieillards impuissants [169]... Peut-on dire que 1791 est l'« année des femmes [170] », alors que dames de la noblesse et nonnes, qui défendent les prêtres réfractaires, sont fessées par les patriotes [171] et que les femmes et les courants populaires sont renvoyés du côté de la Nature, de la tradition ; leur irruption dans l'Histoire n'est pas acceptée [172]. En même temps que la femme est exclue de la vie

168. C. Langlois, 1988a, p. 23-25.
169. L. Hunt, 1993c, p. 308 ; A. de Baecque, 1988, p. 183-185, 157, 168.
170. R. Dupuy, 1987a, p. 39.
171. Pour Paris, A. de Baecque, 1988, p. 97 ; pour Nantes, E. Legrand, 1995. Globalement, L. Hunt, 1993b, p. 40.
172. M. de Certeau, 1975 a et b.

politique, l'image de la femme libertine perd son aspect « aristocratique » pour appartenir à la société ordinaire [173].

La Contre-Révolution philosophique.

La réplique contre-révolutionnaire la plus efficace se situe dans le domaine littéraire et philosophique. Dès 1789, si l'abbé Duvoisin explique la Révolution par la montée de l'impiété, Malouet [174] critique le droit naturel, valorise les droits de l'homme civilisé (qui a connu l'Histoire) seul capable de défendre le faible. Les révolutionnaires sont accusés d'ignorance et de vivre dans une abstraction, selon un esprit de système qui va engendrer la « guerre civile ». Des publications (*Les Conspirateurs démasqués*, *L'État actuel de la France* du comte Ferrand parue à Turin en 1790, *Des principes et des causes de la Révolution française* de Sénac de Meilhan qui paraît à Londres en 1790) récusent les théories abstraites et le jargon et attendent le retour aux principes monarchiques [175]. *Le Patriote véridique, ou Discours sur les vraies causes de la Révolution actuelle* de Barruel, en 1789, dénonce lui aussi le complot et la démission des élites face aux philosophes, et explique la Révolution comme une punition voulue par Dieu ; en 1791, les *Questions nationales sur l'autorité et sur les droits du peuple et des gouvernements* rappellent la nécessité de fonder le contrat social sur la souveraineté du roi établi par Dieu. La franc-maçonnerie est accusée par l'abbé Lefranc en 1791 dans un livre intitulé *Le Voile levé pour les curieux sur la Révolution révélée à l'aide de la franc-*

---

173. K. Norberg, 1993, p. 244-245 ; L. Hunt, 1993c, p. 326-327.
174. R. Barny, 1993, p. 111 *sq*. Même attitude pour Montlosier, J. Tulard, 1990, p. 46-47.
175. J. Godechot, 1984, p. 40-44.

maçonnerie [176]. (Contre la Révolution, à Besançon, le 1er novembre 1790, un professeur estime que les philosophes, après Bodin, Locke, Raynal et Mably, ont porté « de terribles coups à la religion, à l'ordre social et aux bonnes mœurs [177] ».) Ces ouvrages achoppent pourtant sur une contradiction interne : ils font de la Révolution la suite d'une jacquerie incontrôlée ou d'un complot d'affidés trompant le peuple, tout en dénonçant les nouveautés qui bouleversent le pays. Contre celles-ci les dictionnaires royalistes s'en donnent à cœur joie, brocardant les nouveaux mots et montrant bien que la Révolution est vécue comme désordre social et brouillage des significations [178]. Plus efficace est la réflexion de Montlosier qui publie deux ouvrages en 1791, *De la nécessité d'opérer une contre-révolution en France* et *Des moyens d'opérer la contre-révolution*, qui sont des programmes en eux-mêmes. Après la reconquête du pouvoir, au besoin par la force, la monarchie constitutionnelle doit être établie, la hiérarchie sociale refondée.

La critique la plus inventive vient cependant du whig Burke, qui publie en octobre 1790 ses *Reflections on the French Revolution*, immédiatement traduites en français (en allemand et en italien). S'opposant aux révolutionnaires qui pensent que les lois peuvent changer les mœurs, Burke refuse l'idée de l'homme universel, la géométrie des nombres propre à la démocratie, qui va dériver dans l'établissement de l'État-communauté. Il lie l'attaque contre Marie-Antoinette, la vente des biens du clergé, le contrat monétarisé et la disparition de la noblesse à l'atteinte aux mœurs, à la spéculation insensée des valeurs, pour stigmatiser la Révolution qui casse les manières de la civilisation, dans une recherche vaine

176. L. Trénard, 1987b, p. 15-17.
177. C.-I. Brelot, 1966, p. 96.
178. P. Roger, 1988, p. 169-177.

de principes mythologiquement situés dans les origines des choses. Contre la Révolution, « déchirure de la mémoire », « profanation [179] », qui fait « table rase » de l'Histoire, Burke soutient que les vestiges ont du sens [180]. Au nom de l'idéal chevaleresque, du retour sur un passé aboli, de la lutte contre la tyrannie, du contrat qui lie l'invisible au visible, il défend la société réelle (au nom de cette réalité, il dénonce le langage révolutionnaire, ne serait-ce que le mot « département [181] »). Ainsi, il forge une des orientations de la pensée contre-révolutionnaire, critiquant les Lumières et le rationalisme abstrait, rejetant le contrat social, et inscrivant l'homme et la société dans l'Histoire. Il allie ainsi la défense de la tradition et du libéralisme politique, position particulière qui le met en porte à faux autant avec les contre-révolutionnaires modérés qu'avec les extrémistes, rejetant pour des raisons opposées cette alliance.

L'influence du livre est immédiate. 30 000 exemplaires sont vendus en Grande-Bretagne, des dizaines de milliers en France [182]. Dès 1791, le livre *Qu'est-ce que l'Assemblée nationale ? Grande thèse en présence de l'auteur anonyme de Qu'est-ce que le Tiers ? et dédiée au très honorable Edmond Burke comme à un vrai ami de la liberté* [183] dénonce les systèmes et les principes, et insiste sur l'empirisme, estimant qu'il n'est de connaissance que de l'objet particulier. Les goûts de Burke rejoignent ceux de l'émigration, qui exalte le goût troubadour et l'histoire du Moyen Age [184], et l'explication tératologique qu'illustrera *Frankenstein*. Il s'inscrit dans

179. G. Gengembre, 1988, p. 233-235 ; P. Rétat, 1990, p. 128.
180. R. Morissey, 1995 ; J.G.A. Pocock, p. 193-212 ; R. Barny, 1993, p. 40.
181. P. Roger, 1988, p. 157.
182. J. Godechot, 1984, p. 55-74.
183. R. Barny, 1993, p. 125.
184. M. Bernsen, 1988.

un débat international, illustré par la presse de droite [185] qui s'élève contre l'Assemblée illégale et créatrice d'anarchie, et contre la révolution fléau de Dieu. Il est lu et apprécié par les autres auteurs contre-révolutionnaires [186], qui écrivent tout aussi précocement que lui en Allemagne, comme Seybold, Rehberg, et son texte est repris par Gentz, puis par John Quincy Adams qui le fait éditer aux États-Unis contre la candidature de Jefferson (présenté comme révolutionnaire à la française et utopiste).

Le succès de Burke repose pourtant sur des ambiguïtés. Son anthropologie pessimiste, son assurance de la division entre dimension politique et civile et de l'absence de liberté humaine dans le choix politique [187] participent des luttes internes à l'élite anglaise, autour de la fiction de la Glorieuse Révolution de 1688 ; son éloge de la tradition chevaleresque, du libéralisme, appartient au courant des Lumières écossaises ; les préoccupations esthétiques exprimées dans ses *Recherches sur les idées que nous avons du Beau et du Sublime* parues en 1765 [188] composent la toile de fond du livre. Il distingue entre « tout ce qui est propre… à exciter des idées de douleur et danger… je veux dire tout ce qui est terrible et épouvantable est une source de sublime », si bien que la Terreur est le premier précipice du Sublime, tandis que l'horreur est un sentiment d'obscure inquiétude envers le mal, anéantissant nos facultés. Burke se situe ainsi dans la perspective exactement inverse de celles des Lumières. Il insiste sur les ténèbres qui nous rendent la réalité étrangère, rejoignant des courants mystiques qui se trouvent à la source du conservatisme anglo-saxon, de

185. J.-P. Bertaud, 1987, p. 206.
186. J.-P. Barbe, 1988, p. 132 ; M.D. Peterson, 1989 ; R. Rougé, 1991, p. 21, 58-60 ; J. Lefebvre, 1987.
187. P. Raynaud, 1993, p. 72-75.
188. L. Abensour, 1978, p. 25-29.

la théologie contre-révolutionnaire et de « l'irrationalisme » romantique. Mais [189], acharné à dénoncer les dérapages de la révolution en les considérant comme consubstantiels et impossibles à éviter, il échoue à proposer une réponse véritablement contre-révolutionnaire de même ampleur.

Enfin, si Burke incarne indiscutablement une sensibilité répandue, qui s'oppose au mouvement révolutionnaire, accusé de rompre avec le passé [190], il n'est suivi ni par ses contemporains, attachés au libéralisme politique, ni par le gouvernement de Grande-Bretagne qui a vu, dès 1790, tout l'intérêt que représentent pour lui les troubles existant en France et qui ne veut pas intervenir dans un sens trop favorable au roi ou à ses frères accusés de mener une politique trop absolue. La peur que les idées révolutionnaires ne contaminent l'Europe – le livre de Paine, *Les Droits de l'Homme*, qui diffuse les idées révolutionnaires dans le monde anglo-saxon, effraie – est contrebalancée par la crainte qu'une intervention armée en France ne déclenche un renforcement de la Révolution. Burke devient le pivot du véritable lobby des émigrés français qui se constitue à Londres au profit de la Contre-Révolution, avant que son fils ne gagne Coblence et se joigne à Calonne, qui a essayé de rapprocher les émigrés des Anglais en envisageant des concessions commerciales, telles que l'envoi de soldats en France et l'octroi d'une constitution [191]. Entre toutes ces querelles et ces freins, la Contre-Révolution se cherche encore au début de 1791.

En 1985 et en 1987, la notion d'Anti-Révolution a été proposée pour désigner les résistances populaires à la marche de la Révolution, tant qu'elles n'étaient pas récu-

189. K.-H. Bohrer, 1989, p. 128.
190. D. Poulot, 1993, p. 25-49.
191. M. Wagner, 1994, p. 17-60.

pérées par les élites contre-révolutionnaires. Cette proposition sous-entendait, d'une part, que les gens ordinaires ont moins que les clercs ou les nobles conscience de leur opposition à la Révolution, d'autre part, que la Révolution est clairement identifiable. Or, à l'évidence, la confusion règne dans les deux camps. Les partisans de la Révolution ont cherché une unité à leur mouvement et se sont définis au moins autant par des refus successifs que par des proclamations définitives, tandis que les courants contre-révolutionnaires ont amalgamé difficilement des individus et des groupes exclus ou dégoûtés de ce qui se passait en France. Si bien que les limites des deux camps antagonistes n'ont pas cessé de se préciser à propos d'une suite ininterrompue de conflits et qu'il est bien imprudent de vouloir établir trop tôt des catégories, dont la pertinence ne se vérifie que dans les années suivantes.

3

Radicalisation et mutation des jugements

juin 1791-septembre 1792

De la fuite du roi à sa déchéance, la période qui s'écoule n'est pas seulement la suite de ce qui s'est passé, mais un tournant capital : les clivages deviennent définitifs et sanctifiés par le langage, la distinction entre Révolution et Contre-Révolution est liée au salut de la nation, devenue impératif catégorique, au moment où, alors que la guerre oblige à la défense de la patrie, la souveraineté nationale se disjoint de la souveraineté royale.

La politique du roi en échec.

S'il fallait rappeler que les événements, dans leur irréductibilité et surtout dans leurs résonances, orientent l'histoire, la fuite du roi[1] serait exemplaire. Préparée de longue date mais réalisée dans la précipitation, elle échoue à Varennes, alarme tout le pays et engage les conflits politiques dans une radicalité nouvelle. Les projets de fuite[2] n'avaient pas manqué, l'organisation de celui-ci revient à Fersen, qui s'appuie sur Bouillé et sur

1. M. Reinhard, 1969, p. 80-100, 49, 464 ; R. Doucet, 1909, p. 71-74. Saint-Priest et Mirabeau y pensent avec bien d'autres cités précédemment.
2. Duc de Castries, 1979, p. 48-53.

les troupes massées en Rhénanie autour de Mirabeau-Tonneau. Il est inutile de s'arrêter sur l'aventure, mais sur ses principes, qui en expliquent partiellement l'échec. Pour le roi, la légitimité [3] tient de sa personne, par sa fuite il en prive l'Assemblée nationale, en investit ses pairs et continue de la refuser aux princes. Cette vision patrimoniale et sacrée de la nation [4] rompt autant avec le système de pensée des révolutionnaires, qui a détaché le Souverain d'une personne, qu'avec celui des émigrés, qui sont prêts à recourir à la guerre civile, et que le roi accuse de se faire détester de la nation. Varennes accroît l'insécurité [5] et la méfiance réciproque (le terme « aristocrate » est désormais d'usage fréquent dans le Pays de Caux pour désigner la noblesse, puis les riches – et « suspect » lui est vite associé [6]). La gauche – notamment les clubistes [7] – surveille les élites (officiers, nobles) [8], tandis que des partisans de la Contre-Révolution s'affichent ouvertement, réclamant du roi des mesures radicales, qu'il ne veut pas satisfaire. Cependant, la fuite libère les nobles [9], si bien que l'ère des complots s'achève, tandis que la vague d'émigration s'amplifie d'un seul coup en devenant clairement politique et que les luttes pour la conquête de l'opinion se durcissent [10].

A l'extérieur, si seul le ministre espagnol Florida-

3. Duc de Castries, 1979, p. 47.
4. J. Roberts, 1990.
5. J. Godechot, 1984, p. 84.
6. G. Lemarchand, 1989, p. 449-450.
7. Exemple à Bordeaux, A. Forrest, 1974, p. 76.
8. Dans l'Assemblée constituante, en juin-juillet 1791, le roi est défendu par un parti royaliste, fort de 291 députés, dont 109 nobles (soit 61 % de l'ensemble), 146 clercs (55 %) et 65 membres du Tiers (10 %); tous appartiennent aux couches supérieures de leurs groupes, peu d'entre eux sont de brillants orateurs, leur donnant l'image d'une faction, et ils ne sont unis ni par une unité doctrinale, ni par une autorité intellectuelle (M. Middell, 1992, p. 50-55).
9. Duc de Castries, 1979, p. 45-47.
10. J. Tulard, 1990, p. 60; A. Mathiez, 1975.

blanca soutient les émigrés de Coblence et entoure son pays d'un glacis protecteur (il a la Révolution française tellement en horreur que, dans son pays, même les émigrés et les curés lui sont suspects) [11], Léopold II, jusque-là pacifiste, évoque l'idée d'une action commune des souverains européens contre la France pour libérer le roi, le 10 juillet 1791. Une intervention des souverains étrangers est impossible [12], puisque l'empereur craint la monarchie absolue française, les visées annexionnistes de la Prusse sur la Lorraine et l'Alsace et l'entrée de Catherine II en Pologne. Mais sa rencontre avec le roi de Prusse, du 25 au 27 août à Pillnitz, débouche sur une déclaration inspirée par les émigrés, qui, n'ayant rien à perdre, gomment la volonté des deux souverains de ne pas intervenir en France et les montrent prêts à rétablir « les bases d'un gouvernement monarchique également favorable aux droits des souverains et au bien-être de la nation française ». Cette déclaration, à la fois modérée et menaçante, entraîne des surenchères dans les deux camps extrêmes en France. Les révolutionnaires prennent peur, accusent Louis XVI de double jeu, ce qui mobilise les volontaires et exaspère les royalistes par contrecoup. Or le roi garde une stratégie personnelle sujette à interprétations contradictoires.

Après avoir été disculpé par l'Assemblée, il n'investit pas ses frères d'un pouvoir de régence ou de représentation auprès des souverains étrangers ; il accepte la Constitution le 14 septembre et prône la réconciliation. Le 14 octobre, il appelle les émigrés à revenir en France. Si, lorsque, le 9 novembre, l'Assemblée ne leur accorde que deux mois pour s'exécuter, il met son veto à ce

---

11. L. Miard, 1989, p. 164, 329 ; L. Domergue, 1984, chap. 1.
12. Duc de Castries, 1979, p. 59 *sq.* ; M. Middell, 1992, p. 60-64 ; J. Godechot, 1984, p. 168-170.

décret, c'est pour des raisons de principe, car il rend publiques ses démarches précédentes et souhaite à nouveau que les émigrés reviennent[13]. Cette politique désarçonne la gauche et la droite de l'époque[14] qui veulent en découdre ; elle est, en revanche, soutenue par Léopold II d'Autriche, qui sacrifie au langage contre-révolutionnaire mais temporise. Secrètement, la reine lui a fait savoir qu'il s'agit là d'une stratégie reposant sur la conviction que l'opinion va se lasser du régime et abandonner ses errements[15]. Mais cette ligne vouée à rester discrète, ne pouvant réussir qu'à force de temps, échoue face aux radicaux de gauche comme de droite, qui se situent désormais les uns et les autres dans la sphère publique, récusant d'avance les jeux réservés aux diplomates.

Pourtant, défendant les principes de la monarchie constitutionnelle, les monarchiens, le Triumvirat (Barnave et les Lameth) et La Fayette tentent de contrer les extrêmes. Malouet, devenu conseiller du roi, estime qu'on ne peut pas effacer la Déclaration des droits et refuse comme un « rêve » les projets de croisade des contre-révolutionnaires, rejoignant Lally-Tollendal qui réfute Burke, la Contre-Révolution et le retour à l'Ancien Régime[16]. Mais ces hommes, héritiers des réformateurs, désireux de fonder le pouvoir sur une élite, sont combattus par la gauche (hostile au principe élitiste) comme par la droite (hostile aux réformes) et ils sont, en outre, divisés entre eux. Le bicamérisme des monarchiens visant à constituer deux chambres consultatives autour d'un roi, au pouvoir prépondérant (mais affaibli

13. J. Vidalenc, 1964, p. 27-28 ; P. et P. Girault de Coursac, 1982, p. 328-331.
14. Comme dans l'historiographie : voir les positions parallèles de G. Lefebvre, 1968, p. 232-234 ; J. Meyer, 1991, 1, p. 560-561.
15. Voir R. Dupuy, 1988b.
16. Pour ce qui suit, R. Griffiths, 1988, p. 145, 149-152 ; J. Tulard, 1990, p. 69-75.

aux yeux des émigrés), se différencie des deux chambres investies d'un pouvoir politique, prônées par La Fayette. Enfin, leur ennemi essentiel se situe à gauche. Quand Mallet du Pan prend contact avec les rois étrangers pour éviter tout engagement militaire qui compromettrait la vie du roi, il souhaite la publication d'un manifeste modéré, déliant la nation des jacobins. Si, dans *Le Mercure de France* de décembre 1791, il estime que la guerre conduira « à l'anarchie d'une république fédérative ou à une contre-révolution absolue [17] », il accepte la nécessité d'une guerre politique globale contre la Révolution et contre le jacobinisme. Le passage de La Fayette et des autres modérés à la droite ne se fera pas par soumission au roi – dont ils rient – mais par peur de la violence incontrôlée de la foule, dans laquelle ils n'ont pas la croyance de Condorcet – rationalisante et utopique [18].

L'échec de cette politique rejettera dès 1792 ces hommes dans la Contre-Révolution, mais ils en resteront sur les marges, pour avoir accepté le principe constituant de 1789. Les émigrés critiquent la politique du clan Breteuil, qu'ils retrouvent dans les interventions de Mallet du Pan, et dans les pamphlets de Montlosier contre d'Antraigues [19] (recommandant la fermeté au roi, dénonçant la politique du pire et prophétisant le rejet des émigrés en cas de défaite militaire). Ces initiatives n'ont ainsi que peu d'influence. La droite contre-révolutionnaire, appartenant au courant européen qui veut rétablir un pouvoir royal unique, lisant logiquement les événements dans la suite des années 1787-1788, voit dans les

17. R. Griffiths, 1988, p. 147.
18. K. Baker, 1988, p. 397-399.
19. *Des effets de la violence et de la modération dans les affaires de la France, De la nécessité d'une contre-révolution en France pour rétablir la religion, les mœurs, la monarchie et la liberté*, et *Des moyens de la contre-révolution*, 1791, et *Observations sur l'adresse à l'ordre de la noblesse française de M. le comte d'Antraigues*, 1792.

monarchiens le parti de Brienne qui aurait ainsi obtenu par le Tiers sa réforme avortée et deux chambres ; elle les comprend donc comme des « esclaves de la cour » et les inscrit sur des listes d'individus promis à des pendaisons vengeresses, avec les royalistes modérés [20] et les feuillants constitutionnalistes.

L'échec des modérés vient cependant de leur incapacité à répondre à la radicalisation de la gauche. Alors qu'ils s'accrochent à la thèse de l'enlèvement du roi pour sauver la Constitution et stabiliser la Révolution, le massacre du Champ-de-Mars le 17 juillet achève de les discréditer. Bailly assure que le rassemblement du Champ-de-Mars a été provoqué par des « factieux », payés par des « étrangers [21] ». Les Jacobins éclatent et, si la majorité d'entre eux passent aux Feuillants, autour desquels l'équilibre de la nation se réalise encore, la dénonciation de la Contre-Révolution rassemble les plus radicaux. Ceux-ci assimilent dorénavant la figure du traître à celle du contre-révolutionnaire, se mobilisent contre les prêtres et les aristocrates, surveillent les frontières, craignent l'étranger et expliquent même le manque de pain [22] en mars 1792 par la Contre-Révolution. Ce changement de sensibilité était déjà perceptible dans le cri « Vive la Nation » poussé par les hussards [23] qui se trouvaient à Varennes, apprenant que le roi a été arrêté. Les jacobins ne haïssent plus seulement Marie-Antoinette, mais aussi le roi, contre lequel se déchaînent les caricaturistes, atteignant ce qui reste son réel pouvoir : celui de la représentation [24]. Les efforts de Barnave, notamment le 15 septembre, pour garantir l'inviolabilité du roi, appeler à l'unité autour d'un pouvoir central fort, faire

20. C. Langlois, 1988a, p. 78-79.
21. O. Le Cour Grandmaison, 1992, p. 68.
22. R. Doucet, 1909, p. 111.
23. S.F. Scott, 1987, p. 193.
24. L. Marin, 1981, p. 48.

face aux menaces pesant sur le pays et souhaiter la censure des gravures révolutionnaires pour protéger l'image du roi [25], sont condamnés d'avance. Dès l'été 1791, *Le Père Duchesne* attaque le roi et l'Assemblée, se demandant à quoi sert un bon décret si le roi met son veto. La légitimité du pouvoir ne va plus de soi, l'Assemblée législative, étant elle-même obsédée par la peur de la Contre-Révolution, ne juge plus des projets selon leur opportunité mais selon la détermination, affichée, des orateurs à s'affronter à cette ennemie. Condorcet en conclura que l'urgence est dans la réduction de la menace étrangère, pour pouvoir accéder à la stabilisation politique intérieure [26].

Or les réactions populaires participent de cette évolution. L'image du roi qui « déserte » conduit l'étaminier manceau Simon dans la voie républicaine, même de façon modérée, puisqu'il luttera ensuite autant contre la Contre-Révolution que contre les sans-culottes : reste que la peur de la Contre-Révolution aura radicalisé ce petit bourgeois [27]. A Besançon, où chaque difficulté économique est lue politiquement et provoque une émeute, le 7 juillet, un membre des Jacobins réclame la destitution du roi et un autre estime que la France peut changer de constitution autant qu'elle le voudra ; au cours de l'année 1791, les habitants vivent dans l'angoisse de voir le vicomte de Mirabeau rentrer en France pour faire la guerre et s'opposent aux soldats qui tiennent des propos contre la Constitution. L'agitation et les incidents durent jusqu'au retrait des régiments « aristocrates » de la ville, qui sortent sous une pluie de pierres ; des femmes nobles sont jetées en prison aux cris de « A la lanterne », tandis qu'en septembre les aristocrates n'illuminent pas leurs maisons au moment

25. A. de Baecque, 1988, p. 30.
26. K. Baker, 1988, p. 400-401.
27. D. Roche, 1988, p. 383-387.

de la promulgation de la Constitution. Après février 1792, Louis XVI y est vu comme « le plus dangereux ennemi de la France [28] ». Dans le Puy-de-Dôme, deux réfractaires sont arrêtés, étant considérés comme « complices » de la fuite du roi [29] ; dans le Pays de Caux, on arrête spontanément ceux que l'on pense contre-révolutionnaires : 2 nobles, 7 réfractaires, et on surveille les côtes [30]. En janvier 1792, une rencontre des généraux issus de l'armée royale (dont La Fayette) est comprise par les révolutionnaires comme un risque de « contre-révolution [31] ». Dans tout le pays, l'empressement des engagements de « volontaires » dans les bataillons organisés à partir de juillet 1791 montre, à lui seul, que la crainte de la Contre-Révolution mobilise les énergies populaires [32]. Or la Contre-Révolution, pratiquant la politique du pire, entame une offensive délibérée, qui remet en cause, non seulement le principe de révolution, mais tout système représentatif ; elle discrédite les modérés, Barnave en premier, néglige le fait que la Constitution de septembre 1791 ait renforcé les pouvoirs du roi, notamment en ce qui concerne le commandement militaire et le droit de grâce, oublie que ses ministres ne peuvent pas être contraints de démissionner, soutient Pétion [33] ; ainsi, empêchant tout compromis, obligeant les hommes au pouvoir à se battre sur deux fronts, elle pousse la nation à s'identifier aux sociétés populaires, accélère l'exclusion de tout dissident et légitime la voie radicale de la révolution donnant raison aux Cassandre extrémistes.

L'échec de l'entourage du roi et des élites modérées et intellectuelles (comme Condorcet) à faire comprendre

28. C.-I. Brelot, 1966, p. 58-61, 90-91, 96.
29. Y.-G. Paillard, 1970, p. 302.
30. G. Lemarchand, 1989, p. 436.
31. C. Langlois, 1988a, p. 95.
32. J. Godechot, 1985a, p. 136-138.
33. J.-P. Bertaud, 1984, p. 186-187 ; J. Chaumié, 1968, p. 105.

leur position, alors que la politisation a désormais atteint tous les milieux et a fait disparaître les distinctions entre les sphères publique et privée, précipite tous les Français dans des oppositions politiques obligatoirement simplistes. La raison des réformateurs achoppe sur les passions héritées des luttes des années 1780, les laissant incapables de contrôler la violence. Les effets pervers de cette radicalisation sont considérables. Tout le dispositif légal qui se met en place autour du serment vise à contrôler l'espace public et à y interdire l'accès aux perturbateurs [34], qu'ils soient issus des sociétés populaires ou des groupes aristocratiques, pour terminer la révolution. Cependant, au moins jusqu'en 1792, les administrations locales ou départementales sont le plus souvent aux mains de modérés qui limitent cette dérive, qui sera aggravée lorsque des sans-culottes s'empareront de municipalités.

La Contre-Révolution activiste.

Si, dans l'immédiat, une majorité d'électeurs donne, dans la nouvelle Assemblée, le pouvoir aux feuillants, favorables au compromis et soutenant le roi, les jacobins trouvent un public et développent un réseau de sociétés populaires unifiées par un langage et une pratique politiques [35], et la Contre-Révolution nationale acquiert, elle aussi, son autonomie. L'illustration en est apportée par les lecteurs de *La Gazette de Paris*, que dirige le journaliste Du Rozoy [36]. Surtout provinciaux, essentiellement de l'Ouest et du Sud-Est [37], ils sont très divers, unis seu-

34. O. Le Cour Grandmaison, 1992, p. 80 *sq.*
35. J. Boutier, 1993 ; G. Maintenant, 1984, p. 37-45.
36. L. Coudart, 1987, p. 217.
37. L. Coudart, 1986 ; voir M. Reinhard, 1969, p. 109. Basses-Alpes, Ardèche, Vienne, Ille-et-Vilaine, Lozère, Haute-Loire, Cantal, Aveyron.

lement par la conviction que la Révolution est un échec. Ces élites composites : nobles favorables à l'action armée, robins et curés plus pacifiques, se sentent isolées et faibles devant le cours des choses. Varennes les réconcilie provisoirement avec le roi, comparé au Christ dès juillet 1791 ; plus de 4 000 acceptent l'idée, lancée par Du Rozoy, de se constituer en otage à sa place [38]. Mais, rapidement, ne comprenant pas sa stratégie, ces hommes l'accusent à nouveau de duplicité et de faiblesse [39]. Après juillet 1791 [40], la presse royaliste, forte de journaux, d'almanachs, de pamphlets, de caricatures, se renouvelle et touche un public divers, auquel elle prêche sinon la régénération du royaume par le sang, au moins la résistance, dans un esprit de plus en plus réactionnaire, ne reconnaissant pas la possibilité de créer une constitution dans la France, qui en a déjà une [41].

Les Actes des Apôtres, au ton trop élitiste, sont supplantés par des journaux au ton plus populaire, comme *Le Chant du Coq*, qui diffuse par l'affiche murale, à la fin de 1791, un poème héroïco-comique *La Jacobinéide* en 12 chants et autant de gravures, ou *A deux Liards*, *Le Journal du Peuple*, dirigé par Boyer de Nîmes. Ce dernier utilise la caricature et lie la Contre-Révolution au catholicisme, dénonçant véhémentement les protestants [42]. L'acceptation de la Constitution par Louis XVI est négligée par les journalistes qui préfèrent insister sur les mouvements de troupes aux frontières et sur la déclaration de Pillnitz.

La polarisation politique se renforce toujours. L'abbé

38. M. Reinhard, 1969, p. 523, 545 ; L. Coudart, 1986, le journal reçoit 600 lettres.
39. L. Coudart, 1996, p. 269-271 ; H. Maspero-Clerc, 1973, p. 41.
40. J.-P. Bertaud, 1984, p. 183-186, 188-191.
41. D. Ligou, 1987.
42. C. Langlois, 1988a, p. 18-19, 38-39 ; 1988b, p. 46-47 ; 1990, p. 195.

Maury part en émigration, où il devient évêque et ambassadeur du pape près la Diète de Francfort en avril 1792. L'émigration s'accélère : plus de 1 100 départs en Normandie [43], près de 4 000 officiers [44] entre la fin de 1791 et le début de 1792 ; mais l'émigration est sélective, puisque 10 % seulement des officiers du Génie refusent le serment à la nation en 1791, contrairement à ceux qui appartiennent aux troupes étrangères qui refusent en bloc [45]. Par leur départ, ces officiers se privent de la possibilité d'orienter l'ensemble de l'armée vers la contre-révolution et accréditent la thèse que leur corps est contre-révolutionnaire ; ils justifient les mutineries des soldats, qui provoquent, en retour, de nouvelles désertions. Nombre d'officiers émigrés sont francs-maçons, quelques-uns protestants [46], mais l'allégeance au roi passe avant tout, provoquant la condamnation de la loge du Bourbonnais-Infanterie qui estime en septembre 1791 que « la plus grande partie de nos membres n'étaient maçons que par ton, l'aristocratie qui règne chez eux les a dévoilés, [qu'ils] ne peuvent plus faire croire à leur amour pour les vertus maçonniques, puisqu'ils se montrent ouvertement les ennemis de l'égalité et de l'humanité [47] ». Ces suspicions en chaîne, aggravées après le déclenchement de la guerre en 1792 expliquent le massacre – qui fait suite à d'autres mises à mort d'officiers « aristocrates » – le 29 avril 1792 du jeune maréchal de camp, Dillon, battu sur la frontière belge et accusé de trahison par ses soldats. Le ministre de la Guerre [48], ne voulant pas accuser la troupe, met en cause

43. G. Lemarchand, 1989, p. 450-451.
44. G. de Diesbach, 1975, p. 137-140 ; P. Henwood, 1989, p. 100 ; S.F. Scott, 1987, 196-200.
45. M. Reinhard, 1952, p. 205-206 et p. 174.
46. A. Encrevé, 1990, p. 115.
47. J.-L. Quoy-Bodin, 1987, p. 115-117.
48. M. Reinhard, 1952, p. 221.

« une perfidie combinée » imputée à « des émigrés, fameux par leur rage aristocratique », qui auraient ourdi une trame dans les « ténèbres de la politique autrichienne ».

Si les émigrés sont les exemples mêmes des contre-révolutionnaires dont les caricaturistes et les pamphlétaires dénoncent le ridicule et la corruption (notamment sexuels) [49], l'arsenal législatif demeure hésitant contre eux. Des mesures restreignent la liberté de sortie du territoire en juillet 1791 [50], leur retour est demandé sous un mois le 31 juillet, puis le 14 septembre, mais ils bénéficient d'une amnistie, liée à l'acceptation de la Constitution par le roi. Paradoxalement, cette mesure et l'appel du roi sont suivis par une grosse vague de départs, entraînant un nouveau durcissement législatif, dont la loi du 9 novembre 1791 qui oblige les Français partis à l'étranger à rentrer sous peine de mort, ce qui n'est pas accepté par le roi. Il faut attendre la loi [51] du 12 septembre pour que les émigrés soient touchés dans leurs fortunes et le décret du 28 mars 1793 qui institue le « crime d'émigration » pour avoir une définition juridique de l'émigré [52]. Mme de Staël témoigne de ces hésitations ; elle condamne l'émigration avant 1791, mais la comprend mieux après. Elle protège des émigrés, tout en estimant que le « parti des aristocrates s'est séparé de la nation de fait et de droit [53] ». Dans la vie quotidienne, les tensions sont plus brutales, d'autant que les émigrés gardent des contacts en France, avec leurs familles ou leurs « satellites », pour gérer leurs biens, entretenant des rela-

---

49. A. de Baecque, 1988, p. 37 ; K. Norberg, 1993, p. 241, cite le pamphlet *Les Délices de Coblence ou Anecdotes des émigrés français*.
50. J. Vidalenc, 1964, p. 20-30.
51. Les lois du 8 avril 1792, du 30 mars, du 22 mai, aggravent mais ne changent pas vraiment la répression.
52. J. Godechot, 1985a, p. 376.
53. Mme de Staël, 1983, p. 253-255.

tions qui inquiètent[54]. Laissant les pouvoirs locaux incarner la légitimité, après le 5 août 1791 en France, un certificat du directoire du district est requis pour devenir officier[55].

Alors que nombre d'émigrés s'installent à Bruxelles et sur la frontière belge, provoquant des heurts avec la population[56], la Contre-Révolution[57] s'organise à Coblence où les princes tiennent une cour brillante et frivole, « un royaume d'utopie ». Ils cherchent toujours à capter la légitimité – Provence veut s'intituler régent du royaume, estimant le roi empêché. Ils sont entourés de personnalités comme Calonne, l'évêque d'Arras ou le duc de Broglie qui dirige les relations avec les cours d'Europe, dont le Vatican ; ils ont un journal, *Le Journal de M. Suleau* (avant que le directeur ne parte, dégoûté de la frivolité de Coblence[58]), et luttent contre toutes les tendances monarchiennes. Calonne[59], en classant les Français en royalistes, républicains (pas de roi), monarchiens (un roi sans pouvoir), tente le 25 février 1792 de confondre feuillants et monarchiens, pour faire passer les Princes pour les seuls opposants à la Révolution. Les révolutionnaires sont présentés comme des « barbares » et des « anthropophages », ayant commis des crimes abominables, menaçant la paix et soutenus par les Juifs et les protestants[60]. Les rapports entre Louis XVI et ses frères s'établissent au travers d'émissaires soigneusement choisis, sur fond de rivalités continuelles et de lignes politiques opposées, Artois étant manifestement

54. G. Lemarchand, 1989, p. 451.
55. L. Gianformaggio, 1988, t. 1, p. 73 *sq.*
56. G. de Diesbach, 1975, chap. 4 et p. 142-144.
57. Duc de Castries, 1979, p. 65-68 ; J. Tulard, 1990, p. 130-135 ; J. Godechot, 1984, p. 168-172.
58. P. de Vaissière, 1924, p. 90-100.
59. R. Griffiths, 1988, p. 132, 139-141 ; J.A. Johnson, 1955.
60. L. Miard, 1989, p. 140-147.

prêt à sacrifier le roi à la monarchie. Les émigrés s'engagent dans la politique du pire (pour ruiner les projets des monarchiens, ils dévoilent l'existence de projets d'évasion du roi en novembre 1791)[61], mais restent divisés entre eux : les plus récemment partis sont suspectés de modération par les plus anciens.

Dans cette situation complexe et traversée de contradictions, trois armées se forment, là encore en concurrence : l'armée des Princes à Coblence, celle dirigée par Mirabeau-Tonneau, la Légion noire, à Neuchâtel, celle, enfin commandée par Condé, à Worms, la mieux organisée. Le coût élevé de l'entretien de ces troupes, alors que la guerre attendue et espérée n'arrive pas, oblige à en disperser une partie à la fin de l'hiver 1791-1792. La vie quotidienne de la plupart des émigrés, qui souvent dépensent sans compter, est marquée par ces difficultés d'argent, qui les affaiblissent et les font devenir odieux au reste des habitants – lorsque, deux années plus tard, une partie est amenée à se réfugier en Russie, le bon accueil initial est remplacé par le rejet de la part de l'opinion[62]. La situation des clercs est encore plus difficile, d'autant que certains parmi eux estiment qu'ils ont « abandonné leur troupeau[63] » – ceci prépare une crise interne ultérieure[64] –, la plupart ne mènent pas d'activité politique, parce que le pays qui les a reçus ne le veut pas (comme l'Espagne) ou parce qu'ils sont divisés sur le soutien à apporter à la Contre-Révolution politique.

Les émigrés trouvent des soutiens inégaux et irréguliers à l'étranger (1,5 million par Léopold II, 1 million par le roi d'Espagne, 2 millions par le roi de Prusse, autant par la tsarine). La Russie et la Suède partagent

61. A. Doyon, 1969, p. 69.
62. S. de Lastours, 1991, p. 66.
63. L. Miard, 1989, p. 253-266.
64. M. Reinhard, [sd], p. 97-98.

leurs combats, mais de loin ; en revanche, le canton de Fribourg en Suisse laisse proliférer les faux assignats dès le début de 1792 [65]. Léopold II, après avoir résisté à toutes les pressions [66], devient plus perméable à leurs demandes, d'autant qu'il a vaincu la Turquie, qu'il craint que la Belgique ne soit envahie et souhaite l'échanger avec la Prusse. Mais en Angleterre, si la crainte des Radicaux fait passer une partie des Whigs aux conservateurs, la position du ministère reste attentiste et réservée face aux émigrés, malgré les efforts de Burke. Celui-ci, secondé par son fils Richard, crée une diplomatie de l'ombre, liée à Calonne, qui contrecarre systématiquement tout rapprochement avec la France et essaie d'obtenir des aides pour les émigrés. Ce travail de sape, insistant notamment sur les risques que les principes de la Révolution font courir à tous les souverains européens, échoue pourtant à faire changer le gouvernement anglais [67]. Avec l'Espagne, le contact est tout aussi difficile, puisque c'est seulement avec l'ambassadeur Las Casas, et non avec le gouvernement, que les émigrés entretiennent des relations dès 1791.

Las Casas semble avoir été le premier « employeur » de D'Antraigues, qui crée un réseau d'espionnage [68] à partir de l'Italie et aurait eu un agent dans les organes du gouvernement révolutionnaire. Une équipe parisienne se met en place, étoffée à la fin de 1791, bientôt appelée « la Machine », ou « la Manufacture », mais qui fournit des renseignements douteux, manifestement destinés à renforcer la propagande des ultras de l'émigration auprès des Princes. A l'intérieur du pays, les réseaux royalistes deviennent de plus en plus nombreux, sans qu'il soit pos-

65. É. Maradan, 1988.
66. Même amoureuses, T.C.W. Blanning, 1996, p. 52.
67. J. Chaumié, 1968, p. 60 *sq.*, 135-138 ; M. Wagner, 1994, p. 63-68, 82-84 ; L. Domergue, 1990, p. 49 *sq.*
68. J. Godechot, 1986a, p. 56-88.

sible de savoir s'ils bénéficient des liens avec l'émigration, ou s'ils sont d'autant plus forts là où les nobles sont restés sur place. Dans la vallée du Rhône, un plan d'action est établi entre toutes les forces contre-révolutionnaires : chiffonistes d'Arles, qui sont organisés autour du maire Loys, et qui tiennent la ville de l'été 1791 à mars 1792, bandes du Comtat, camps de Jalès, et contre-révolutionnaires d'Apt-Sisteron, autour de Monier de La Quarrée. Ces hommes suscitent des résistances locales, au travers de sociétés plus ou moins secrètes, comme celle de Sisteron, appelée *Deus Providebit*. Coblence est avisé et désigne même Thomas Conway, Irlandais catholique, comme commandant de l'armée catholique du Midi. Mais, celui-ci, monarchien, laisse agir le comte de Saillans, commandant en second, et Claude Allier, agent de liaison, tandis que Froment joue un rôle essentiel [69]. Dans l'Ouest, La Rouérie, qui défend l'identité provinciale bretonne, tente de créer une ceinture d'une vingtaine de villes dotées de comités contre-révolutionnaires et de caches d'armes, mais le soulèvement urbain est dévoilé en juin 1792, plusieurs membres arrêtés et La Rouérie entre dans la clandestinité [70]. Il ne semble pas nécessaire d'entrer dans des débats historiographiques anciens, dépréciant les émigrés au profit des nobles qui avaient essayé de résister en France [71] – cependant, des calculs et des rivalités sont perceptibles. Selon un plan élaboré à Coblence, les nobles du Vivarais devaient rester sur place, tandis que les autres devaient émigrer ; en Ardèche, d'Antraigues mène un jeu personnel, développant l'idée d'un retour à la constitution antique du royaume [72]. Le résultat est l'aggravation des luttes politiques en France.

69. M. Lapied, 1996, p. 134-135.
70. J.-C. Ménès, 1987, p. 68 *sq.*, D. Sutherland, 1989.
71. P. de Vaissière, 1924.
72. J. Chaumié, 1968, p. 126-129, 166-169.

La guerre civile au village.

L'exemple peut être apporté par Avignon [73]. La guerre civile, interrompue au printemps 1791, se poursuit dans des conflits locaux et personnels. Les ultra-révolutionnaires, communément appelés « les brigands », conduits par Duprat et Jourdan, s'emparent du pouvoir municipal et font régner la terreur. Un « miracle » survenu dans une chapelle pillée provoque une émeute hostile aux révolutionnaires, au cours de laquelle un patriote, Lescuyer, meurt des suites d'un lynchage. En représailles, les « brigands » massacrent 60 personnes, dont 13 femmes, appartenant plus au camp modéré qu'à la véritable contre-révolution ; leurs corps sont jetés dans la tour « de la Glacière ». Ces tueries particulièrement atroces attestent que les luttes entre révolutionnaires et contre-révolutionnaires ne mettent pas seulement en jeu des idées ou des convictions, mais sont aussi les occasions par lesquelles des tensions s'expriment, des comptes se règlent et des pulsions trouvent leur exutoire. S'il est aisé de repérer à l'œuvre des mécanismes sociaux liés aux guerres civiles, affrontés à cette brutalité, les contemporains préfèrent invoquer l'incompréhension de tels phénomènes [74].

L'été 1791 avec l'application de la Constitution civile du clergé consomme définitivement la rupture entre partisans de la Révolution et de l'Église concordataire, devenus traîtres [75], « fanatiques », contre-révolutionnaires. Jusque-là, les liens entre religion et Contre-Révo-

73. R. Moulinas, 1988b ; 1994, p. 92-103 ; M. Lapied, 1996, p. 89-91 et 1986.
74. J.-C. Martin, 1996a, p. 51-60.
75. Y. Fauchois, 1987, p. 387.

lution avaient dépendu d'individualités et de groupes, comme Froment, ou Boyer de Nîmes, ou lorsque *La Gazette de Paris* avait comparé le roi au Christ « traîné de Caïphe chez Pilate » en juillet 1791, insistant sur le caractère sacré de la royauté. Le 29 novembre 1791, un décret exige le serment sous huit jours sous peine d'être déclaré « suspect de révolte contre la loi et de mauvaise intention contre la patrie ». Le veto opposé par le roi le classe définitivement dans la Contre-Révolution et il est présenté dans « sa passion » comme un Christ après Carême 1792 [76].

La multiplicité des actes de résistances, qui recourent de plus en plus à la violence physique [77], donne à la Contre-Révolution une assise populaire inattendue, qui la fait changer de signification. Il est impossible de dresser un inventaire de ce foisonnement d'événements [78]. Dans le Poitou, des libelles accusent la Constitution civile d'être fille de Luther et de Calvin, dénoncent la mainmise des « protestants et des juifs » ; un curé estime qu'il vaudrait mieux tuer les enfants que de les laisser baptiser par un constitutionnel [79] ; en Franche-Comté, le culte clandestin est organisé dès 1792 par Mgr de Chabod [80] ; dans le diocèse de Vannes, le prêtre Pierre Nourry, avant de partir en exil en Espagne, laisse à ses paroissiens un texte en breton contre les jureurs [81] ; dans le Toulousain [82], beaucoup de curés assermentés, accusés d'être des « loups ravisseurs », sont agressés, des opposants déversent du fumier dans leur jardin, brisent leurs

---

76. C. Langlois, 1988a, p. 25.
77. Voir notamment B. Plongeron, 1988, la deuxième partie.
78. R. Dupuy, 1988a, p. 220 *sq*.
79. J. Péret, 1988, p. 140-142, 160.
80. D. Saillard, 1995, p. 121.
81. L. Miard, 1989, p. 244-246.
82. J.-C. Meyer, 1982, p. 150-157 ; aussi M. Lyons, 1980, p. 53 pour l'évêque.

vitres, les menacent de pendaison ou tirent des coups de fusil dans leur direction ; dans le diocèse de Mende, 22 prêtres constitutionnels sont molestés et 3 tués [83], et des paroissiens disent d'un jureur : « Bastide n'est qu'un cochon, il faut l'assommer et le laisser dans la rue comme une merde [84]. » Le rôle des femmes est souvent capital [85] ; dans le Massif central [86], elles incendient des cabanes, tentent d'assassiner un jureur à la fin de 1791, se détachent de leurs maris…, partout elles jouent un rôle central dans la protection des prêtres réfractaires, dont elles suivent les messes clandestines, dans un climat millénariste. Retrouvant des pratiques de temps de crise, les fidèles se retrouvent dans des pèlerinages, autour de prises de parole prophétiques, dans des messes sans prêtre, nouant ainsi un rapport de grande exaltation avec la religion considérée comme le terrain de résistance à la Révolution [87].

Toutes les régions sont touchées par des bagarres entre « aristocrates » et « démocrates [88] », entre paroissiens et curés jureurs, surtout au moment des enterrements [89], mais des paroisses « leaders » créent des môles de résistance autour desquels s'organisent des zones qui échappent aux lois révolutionnaires, les populations faisant corps pour protéger leurs curés et maintenir leurs habitudes de vie [90]. Des villes participent également de ce phénomène, comme Saint-Malo ou Concarneau en Bre-

83. A.-Q. Délègue, 1994, planche XV.

84. M. Bourrier, 1991.

85. T. Tackett, 1986, p. 199 ; R. Dupuy, 1988a, p. 230. Le trait est général, même s'il ne faut pas tomber dans la vision de Michelet sur la question, voir Th. Moreau, 1982, p. 201-212.

86. J. Dalby, 1989, p. 37-53.

87. Voir M. Lagrée, 1982 ; F. Lebrun, 1989.

88. G. Lefebvre, 1924, p. 795 ; R. Dupuy, 1988a, chap. 6.

89. G. Lefebvre, 1924, p. 791 ; J.-C. Martin, 1981.

90. F. Hincker, 1982 ; vrai aussi à Mende, A.-Q. Délègue, 1989, p. 100-101.

tagne [91]. Un bloc de refus exceptionnel se constitue autour de Châtillon et de Bressuire [92], où des paysans parlent de mettre les tripes des administrateurs autour de leurs bâtons, si bien qu'en octobre 1791 le rapport de Gallois et de Gensonné attire l'attention de l'Assemblée sur la division radicale qui s'effectue dans les campagnes de la Vendée. Dans l'hiver, des processions armées de ruraux mécontents sillonnent les campagnes, allant de sanctuaires en messes illicites et menaçant les autorités révolutionnaires [93]. La répression est partout violente : des « clubs ambulants » prêchent l'anticléricalisme, des expéditions armées installent, précairement, les prêtres jureurs, mènent la chasse aux réfractaires, jetés ensuite en prison, et vivent parfois aux frais des habitants, pillant en guise de représailles [94].

Les religieux sont dispersés vigoureusement en Alsace dans l'été et l'automne 1791 [95] ; à Toulouse, le maître de pension Carbonel organise « les Coursiers de la Mort », appelés aussi « bande noire », contre les prêtres réfractaires [96]. Le ministre Roland [97] peut, le 20 mars 1792, dénoncer l'illégalité des mesures des directoires départementaux trop radicaux, l'exécutif partagé entre des tendances opposées est inefficace, et la journée du 20 juin donne raison aux patriotes prononcés. Les Marseillais [98] se signalent particulièrement. Dès novembre 1791, ils interviennent à Aix, chassant le régiment suisse Ernest ; ils reviennent en février 1792 contre « les repaires des amateurs de l'Ancien Régime »

91. R. Dupuy, 1988a, p. 222-224.
92. J. Péret, 1988, p. 157-159.
93. B. Cousin, 1989, p. 155 ; J.-C. Martin, 1987 ; J. Péret, 1994.
94. J.-C. Meyer, 1982, p. 160-175 ; M. Reinhard, 1969, p. 230 *sq.*
95. D. Vary, 1993, p. 122 *sq.*
96. H. Boyer, 1989, p. 407.
97. J.-C. Meyer, 1982, p. 180-183.
98. J. Guilhaumou, 1992, p. 41-47. La noyade de volontaires dans le Rhône lors de l'expédition d'Arles provoque une grande émotion.

et imposent leur légitimité aux administrateurs qu'ils évincent. Un mois plus tard, à la demande même de l'Assemblée législative, ils chassent les chiffonistes d'Arles accusée d'être, avec Avignon, les Worms et Coblence du Midi, puis entreprennent une « course civique » pour imposer, sans trop de violence, la loi aux municipalités qui ne la respectent pas. A Aurillac, en mars 1792 [99], les difficultés financières, le prix des récoltes et l'action des curés réfractaires provoquent l'insurrection des paysans, qui refusent de s'enrôler dans les volontaires. Le 12 mars, un notable d'Aurillac, Collinet, accusé d'être contre-révolutionnaire, est décapité ; par la suite, d'autres nobles sont tués, des châteaux incendiés et les meurtriers soutenus par les responsables révolutionnaires. En février 1792 [100], le camp de Jalès se reconstitue, dirigé encore par des modérés. Bloqué par des gardes nationaux, il ne peut marcher ni sur Nîmes ni sur Uzès, et 7 personnes sont tuées (dont Malbosc). Non loin de là, le 25 février, Mende est le théâtre d'une « bagarre » qui culmine après une série de jacqueries. Les patriotes sont emprisonnés ou chassés de la ville, avant que l'Assemblée ne décrète d'accusation les chefs royalistes. Lors de la répression, qui donne lieu à des viols, les révolutionnaires parlent encore de « frères égarés [101] ». Ces conflits ne se limitent pas aux luttes entre chiffonistes (royalistes) et monnaidiers (révolutionnaires), mais entraînent une guerre contre les châteaux qui sont dévastés. Les divisions sociales « entre ceux qui n'ont rien à perdre et ceux qui ont quelque chose à conserver [102] » ne disparaissent pas, mais sont intégrées, tant bien que mal dans l'opposition entre

99. J. Dalby, 1989, p. 63-68.
100. M. Peronnet, 1991, p. 477 ; J. Godechot, 1984, p. 251-252.
101. M. Peronnet, 1980, p. 23-24 ; A.-Q. Délègue, 1989, p. 179 ; M. Bourrier, 1991, p. 60 ; P. Serna, 1994, p. 310 ; G. Lewis, 1978, p. 50 *sq.*
102. G. Lemarchand, 1989, p. 451-453.

royalistes et républicains, obligeant à des compromis transitoires entre laboureurs et sans-culottes.

L'engrenage est implacable, car ces mouvements font réagir les ruraux, soit qu'ils se lancent dans des opérations punitives spécifiques, comme ces « taxateurs », qui peuvent passer pour les précurseurs des sans-culottes et qui trouvent des alliés à la gauche de l'Assemblée, soit qu'ils se mobilisent contre les novations, ce qui les classe comme contre-révolutionnaires ; de toute façon, ces mouvements inscrivent les ruraux dans l'univers politique [103] organisé par l'opposition manichéenne entre révolutionnaires et contre-révolutionnaires. Le refus de la Constitution civile, la défense des droits communautaires, le jeu de fortes personnalités cristallisent les résistances, prennent sans doute la suite des troubles antérieurs, font rejouer les rapports établis entre ruraux et nobles autour de Jalès [104], ou prolongent des refus violents de toute autorité centrale en Catalogne [105], mais ces refus sont dorénavant exprimés selon les dénominations politiques de l'époque. Sans doute les ruraux ne sont-ils pas au fait de toutes les subtilités politiques, mais ils sont insérés dans un débat qui dépasse de très loin le simple heurt entre « petite politique » et « grande [106] », qui possède une dimension eschatologique et fixe le cadre des luttes politiques ultérieures. La présence d'élites rurales [107] au cœur des manifestations permet de penser que la politisation contre-révolutionnaire est effectuée à partir de 1792 et que les communautés ne sont pas ignorantes de ces enjeux [108].

Dans cette radicalisation continue, ce sont les extré-

103. G. Pécout, 1994, p. 97-99.
104. G. Lewis, 1978, p. 131.
105. M. Brunet, 1990.
106. R. Dupuy, 1995b, p. 115.
107. J.-C. Martin, 1996a, p. 44.
108. P.M. Jones, 1988 ; exemple A. Soboul, 1953.

mistes qui gagnent, puisque le salut de la nation semble imposer une détermination sans faille. Pour ces raisons, les révolutionnaires peuvent imposer leur présence, leur méthode de combat, pour une part leur anticléricalisme [109] et surtout leur langage. En Ariège [110], contre les aristocrates qui sont intervenus le Jour des rois de 1792 avec fifres et tambourins dans l'office des jureurs et qui ont composé une « bande noire » molestant les volontaires, Vadier se met à la tête d'une troupe de 400 à 500 hommes qui s'en prend à tous les opposants possibles. Dans le Trégorrois, 1792 devient l'« année des coups de bâtons » : ceux que reçoivent les paysans refusant les mesures révolutionnaires [111]. Cette répression réalise l'unité des revendications et confirme les foyers de contre-révolution en Bretagne. Ainsi, les monarchistes et les modérés n'osent plus paraître en public (un journaliste contre-révolutionnaire manque d'être assommé [112] passant dans la vallée du Rhône) ni même voter, ce qui donne le pouvoir aux radicaux (Pétion devient ainsi maire de Paris) et aux clubistes. Les contre-révolutionnaires sont désormais identifiés aux criminels, aux « brigands », aux « hommes hors la société [113] », ce qui reprend – et détourne – des condamnations employées sous l'Ancien Régime, tandis qu'à Istres les élections favorables, le 13 novembre 1791, aux réfractaires (appelés « nonconformistes ») sont cassées le 30 sur intervention du district [114], qu'Avignon [115] voit le retour des « glaciéristes » en avril, absous de leurs violences, que les Suisses de Nancy sont réhabilités le 15 avril 1792, et qu'autour

109. M. Reinhard, 1969, p. 226-235.
110. G. Dussert, 1989, p. 107.
111. C. Kermoal, 1991, p. 41-55.
112. R. Moulinas, 1988a, p. 152.
113. C. Lucas, 1994b, p. 86-88.
114. C. Giroussens, 1990, p. 87-90.
115. M. Lapied, 1996, p. 124-125.

d'eux un courant patriotique très fort est repérable, destiné à faire peur aux contre-révolutionnaires [116]. Le décret de déportation des réfractaires, le 27 mai 1792, fait culminer le processus d'identification de la Contre-Révolution à la religion catholique traditionnelle.

La guerre civile mondiale.

Le déclenchement de la guerre entre la France, l'empire d'Autriche et le royaume de Prusse représente un tournant capital de la Révolution. Elle est la première guerre internationale idéologique [117] et met en jeu, pour la première fois, l'avenir de la nation en même temps que l'avenir de la Révolution. Chacun est – et se sent – investi du devenir national, engagé dans une lutte eschatologique, et peut considérer toute opposition comme une trahison. Le trait est illustré par la fameuse déclaration du 22 mai 1790, renonçant à la guerre d'expansion. Cette « déclaration de paix au monde » n'est pas en contradiction avec la déclaration de guerre d'avril 1792, comme on le dit trop facilement, car elle voulait créer un nouveau système de références. Elle visait à abolir les distinctions entre « nation » et « nationalités », à supprimer la notion même d'étranger permettant d'intégrer les peuples « libres » dans la « Nation française [118] », espérant ouvrir une ère dans laquelle la France serait le pays « de la liberté ». (Cette conviction de posséder un régime politique universel n'est pas liée à la Révolution, mais s'enracine dans des habitudes anciennes, qui concernent aussi les émigrés se pensant supérieurs aux petits potentats allemands qui les accueillent [119].)

116. C. Langlois, 1988a, p. 13.
117. G. Ranzato, 1994 ; J.-C. Martin, 1995.
118. H. Leuwers, 1993, p. 24-25.
119. G. de Diesbach, 1975, p. 23.

Sous ces apparences pacifiques, ce principe porte de lourdes conséquences [120] : créant le droit pour les peuples à disposer d'eux-mêmes, il dissocie les nations des États, et pose que chaque peuple peut choisir ses institutions – sans cependant imaginer que les Bretons ou les « vendéens [121] » puissent se dissocier de la nation, sauf par une trahison. Il a déjà permis l'envoi de soldats français en Avignon en janvier 1791, l'accueil des réfugiés et des « patriotes » venant de différents pays européens et est un critère de jugement des aristocrates. Le monde se classe ainsi entre « le pays de la liberté », qui peut s'étendre jusqu'aux rives de l'Oural pour libérer sans conquérir, et les États où des « despotes » règnent sur des individus aspirant à la liberté. L'idée séduit un certain nombre d'individus, comme les Allemands Forster et Rebman, qui disent « nous » en parlant des Français et « vous » des Allemands [122]. Ce décret est à la base d'une « guerre civile mondiale », qui sera une des facettes de la guerre que la France va mener jusque dans les années 1800, et qui divisera le monde ensuite entre libéraux et légitimistes, puis révolutionnaires et conservateurs [123]. Les contradictions que ce décret entraîne, puisqu'il s'oppose directement aux traités signés antérieurement, vont être balayées en assimilant les rois aux contre-révolutionnaires, permettant aussi que l'unité de la nation française réalise le rêve des frontières naturelles hérité de l'Ancien Régime.

La guerre qui naît ne correspond pas au sens strict à l'émergence du principe des nationalités [124], mais à

120. J.-Y. Guiomar, 1990, chap. 6.
121. Par convention, nous avons pris l'habitude d'écrire « vendéens » à propos des insurgés pour les distinguer des « Vendéens », habitants du département, et pour unifier la graphie avec les « chouans ».
122. M. Gilli, 1995, p. 61.
123. R. Schnur, 1983 ; J.-C. Martin, 1995.
124. H. Leuwers, [sd], et contrairement à J.-Y. Guiomar, 1990, p. 127.

l'application d'un principe idéologique rattaché à la seule nation française, considérée d'emblée comme différente (et supérieure) aux autres – ceci indépendamment des relectures et des conséquences du XIXe siècle. Dans l'immédiat, ce principe ne va pas tarder à faire identifier les contre-révolutionnaires aux ennemis, puis à les amalgamer aux étrangers, faisant basculer la définition de la nation dans le nationalisme étroit et l'universalisme dans la destruction des opposants [125], en même temps que le langage révolutionnaire se fige dans un manichéisme destiné à durer [126] et créateur de dérives. Par crainte des officiers « aristocrates », l'idée d'une armée « nationale [127] », à la fois « patriote » et « populaire », ne cesse de faire son chemin, aggravant les ruptures entre les corps d'officiers et donnant la priorité aux convictions politiques affichées plutôt qu'aux compétences militaires. Le ministre Servan défendra l'idée du « soldat-citoyen » (titre de son ouvrage), qui sera à la base ensuite du militarisme national et du nationalisme du XIXe siècle. Le jeu des idéologies fausse donc, et pour longtemps, l'appréhension des faits : les contre-révolutionnaires méprisent les convictions nationalistes des Français et estiment que la guerre ne sera qu'une promenade militaire ; Brissot assure de la supériorité des citoyens libres sur les esclaves des despotes, et les députés parlent de vaincre ou de mourir. Avant de lier durablement la Révolution avec la République, la guerre sécrète un langage et une idéologie qui vont justifier toutes les mesures et tous les extrémismes [128]. Saint-Just assurant que « la patrie s'oublie pour ses enfants » se situait dans la logique du 22 mai

125. Contre l'idée d'une Révolution trop unifiée autour de l'internationalisme d' E. Hobsbawm, 1990, p. 80-81.

126. Le terme « patriote », restreint aux défenseurs français révolutionnaires, en est une illustration.

127. J.-P. Bertaud, 1978, p. 57 *sq.*

128. T.C.W. Blanning, 1996, p. 63-65 ; C. Emsley, p. 39-43.

1790 ; la guerre allait garder les mêmes termes mais en les inversant durablement [129].

La guerre est donc proclamée comme une « croisade » contre les principes de l'Ancien Régime pour établir une nouvelle fraternité, ce qui est illustré quelques mois plus tard par le fameux slogan « Guerre aux châteaux, paix aux chaumières ». Elle répond cependant à d'autres préoccupations : l'espoir d'une revanche nationaliste, notamment sur l'Autriche, la volonté de reconquête du pouvoir par le roi, ou par « les princes » qui, dès janvier 1792 [130], envisagent favorablement l'attaque par l'Espagne du Sud-Ouest, l'attente de la droite, estimant que la défaite militaire va lui apporter le pouvoir [131]. Alors que l'électeur de Trèves se soumet, le conflit est accepté par l'empereur [132] qui soutient les émigrés, menace d'intervenir et signe le 7 février un traité d'alliance défensive avec la Prusse, prévoyant des dédommagements et attendant du conflit le retour des terres aux princes possessionnés d'Alsace.

Le déroulement de la guerre entraîne cependant, pour l'un et l'autre camp, de nombreux imprévus. Ainsi la Prusse entre dans la guerre, ce qui n'était pas pensé possible par les révolutionnaires [133] ; en revanche, l'élan des volontaires à s'enrôler dans les armées les surprend positivement ; dans l'autre camp, les émigrés sont dépités d'être relégués au second rôle dans l'armée commandée par Brunswick, qui les divise en trois corps rattachés aux trois armées austro-prussiennes [134] ; surtout, la déclaration pro-

129. Voir B. Plongeron, 1990.

130. L. Miard, 1989, p. 140-153.

131. R. Griffiths, 1988, p. 130.

132. La guerre est déclarée au « roi de Bohême et de Hongrie » parce que, l'empereur Léopold étant mort le 1er mars, son successeur François n'a pas eu le temps d'être élu, formellement, à la tête de l'Empire.

133. T.C.W. Blanning, 1996, p. 62-63.

134. Soit environ 14 000 hommes, 5 000 sous les ordres du prince de Condé, 4 000 sous ceux du duc de Bourbon. La légion de Mirabeau disparaît rapidement.

vocante par les émigrés qui imposent le manifeste signé de Brunswick, le 12 juillet, annonçant des mesures répressives contre Paris et le retour de l'Ancien Régime atteste, d'une part, l'échec de la mission secrète de Mallet du Pan, parti au nom de Louis XVI provoquer une proclamation contre les factieux, et entraîne, d'autre part, un raidissement de l'opinion contre les Français émigrés. Enfin, les succès militaires des coalisés perdent de leur intérêt, lorsque les troupes prussiennes et autrichiennes se comportent comme en terrain conquis dans les régions françaises, parfois hostiles à la surprise des émigrés. L'avancée des armées autrichiennes et prussiennes se marque par la reprise dans le Nord et l'Est du culte réfractaire et des sanctions contre les prêtres assermentés, mais aussi par les exactions des soldats qui créent des tensions graves [135].

Ces troupes, qui ne comprennent que 80 000 hommes, soit la moitié de l'effectif prévu, manquent de vivres, sont en outre indisciplinées et désorganisées ; enfin, elles n'avancent que lentement, au point que les intentions de l'empereur d'Autriche peuvent être comprises comme plus antifrançaises que véritablement contre-révolutionnaires, puisque les armées des émigrés n'ont pas été rassemblées en un seul corps et que Condé est resté sur le Rhin. Qui plus est et malgré ces divisions et cette inefficacité, l'entrée des troupes en France est décrite de façon exagérée par les caricaturistes contre-révolutionnaires, qui anticipent la victoire militaire, dénoncent l'incompétence des généraux révolutionnaires, et surtout accentuent la crainte que l'on peut avoir des royalistes. Ces journaux appellent à la vengeance et demandent que les « bons Français » se retrouvent autour du roi le 9 ou

---

135. J.-C. Meyer, 1982, p. 194 ; G. de Diesbach, 1975, p. 220-221 ; J. Godechot, 1984, p. 174-180 ; S.F. Scott, 1987, p. 198-200 ; É. Hublot, 1987, p. 182 *sq* ; É. Hartman, 1990, p. 299 ; T.C.W. Blanning, 1996, p. 74.

le 10 août[136]. Cette flambée contre-révolutionnaire est paradoxale ; la faiblesse politique des royalistes est indéniable : ils sont en retrait de la vie politique et ne comprennent pas la force de la réaction populaire.

Or la menace contre-révolutionnaire, dénoncée par des caricatures[137] souvent scatologiques ou obscènes, est imputée à la trahison intérieure et notamment à celle de la Cour, accusée d'abriter le « complot autrichien » mené par Marie-Antoinette en liaison avec le ministre Delessart[138], déchaînant la violence punitive. Le massacre de Théobald Dillon en est le meilleur exemple. La fureur se prolonge par le découpage du cadavre et la mise à mort de cinq autres personnes dont un prêtre réfractaire[139]. Échappant à tout contrôle, des émotions se produisent contre les troupes accusées d'être contre-révolutionnaires, ou contre des prisonniers qui sont mis à mort ; et les paroles les plus violentes ont cours : ainsi, en juin 1792, un vicaire lorrain déclare qu'il faut égorger tous les chanoines réfractaires[140]. Alors que les divisions font éclater le ministère et l'état-major en multiples tendances rivales, tous les révolutionnaires – dont Robespierre qui craint des manipulations politiques – font bloc pour s'opposer à la politique du roi, qui empêche les sanctions contre les prêtres réfractaires et la constitution d'un camp de 20 000 fédérés (ces fameux soldats-citoyens dont *La Marseillaise* devient le chant emblématique) sous les murs de Paris. Le roi ne tient pas compte de cette cristallisation des oppositions et renvoie le ministère girondin, en espérant que les alliés vainqueurs seront obligés de traiter avec un ministère modéré sans homogénéité ni efficacité[141] ; dans

---

136. J.-P. Bertaud, 1987, p. 208-209 ; C. Langlois, 1988a, p. 8, 27.
137. A. de Baecque, 1989a, et 1993, p. 70-98.
138. K. Baker, 1988, p. 403.
139. M. Reinhard, 1969, p. 278-280.
140. J.-L. Quoy-Bodin, 1987, p. 115-117 ; É. Hartman, 1990, p. 317.
141. R. Griffiths, 1988, p. 143.

le même temps, La Fayette essaie de constituer une troisième force pour garantir le pouvoir hors des contre-révolutionnaires comme des jacobins. La journée du 20 juin, à la fois jacobine et sans-culotte, répond à ces tentatives, s'appuyant sur le sentiment national des Parisiens, hostiles à toute transaction avec les envahisseurs, et surprend tous les acteurs [142]. Ainsi, comme en juillet 1789, la légitimité se retrouve dans la rue et dans les courants de gauche, tandis que les feuillants et les fayettistes rejoignent le roi dans la droite contre-révolutionnaire.

La défense de la nation, accaparée par la gauche et illustrée par la déclaration de la Patrie en danger le 11 juillet, devient l'objectif autour duquel la Révolution trouve son unité. En son nom, le directoire du département du Var proteste contre le « brigandage de l'anarchie » du 20 juin, mais accepte les changements [143]. L'unité révolutionnaire n'est donc pas utopiste : elle correspond à une tendance profonde des Français, sur laquelle les montagnards s'appuieront l'année suivante. Malouet pourra écrire qu'« il est toujours plus court et plus commode de mettre une faction, une conjuration en évidence et de rapporter là comme à un centre, tous les attentats, tous les désordres... Je n'ai jamais vu de faction dirigeante, pas même le club des Jacobins, qui vivait au jour le jour [144] », reste que le déroulement des faits et la lecture qui en est tirée donnent la possibilité aux révolutionnaires de désigner les contre-révolutionnaires comme un ensemble unique et dangereux pour la survie même de la nation.

Les révolutionnaires reçoivent paradoxalement et involontairement l'aide de leurs opposants. La proclamation de Brunswick, rédigée par un émigré, le marquis de

---

142. M. Reinhard, 1969, p. 300-350 ; J.-P. Bertaud, 1984, p. 74 *sq.*
143. E. Coulet, 1964b, 22.
144. G. Debien, 1953, p. 386 ; Malouet, *Mémoires*, t. I, p. 292.

Limon, et rendue publique le 3 août, confirme la justesse de leurs cris d'alarme, pousse les sans-culottes à réclamer la destitution du roi et discrédite les modérés ; la reine, par opposition personnelle, ruine les tentatives de La Fayette de faire fuir le roi à l'étranger ; la presse royaliste par ses dénonciations réalise une véritable « préparation psychologique [145] » du coup de force qui peut seul dénouer les contradictions : ce sera la journée du 10 août. L'affrontement devenu inéluctable, les forces antagonistes s'organisent en deux camps opposés et installent des troupes dans Paris : le château est gardé par 900 gardes suisses, 200 à 300 chevaliers de Saint-Louis et 2 000 à 3 000 gardes nationaux (mais une partie de ces derniers déserte), plus des « contre-conspirateurs » chargés d'acheter les principaux révolutionnaires [146]. La simplification des antagonismes conduit ainsi des jeunes appartenant aux sections de l'Ouest de Paris à défendre les Tuileries [147], tandis que la gauche compose avec les exigences accrues des sans-culottes, qui forment la masse de manœuvre. Les faits sont têtus : la politique du pire menée par les deux groupes extrémistes contre le roi et les modérés (les « mitoyens ») a été déterminante. Le sort du roi a tenu essentiellement aux luttes internes aux deux camps : monarchiens contre d'Antraigues et contre les émigrés d'une part, jacobins de gouvernement contre jacobins de sections et sans-culottes de l'autre [148]. Cette complexité conduit à des

145. C. Langlois, 1988a, p. 27. Du Rozoy appelle les royalistes à s'immoler pour le roi. Un placard royaliste, à l'extérieur des Tuileries dans la nuit du 9 au 10 août 1792, interpelle ainsi les Parisiens : « serez vous assez lâches pour laisser massacrer votre roi chasser exterminer plutot tous ces monstres et factieux de représentants qui se mocquent de vous et qui vous rongent tous les jours » (Archives de France, 1988).

146. L. Whaley, 1993, p. 210.

147. G. Rudé, 1982, p. 124-125 ; M. Reinhard, 1969, p. 380 *sq.*

148. L. Whaley, 1993 ; J. Chaumié, 1968, p. 169-171, 197-200.

collusions entre « aristocrates » et « jacobins » parisiens pour discréditer les monarchiens en août 1792, comme lorsqu'un des amis de D'Antraigues est arrêté et relâché [149] ; les monarchiens et le roi sont véritablement les vaincus du 10 août, la journée permettant aux émigrés d'espérer que la France sera libérée par les troupes de Brunswick. Peut-on prendre comme exemple inverse de ces ajustements complexes Alexandre, royaliste caché et acteur tiède des journées révolutionnaires, qui soutient cependant le 10 août par crainte d'un coup contre-révolutionnaire [150] ?

La journée du 10 août durcit jusqu'à la caricature la ligne de rupture entre Révolution et Contre-Révolution, permettant que la violence devienne une sanction acceptée et le gage du patriotisme [151]. En témoigne, outre le massacre des Suisses, la mise à mort par la foule du journaliste contre-révolutionnaire Suleau, tué un peu par hasard le matin du 10 août, et le saccage des presses des journaux contre-révolutionnaires [152]. L'événement a d'autant plus de force qu'il a révélé les faiblesses et les divisions parmi les révolutionnaires, qui s'emploient ensuite à en récupérer la dynamique en discréditant ses principaux protagonistes : les sections parisiennes et les nobles. Ceux-ci sont considérés comme des contre-révolutionnaires, quoi qu'ils aient fait auparavant [153]. Contre la pression populaire, qui veut détruire les statues des rois, symboles du despotisme, le décret du 14 août établit le principe d'un tri [154] : il semble possible de voir là les premières limites posées par les élites politiques à l'extension de l'idéologie, après qu'elles en eurent usé à

149. A. Doyon, 1969, p. 73.
150. J. Godechot, 1952.
151. M. Reinhard, 1969, p. 411.
152. É. Roudinesco, 1989, p. 123-126.
153. A. Patrick, 1990.
154. É. Pommier, 1989, p. 101-112.

leur profit – et avant Thermidor, puis la dénonciation du vandalisme. De même, la demande de créer un tribunal extraordinaire pour juger sans appel les fauteurs de la Contre-Révolution est rejetée par l'Assemblée législative. Condorcet [155] s'oppose également aux mesures de fouille dans Paris à la recherche de contre-révolutionnaires et lutte contre la Commune. Cette « seconde révolution [156] » est donc tempérée aussitôt par l'Assemblée qui suspend le roi, sans le déchoir, et réserve la forme du gouvernement. Mais les girondins ne contrôlent pas la situation : la menace ennemie est forte et si les royalistes deviennent invisibles jusqu'en 1794, ils n'ont pas disparu pour autant : ils vont agir en sous-main, soutenant un parti contre un autre, avant de revenir à la lutte. Surtout, le mouvement populaire des sans-culottes se généralise et peut dorénavant exprimer son aptitude à incarner une légitimité politique. A Besançon, les assemblées primaires se constituent en sections pour surveiller la municipalité qui s'indigne de voir les patriotes forcer les aristocrates à rendre hommage aux emblèmes de la Liberté [157].

Dérives mortelles.

Le 10 août libère donc la violence politique, qui apparaît comme un exutoire aux oppositions antérieures. Le Midi est la zone la plus touchée par des massacres politiques dans la suite des mois précédents ; les luttes sont souvent confuses, se mêlant aux règlements de compte contre les seigneurs, contre les bourgeois… A Millau, le 17 août 1792, un médecin, qui cache des prêtres réfrac-

155. K. Baker, 1988, p. 410-413.
156. M. Reinhard, 1969, chap. XXII.
157. C.-I. Brelot, 1966, p. 103, 106.

taires, est tué, entraînant des émeutes dans les villages aux alentours [158]. Dans le Comtat, de nombreuses réunions de contre-révolutionnaires se tiennent dans les villages provoquant des flambées antinobiliaires en retour [159]. Dans le Var, le 17 juillet, le maire et deux conseillers sont tués au Pertuis, le 1er août, 13 individus le sont à Toulon, le 8 août, 4 prêtres réfractaires sont pendus à Manosque... Fin août 1792, après une journée de rixes, les administrateurs du département sont « victimés », un sieur Reboul arrêté, décapité et suspendu par les pieds... En août 1792 [160], le transfert du directoire du département des Bouches-du-Rhône d'Aix à Marseille apparaît comme une victoire des Marseillais sur les Aixois et montre la faiblesse de l'Assemblée législative. Devant la détermination des Méridionaux et les risques pesant sur les frontières du Sud, Barbaroux aurait eu l'idée de bâtir une République du Midi, pour remplacer le Nord défaillant. Ce sentiment de supériorité sur Paris est renforcé, fin 1792, lors de la vague d'arrestations qui touche 1 500 personnes après la lutte contre les camps de Jalès.

Le troisième camp est en effet organisé en juillet 1792 autour de Saillans, « général de l'armée chrétienne et royale de l'Orient » en liaison avec les Princes, attestant le passage à la Contre-Révolution la plus extrême. Le camp, qui rassemble à peu près 1 500 paysans, est attaqué violemment, par plusieurs milliers d'hommes, causant la mort de plusieurs centaines de paysans, la destruction de maisons et la mort de Saillans dont la tête est mise au bout d'une pique [161]. Contre Saillans, les opposants les plus déterminés sont les sans-culottes, qui incarnent la Révolution à eux seuls, au détriment des

158. J. Frayssenge, 1990, p. 87.
159. M. Lapied, 1996, 137 et *sq.*, qui s'appuie sur W. Wilson, 1985.
160. W. Scott, 1973, p. 36.
161. G. Lewis, 1978, p. 37.

modérés [162]. Enfin, en septembre 1792, 11 hommes meurent lorsque la ville d'Eyguières résiste aux « missionnaires » marseillais. Ceux-ci ne représentent plus une tendance de la Révolution, mais toute la Révolution, leur légitimité ayant été établie par le 10 août [163]. Ils justifient leur intervention au nom de la « patrie en danger », ce qui légitime leur transgression des lois, puisque ce n'est plus la nation, telle qu'elle a été établie au travers des compromis de 1789 à 1791 qui est l'horizon législatif de ces hommes, mais la nation rêvée, constituée autour de lois à venir. Le slogan « les défenseurs de la liberté doivent dire : nous avons du fer prêt à être teint du sang des tyrans… » illustre cette interprétation de la loi de la part des patriotes de Marseille qui créent des « mots d'ordre » permettant à chacun de dire la loi. Dans le meilleur des cas, pour des révolutionnaires conséquents, cette nouvelle dimension modifie en profondeur le rapport au politique ; dans le pire, pour des cyniques ou des habiles, elle permettra le détournement des mots d'ordre pour des violences gratuites ou des surenchères politiciennes ; dans tous les cas, la lecture politique oppose révolutionnaires et modérés ou riches, paysans ou bourgeois, et donne la possibilité de prendre les mots au pied de la lettre, ce qui conduira aux tragédies des années suivantes [164].

S'opposent alors des sentiments royalistes, notamment dans les villes, relayés par l'organisation de réseaux contre-révolutionnaires, aux poussées punitives populaires [165], particulièrement violentes, que les révolutionnaires marseillais surtout s'efforcent de canaliser et d'orienter politiquement. Les antagonismes s'expriment par les discours, qui, en occitan, déclarent que les aristo-

162. J. Beau, 1988, p. 140-141.
163. J. Guilhaumou, 1992, p. 94 *sq.*, et 1988, p. 200.
164. E. Coulet, 1964b, p. 27 *sq.* ; W. Scott, 1973, p. 48-55.
165. J. Guilhaumou, 1992, p. 127.

crates sont une race maudite, semblables aux anges rebelles que Dieu a chassés du Paradis et qu'il faut les tuer. Des chansons, également en occitan, annoncent les futures mises à mort dans un déchaînement « tripal » de violence, comme l'atteste le refrain : « Pissa, pissa senso façoun, Entre lou nas et lou mentoun, De touti leis aristoucratos [166]. » Cette véhémence sexuelle et scatologique s'exprime avec force dans tout le pays en se mêlant aux revendications politiques (une catholique fanatique est fessée en public à Marvejols le 1er août 1792 [167]), rejoignant les caricatures pornographiques qui ont accablé le couple royal. Ceci témoigne aussi de la force de l'engagement des individus, qui ne se contentent plus de discours et qui passent à l'acte. Il faut comprendre ainsi le sort fait à ce Julien, qui, condamné à des travaux forcés et à une exposition pour propos inciviques le 1er septembre, se déculotte en criant « vive le roi ! vive la reine ! vive M. de La Fayette ! au foutre la nation ! » : jugé à nouveau, il paie ses propos de sa tête [168].

La transgression du 10 août fait que les plus radicaux se sentent investis de la mission de réprimer leurs adversaires. De véritables petites armées sont envoyées contre les paysans de Saint-Thomas-de-Conac, ramenés à Saintes garrottés deux par deux, musique en tête [169]. Dans les Deux-Sèvres, les jacqueries qui se produisent à Bressuire et à Châtillon, sans doute manipulées par des réseaux contre-révolutionnaires, sont réprimées avec une très grande brutalité, provoquant plusieurs centaines de morts – certains sont même essorillés [170]. En Mayenne, un certain Jean Cottereau, appelé Jean Chouan, peut-être

166. H. Boyer, 1989, p. 297 *sq.*
167. M. Bourrier, 1991, p. 62.
168. F. Bluche, 1986, p. 41.
169. J. Péret, 1988, p. 156.
170. J.-C. Martin, 1987 ; J. Péret, 1988, p. 159.

pour imiter le cri de la chouette lors de ses activités de contrebande, se retrouve à la tête d'un petit soulèvement rural, appuyé par La Rouërie dans le bourg de Saint-Ouen-les-Toits, aussitôt réprimé ; Jean Chouan et ses « gars » entrent dans la clandestinité. Dans l'Orne, les 9 et 10 septembre 1792, 8 curés réfractaires refusant de crier « vive la Nation » sont mis à mort [171]. L'État accepte cette radicalité, puisque la loi du 26 août 1792 ordonne la déportation des prêtres réfractaires, provoquant des sorties massives du territoire [172].

Le processus d'amalgame qui conduit les paysans vers la Contre-Révolution (ou vers la Révolution) s'achève aussi dans ces mois et, s'il n'y a pas un seul modèle social, il est possible de penser que l'entrée dans la résistance ouverte se réalise lorsque les communautés locales ont des comptes à régler entre elles, et qu'elle est d'autant plus marquée que les clivages sont profonds. En août 1792, dans un petit village poitevin [173], les ruraux ayant appris qu'on veut arrêter le curé et le vicaire réfractaires prennent les armes et la cocarde blanche. En Artois, le passage à la Contre-Révolution s'opère après que les municipalités se sont opposées aux comités de surveillance et que les fermiers locaux les plus puissants ont été marginalisés – le problème religieux reste second [174]. Le jeu des héritages des luttes fait que, très fréquemment, lorsqu'une population devient patriote – ou « bleue » en écho à la couleur des uniformes des gardes nationaux –, la voisine opposée par tradition devient blanche [175]. Lorsqu'une femme parle de « tuer tous ces gueux du district » en 1792, elle illustre la transposition des habitudes de violence entre campagnes et

---

171. P. Nicolle, 1934.
172. J. Godechot, 1984, p. 156-157.
173. R. Doucet, 1909, p. 129.
174. J.-P. Jessenne, 1987, p. 104-110.
175. R. Huard, 1988, p. 141 ; exemple, P. Goujard, 1983.

villes, telles qu'elles sont dorénavant renforcées par les mots du politique [176].

Cette situation explique que la ville de Lannion soit envahie par 4 000 à 5 000 paysans [177], que 400 à 500 hommes perquisitionnent violemment dans un château normand [178], chaque épisode étant marqué par des tueries et que des massacres se produisent dans l'Orne [179], dans le Midi, dans l'Orléanais et enfin à Paris. Ces massacres, entre le 3 et le 6 septembre, s'inscrivent dans le prolongement de ces violences et sont provoquées par l'assassinat de Le Meunier [180], membre de la Commune, et par la prise de Verdun, tombée sous le contrôle des armées contre-révolutionnaires [181]. La mort des victimes parisiennes de ces journées – qui représentent un acte politique collectif [182] posé par les massacreurs – est déterminée par les définitions (fantasmatiques et réalistes) qui viennent d'être attribuées à la Contre-Révolution : prêtres réfractaires, suspects, aristocrates – amalgame qui ne sera pas compris de beaucoup de Français, qui voient dans ces massacres l'œuvre d'« anarchistes ». La princesse de Lamballe cristallise les reproches et les hantises qui sont partagés par le petit peuple révolutionnaire, et son martyre – ou le récit qui va en être fait – est à la hauteur de la haine et des rancunes qu'elle inspire [183]. Les hésitations devant le principe de légitimité expliquent enfin que les membres de l'Assemblée se taisent pendant les massacres. Le salut

176. J. Péret, 1988, p. 155
177. R. Dupuy, 1997a, p. 26.
178. G. Lemarchand, 1989, p. 439.
179. P. Nicolle, 1934.
180. J. Tulard, 1992, p. 11.
181. J.-B. Billecocq, 1981, p. 61. Des jeunes filles qui avaient marché au-devant des Prussiens, lors de leur entrée dans la ville, seront condamnées à mort après Valmy.
182. B. Connein, 1978.
183. A. de Baecque, 1998.

de la patrie ayant reposé sur le coup de force du 10 août, que ces tueries prolongent, ils essaient de reprendre le contrôle de la Révolution, ce qu'ils opèrent lorsque la réaction de dégoût le rend possible – symétriquement, ces tueries « cimentent par le sang » les liens entre noblesse, clergé et royauté [184], ce qui contribue à renforcer la division en deux camps révolutionnaire/contre-révolutionnaire, jusque-là aux limites floues.

Le bouleversement des sensibilités peut être illustré par l'exemple de Lorient. En juillet 1791, la ville avait été agitée par l'arrivée d'officiers royalistes, accusés d'avoir martyrisé des patriotes à la Martinique, mais qui avaient été relâchés pour maintenir le calme. Un an plus tard, le 15 septembre 1792, les tensions entre notables et ouvriers débouchent sur l'assassinat du négociant Gérard, accusé d'armer la Contre-Révolution. Sur l'intervention de Lequinio, les meurtriers sont amnistiés au nom de la revanche de la « canaille » contre « l'aristocratie d'argent », alors que la Société des Amis de la Constitution estime, quant à elle, qu'ils sont des contre-révolutionnaires. Preuve que l'équilibre politique a basculé, l'Assemblée entérine la décision de Lequinio [185].

Il n'est pas besoin de chercher les responsabilités d'un système révolutionnaire à la réalité postulée [186], puisque « l'historique [187] » de l'enchaînement des logiques sociales et mentales montre comment des individus sont arrivés à prendre à leur compte des mots d'ordre et un horizon politique absolu, qui les condui-

---

184. J. Chaumié, 1968, p. 250.
185. R.M. Andrews, 1967 ; J. Soteras, 1991, p. 156-157.
186. F. Bluche, 1986.
187. Retracer l'historique, dans un sens inspiré de P. Bourdieu, s'oppose ici exactement à une recherche en généalogie, qui établirait les antécédences de la violence ou des systèmes politiques violents. Les postures sont inverses.

sent à s'instaurer détenteurs d'une légitimité incontestable, au nom de laquelle ils peuvent commettre et justifier tous les actes répressifs. Le recours à la violence devient la question centrale : si la Révolution est déclarée achevée, l'effusion de sang doit être inscrite dans les cadres légaux, ce qui est la position de nombre d'administrateurs « modérés » siégeant notamment dans les directoires départementaux, qui veulent l'encadrer et la limiter et sont prêts à qualifier les agités d'être eux-mêmes contre-révolutionnaires ; si, en revanche, la Révolution doit continuer à aller au-delà du droit positif, la violence demeure légitime contre des opposants, elle peut être exercée dans un cadre légitimé par les circonstances et surtout par l'exigence de la patrie en danger – ce qui est la position des plus radicaux [188]. Ainsi, au nom de la nation, invoquée contre le pouvoir du roi, les notables réformateurs, désireux d'un retour à la constitution antique du royaume, ont ouvert la boîte de Pandore : toutes les relations sociales sont remises sur le chantier et chacun peut intervenir dans le débat, si bien que les horizons philosophiques les plus élaborés se mêlent aux rancunes les plus archaïques et aux envies les plus élémentaires. La violence de 1792 en est la conséquence la plus imprévue, retournée contre eux. La victoire de Valmy consacre non seulement la nouvelle révolution, mais surtout son union avec la nation. Le cri de l'armée de Kellermann, « Vive la Nation », stupéfie Goethe et les Prussiens, mais correspond bien à ce virage déjà pris le 26 août lorsque l'Assemblée avait accordé la citoyenneté française à 16 étrangers « pour avoir sauvé la liberté et préparé l'affranchissement des peuples », montrant comment le mouvement « sublime du peuple » absorbait les attitudes des citoyens [189]. Face à

188. S. Wahnich, 1994b.
189. B. Plongeron, 1990, p. 12-13.

cette légitimation d'un mouvement politique, la Contre-Révolution française a perdu.

Après l'échec des contre-révolutionnaires devant Thionville et Metz, Valmy achève de discréditer les émigrés, militairement et politiquement. Mis hors la loi le 25 septembre par le régime français, punis de la peine capitale s'ils sont pris les armes à la main après le décret du 9 octobre, ils brûlent des villages et massacrent les habitants en octobre. Artois et Provence sont obligés de se réfugier à Hamm. Seule l'armée de Condé subsiste dans le Brisgau, mais passe à l'Autriche. Calonne, ruiné, est disgracié et expédié en Grande-Bretagne [190], tandis que les factions rivales se déchirent. La défaite de Valmy est aussi un coup de tonnerre pour le gouvernement anglais [191], mais elle confirme sa position d'attente. Tant que les Français ne sont pas en Belgique, Grenville estime que la guerre entraîne trop de risques. Burke, qui veut créer un front contre-révolutionnaire uni, n'est toujours pas suivi alors qu'il souhaite qu'un régent prenne la direction de la lutte en France pour que cela n'apparaisse pas comme une invasion mais comme une guerre civile, dirigée contre le principe révolutionnaire. Même si le caricaturiste Gillray, en 1792, introduit une nouvelle dimension dans la dénonciation de la Révolution en dénonçant l'anthropophagie [192], la politique de Pitt reste marquée par le calcul.

La bataille de Valmy, après le 10 Août, montre où se trouve l'importance de l'histoire de la Révolution. Le fait lui-même et toute la complexité du jeu des acteurs (ainsi Dumouriez, le général vainqueur : sa maîtresse est la sœur de Rivarol, il est franc-maçon comme Bruns-

---

190. Son départ devait permettre la création de la régence pour Artois. Ce qui n'eut pas lieu, J. Roberts, 1990, p. 19.

191. M. Wagner, 1994, p. 87-98.

192. C. Langlois, 1988a, p. 70-72.

wick, le général qu'il bat, et il est en tractations avec le baron de Batz, proche de Breteuil [193]) importent vraiment peu devant la signification symbolique de l'événement : en septembre 1792, la Nation française est identifiée avec la Révolution.

193. J. Chaumié, 1968, p. 262-266.

4

Extension et instrumentalisation de la Contre-Révolution

septembre 1792-octobre 1793

« La Constitution a disparu avec la Royauté... Les bases du gouvernement actuel sont la liberté et l'égalité. Quiconque prétendrait rester fidèle à la Nation, à la Loi et au Roi est regardé comme traître à la patrie. Il s'en suit que tout prend une autre face [1]. » Cette analyse du chargé d'affaires danois écrite le 17 août 1792 donne la mesure de la « deuxième révolution » qui vient de se produire. La logique insurrectionnelle et le langage idéologique, devenus les bases de la nouvelle légitimité, justifient les dénonciations et entretiennent un climat de hantises. Dans ce processus, la Contre-Révolution est à la fois autonome et instrumentalisée par les révolutionnaires, au point où un courant révolutionnaire, les girondins, est amalgamé avec elle. Il faudra attendre mars 1795 [2] pour que cette période soit close, que la Constitution de l'an I, jamais appliquée, soit définitivement abandonnée. Mais, dans ce laps de temps, la définition même du mot « Contre-Révolution » se modifie, acquérant un supplément de significations qui ne disparaîtra pas jusqu'à aujourd'hui.

1. A. de Francesco, 1995, p. 293.
2. B. Baczko, 1989a, p. 310-311.

Repli des contre-révolutionnaires.

Après le 10 août 1792 s'ouvre une des plus sombres périodes de l'histoire de l'émigration[3] et de toute la Contre-Révolution. Les groupes qui la composent perdent de leur autonomie politique, que ce soit face à leurs adversaires, qui prennent toutes les initiatives, ou avec leurs partenaires étrangers, qui détournent à leur profit la lutte contre la France révolutionnaire. Les princes émigrés, menacés de perdre le soutien du roi de Prusse, sont obligés de chercher du secours auprès de Catherine II, et de s'installer à Hamm ; leur situation est si précaire qu'Artois est incarcéré un temps à Maastricht, à la requête de l'un de ses créanciers[4].

La vie des émigrés ordinaires n'est pas différente. La défaite de Valmy oblige ceux qui étaient installés près des frontières à un nouvel exode, souvent dramatique, et leurs rangs sont grossis de tous ceux qui fuient la France dans la hâte, par peur de représailles. Tous sont accueillis de plus en plus mal dans les pays voisins – l'Espagne les surveille, les États allemands s'en méfient. Dans le meilleur des cas, en Grande-Bretagne, ils créent difficilement une contre-société, avec ses logements et ses quartiers, ses chapelles et ses écoles, ses systèmes d'entraide et de soutien, jusqu'à faire revivre des distinctions sociales entre eux[5]. En France, la droite contre-révolutionnaire devient invisible, fait disparaître les papiers compromettants[6] ; même les réseaux contre-révolutionnaires, qui traversent la période, sont affaiblis, les courriers subsistent sans qu'ils gardent une réelle importance, tandis que des agents s'enfuient, comme le comte de

3. G. de Diesbach, 1975, p. 231.
4. Duc de Castries, 1975, p. 108-109.
5. D.A. Bellenger, 1986, p. 67 *sq.*
6. G. Debien, 1953, p. 377.

Rivière qui passe en Espagne fin août 1792 [7]. Les émigrés en place dans les îles anglo-normandes, accablés par les 4000 réfugiés de l'automne 1792, jouent cependant un grand rôle. Ils font le lien avec La Rouérie en Bretagne en août 1792 et continuent à élaborer des plans d'aide et de débarquement d'armes [8].

Ce déclin de la dynamique contre-révolutionnaire va cependant être enrayé par le passage progressif de parties de l'opinion européenne à l'hostilité envers la France révolutionnaire, coupable de renverser violemment des modes de vie. Après septembre 1792, l'avancée des Français en Belgique ne se fait qu'au nom d'une fraternité illusoire, la Nation française devient conquérante et les Belges sont soumis *de facto* à la loi, perdant toute autonomie : les élites, favorables à la Révolution, sont déçues, tandis que la politique religieuse mécontente les campagnes. Symboliquement, contre les révolutionnaires moustachus, des individus se font raser de près [9]. En Allemagne, où l'hostilité est grande envers les troupes françaises entrées en Rhénanie et à Mayence, le cercle des intellectuels étrangers gagnés à la Contre-Révolution s'élargit. Alors que Bonald émigre à Heidelberg et commence son œuvre philosophique pour dénoncer les atteintes à l'ordre divin, Ernst Brandes, August Rehberg, de façon plus diffuse Wilhelm von Humboldt, surtout Friedrich Gentz qui traduit Burke en décembre 1792 et parle le premier de « révolution totale » pour qualifier – et condamner – la Révolution française [10], ou encore la revue *Eudemonia* prennent des positions hostiles aux principes mêmes de la Révolution, tandis que certains parmi les pre-

---

7. A. Doyon, 1969, p. 77-79.
8. M. Wagner, 1994, p. 84-90.
9. S. Tassier, 1934, p. 229-230 ; R. Devleeshouver, 1969, p. 46-48 ; S. Wahnich, 1994a.
10. D. Losurdo, 1989, p. 135, il critique aussi la Révolution américaine.

miers défenseurs, comme Johann Reichardt, sont déçus par la montée de la violence [11]. Ces penseurs inaugurent un nouveau courant de réflexion, qui critique Montesquieu et s'attaque aux principes de Rousseau. Développant une vision pessimiste de l'homme, qui défend l'importance de la société traditionnelle et de la famille, ils estiment que la Révolution est démoniaque, qu'elle s'est produite dans le pays le plus faible politiquement et qu'il convient de protéger l'Allemagne de la contagion.

En Grande-Bretagne, face à un courant favorable à la Révolution, qui reste très minoritaire même s'il s'agite beaucoup [12], un mouvement inverse se développe qui touche les villes. Les Français sont notamment accusés par la rumeur de posséder beaucoup d'or et de comploter ; tandis que la violence de 1792 détache d'eux nombre de penseurs qui avaient été favorables à la Révolution de 1789, comme Jeremy Bentham [13]. A la fin de 1792, avec l'aide discrète du gouvernement se constituent des « Counter associations » dont le prototype est l'« Association for the preservation of Liberty and Property against republicans and levellers » de John Reeves. Enfin, les caricaturistes Gillray et Cruikshank popularisent l'image d'une révolution cannibale, obscène et dépravée, commettant des actes barbares – les femmes révolutionnaires sont notamment représentées comme des prostituées diaboliques [14]. Devant cette vague conservatrice qui touche toute l'île, les jacobins britanniques perdent rapidement leur pouvoir sur l'opinion, laissant toute liberté de manœuvre au gouvernement, qui, devant la percée française sur l'Escaut, remet en cause sa politique de neutralité [15]. La victoire de Jemmapes du 6 novembre (Danton annonce aussitôt après à l'ambas-

11. T.C.W. Blanning, 1981 ; J. Lefebvre, 1987, p. 28-78.
12. G. Lewis, 1994, p. 37.
13. A.L. Cot, 1991 ; M.E.L. Guidi, 1991.
14. D. Bindman, 1989 ; R. Janes, 1991, p. 39.
15. M. Wagner, 1994, p. 92-94.

sadeur d'Espagne que la lutte va durer contre tous les rois d'Europe) et le « décret de libération » du 19 novembre 1792 renforcent les craintes britanniques. Les burkaniens exploitent ces peurs, mais n'arrivent pas cependant à convaincre de la justesse de leurs vues. Dans l'immédiat, les régiments français se créent ou se reconstituent [16] : Loyal Emigrant, compagnie des chasseurs d'York (qui participera au siège de Dunkerque en août 1793), régiments émigrés de Choiseul, Rohan, Castries, mercenaires Salm-Kirburg, Suisses de Salis, corps des marins des régiments d'Hector, d'Hervilly... A côté de cette réaction, la réflexion que mène Mallet du Pan reste mesurée. Ses *Considérations sur la nature de la Révolution de France et sur les causes qui en prolongent la durée* qu'il écrit en Suisse et publie à Bruxelles expliquent la Révolution par l'incapacité du pouvoir et par les rivalités sociales, et craignent que celle-ci ne s'achève dans la dictature militaire [17].

La radicalité aggravée.

Or le procès et l'exécution du roi accélèrent la tendance à la radicalisation et donnent une impulsion nouvelle à la répression de la Contre-Révolution. Dès le 11 août, la police de « sûreté générale » est confiée à toutes les administrations, si bien que les assemblées élues, y compris les municipalités, décident du sort du pays et arrêtent aussitôt de nombreux suspects, créant ce qui a été parfois appelé « la première terreur [18] », tandis qu'un tribunal criminel issu de l'Assemblée juge aussitôt « les crimes commis dans la journée du 10 août [19]... ». Dès le 12 août, l'As-

16. Duc de Castries, 1979, p. 151.
17. L. Trénard, 1987b, p. 30-31.
18. J. Godechot, 1985a, p. 375 ; É. Liris, [sd], p. 633-640.
19. P. Lombard, 1993, p. 38.

semblée accueille les premiers témoignages accablant le roi et l'accusant de Contre-Révolution. Les dénonciations se succèdent et sont publiées dans tout le pays [20], montrant que le 10 Août a permis de mettre au jour les activités contre-révolutionnaires du roi, et légitimant sa déposition et son incarcération. L'inviolabilité de sa personne avait été déclarée par la Constitution de 1791, et même déchu, le roi devait rester un citoyen bénéficiant comme les autres de la protection de la loi.

Contre ces deux arguments, développés au sein même de la Convention – dont la légitimité repose sur la lutte contre la Contre-Révolution –, Saint-Just entre dans une logique inspirée de la lutte politique, en présentant Louis XVI hors de l'humanité : « Tout roi [étant] un rebelle et un usurpateur… Louis XVI est un étranger parmi nous », il est sorti de la cité, il est « un ennemi étranger [21] ». Cette logique emporte l'Assemblée, qui décrète la mise à mort de quiconque proposerait de rétablir la royauté. Mais, lorsque Robespierre accuse les girondins de duplicité, et surtout lorsque « l'armoire de fer », dans laquelle le roi est censé avoir caché sa correspondance, est découverte et son contenu maladroitement présenté par le ministre girondin Roland, la mise en accusation du roi devient alors une redoutable machine de guerre au service du groupe qui se posera comme le meilleur défenseur de l'idéal révolutionnaire. La Contre-Révolution est instrumentalisée dans le jeu politicien, qui voit les girondins perdre la partie. Cet état d'esprit radicalisé explique le discrédit qui frappe *a posteriori* la Constituante et qui accable les députés nobles des deux premières assemblées, y compris les libéraux qui avaient pourtant assuré la marche des réformes [22].

20. P. et P. Girault de Coursac, 1982, p. 26-29.
21. L.-A. de Saint-Just, 1984, p. 376-381.
22. A. Patrick, 1989, p. 43.

Le procès du roi reflète cette rivalité mortelle, qui naît alors entre girondins et montagnards. Les premiers deviennent par l'effet de la rhétorique les « appelants », ce qui stigmatise leur velléité de faire appel au peuple pour remettre en cause la condamnation à mort du roi, et les fait soupçonner de modérantisme, voire de Contre-Révolution (on sait par ailleurs que le gouvernement espagnol tente d'acheter des députés pour sauver la tête du roi). Outre des alliances tactiques, comme celle de Pétion et de Santerre illustrant l'unité des jacobins et des sans-culottes contre le roi et les girondins [23], les montagnards acquièrent la parole « hégémonique [24] », puisque, sans posséder la réalité du pouvoir, exercée par les girondins, ils entraînent l'opinion de la majorité des députés. Les jacobins utilisent l'événement pour amener les modérés à rompre le pacte tacite qu'ils avaient avec les royalistes, et prennent le pouvoir. La pression des révolutionnaires les plus décidés et des couches populaires au nom de la lutte contre la Contre-Révolution est donc réelle [25] : elle s'exerce sur les députés, lors du vote nominal, dans les tribunes et par l'activisme des sans-culottes – ce que raille une pièce royaliste *Les Amis des lois cassées par Santerre*.

L'efficacité du procès, qui a donné lieu à de nombreux débats [26], est douteuse sur les plans politique et social. La fascination exercée par le roi ne disparaît pas, d'autant que sa mort accroît le sacrilège ; un arrêté est pris le 20 janvier 1793 par 6 ministres, dont l'article 5 précise que l'on jettera de la chaux vive dans le cimetière de la Madeleine [27] ; le poète Lebrun appelle à briser les

23. J. Chaumié, 1968, p. 304-305.
24. P. Viola, 1980.
25. D.P. Jordan, 1981, p. 178, 182-183, 188.
26. M. Walzer, 1989.
27. *Archives…*, 1988, p. 96-97 ; A. Aulard, 1897, I, p. 493, retranscrit ce texte sans l'article 5.

cercueils des rois de France, pour « purger le sol des patriotes [28] », ce que Lequinio traduit ainsi : « Qu'on rende à la terre toutes ces momies, restes impurs du despotisme et de la royauté [29] » ; des révolutionnaires dansent le 21 janvier au pied de l'échafaud ou trempent des linges dans le sang du roi [30].

La volonté de tuer Capet, tyran, même plus citoyen pour avoir été roi, porte de redoutables contradictions [31]. D'un côté, les révolutionnaires dédoublent le corps du roi, le désacralisent et le privatisent, d'un autre côté, ils reconnaissent en Louis XVI un être qu'il faut anéantir en fonction de sa qualité (royale ou tyrannique). La mise à mort ne tue pas la royauté, dont le caractère exceptionnel est reconnu par ceux qui viennent tremper leur mouchoir dans le sang de Louis XVI, et par les autres qui ne la voient que comme un martyre. Elle n'institue pas non plus ce régime idéal dans lequel les compétiteurs avides de pouvoir auraient été découragés par le sort fait au roi [32] – ce que résume la formule de Balzac, « en coupant la tête à Louis XVI, la Révolution a coupé la tête à tous les pères de famille. Il n'y a plus de familles aujourd'hui, il n'y a plus que des individus [33] » ; au contraire, elle va permettre que le jeu pervers des dénonciations s'empare de ce trône vide pour stigmatiser des opposants politiques qu'il sera possible d'accuser d'ambition royale (ce sera le cas paradoxal de Robespierre) ; ainsi, cette mort « du père » entraîne les « frères » dans des luttes fratricides sans fin.

L'exécution du roi fait basculer l'histoire de la Révolution. Le bouleversement symbolique, qui nourrit encore

28. A. Boureau, 1988, p. 7.
29. D. Poulot, 1996, p. 169-170.
30. *Archives…*, 1988, p. 100 ; témoignage de Joseph Trémié.
31. Voir A. Boureau, 1988, p. 11-14.
32. Y. Roucaute, 1993, p. 30.
33. L. Dimier, 1917, p. 105

des réflexions actuelles [34], insiste sur la division philosophique entre Révolution et Contre-Révolution et sur la
mutation totale dans les rapports humains ; ce qui est clairement perçu par l'opinion française et européenne. Dans
le pays, un mouvement de protestation populaire en
faveur du roi est perceptible. Le 12 janvier 1793 [35], une
pétition des milieux royalistes hostiles au procès de
Louis XVI avait été proposée aux habitants de Rouen ; le
commissaire se posant la question « est-ce le début d'une
guerre civile ? » avait dispersé la manifestation et décidé
52 arrestations et 9 condamnations à mort. Les administrateurs des Hautes-Alpes, qui ont voté la fin de la
royauté, se prononcent contre la mort du roi. Des manifestations dans ce sens ont lieu à Thiers [36], comme dans le
Nord, où une femme en pleurs est arrêtée et où des arbres
de la Liberté sont coupés [37]. A Paris, où le baron de Batz
échoue à sauver le roi de la mort, les femmes de la
Halle [38] soutiennent les avocats du roi et condamnent
Target qui abandonne la défense du roi, tandis que les
comploteurs autour de D'Antraigues auraient caché Paris
– l'assassin de Le Peletier de Saint-Fargeau – et auraient
affiché le testament de Louis XVI [39]. Plus encore que des
positions contre-révolutionnaires, la mort du roi unit
entre eux les opposants à la Révolution et suscite des
prises de positions individuelles contre la violence, l'évolution sociale et des positions philosophiques.

Hors des frontières, la figure du roi devenu martyr suscite une littérature de propagande contre-révolutionnaire
destinée à un public important. Chez l'éditeur contre-
révolutionnaire Fauche-Borel, un certain Fenouillot

34. J. André, 1993 ; L. Hunt, 1993a.
35. *Archives…*, 1988, p. 101-102, 109.
36. Y.-G. Paillard, 1970, p. 314.
37. G. Lefebvre, 1924, p. 810, note 1.
38. L. Madelin, 1935, p. 45.
39. A. Doyon, 1969, p. 74.

rédige un *Précis historique de la vie de Louis XVI*, publié dès 1793 à Neuchâtel – avant un autre livre sur l'« horrible assassinat » de Marie-Antoinette [40]. En Belgique, les révolutionnaires sont peints par leurs adversaires comme des cannibales, foulant aux pieds les lois divines et humaines [41] ; en Espagne, le traumatisme est considérable, et relayé par une véritable croisade de la presse contre les régicides et contre toute la nation française [42] ; en Grande-Bretagne, la peur d'une révolte des basses classes, née des massacres de Septembre, s'accroît et provoque une campagne virulente de dénonciation de la violence française, tandis que l'image du roi est définitivement embellie par son martyre [43]. La mort du roi renforce le courant conservateur très fort en Europe [44].

Une légitimité limitée.

Le résultat paradoxal de la mort de Louis XVI est de donner une légitimité à la révolte des Princes. Le coup de force de la Convention entraînait une remise en cause des fondements du régime : la Constitution de 1791, qui avait été approuvée par Louis XVI, garantissait le caractère « inviolable et sacré » du roi. La mort du roi, au travers d'un coup de force fondé sur une autre légitimité, supprime théoriquement toutes les ambiguïtés qui affaiblissaient la position des Princes. Provence se proclame régent le 28 janvier 1793 (et Artois, lieutenant général du royaume), affirme le règne de Louis XVII et entend rétablir la France dans son état antérieur à 1789 – et punir les crimes survenus depuis [45]. Ce manifeste « mal-

40. D. Saillard, 1995, p. 173.
41. J. Polasky, 1989, p. 564.
42. L. Domergue, 1984, p. 75-80 ; J.-R. Aymes, 1989.
43. D. Bindman, 1989, surtout p. 47 *sq.*
44. H. Reinhalter, 1987.

adroitement violent [46] » des Princes convient aux émigrés désireux de vengeance et aux contre-révolutionnaires déterminés, mêlant religion et politique, comme les membres de l'association secrète, l'Aa [47] ; mais il ne peut pas rallier autant de Français qu'il aurait été possible de faire – ce qui permet que la Convention s'en empare et le publie, en insistant sur son côté proprement réactionnaire.

Or l'ambiguïté de la lutte contre la Révolution apparaît dans le soutien que les États européens apportent aux Princes. La Grande-Bretagne estime d'abord ses intérêts menacés après l'invasion de la Belgique et espère profiter de la décadence française. Si elle envoie un observateur dans les armées des Princes, elle souhaite que la France se dote d'une monarchie constitutionnelle ou d'une république conservatrice et elle ne souhaite pas trop s'investir dans les combats terrestres. L'aide aux insurgés de l'Ouest (en avril, un projet est envisagé à partir des îles anglo-normandes, en juillet, l'envoi d'un corps de 10 000 hommes est évoqué, comme la création de poches de résistance contre Paris) achoppe sur la crainte d'une restauration monarchique et passe toujours après le désir d'anéantir la flotte française, d'occuper la Corse et de s'emparer des colonies. Les délais demeurent aussi trop importants entre les événements et les décisions prises faisant perdre l'efficacité des expéditions envisagées (la situation vendéenne est connue avec deux mois de retard) [48].

45. M. Middell, 1984, p. 87 ; M. Reinhard, [sd], p. 130-131 ; J. Godechot, 1984, p. 181 *sq.* ; duc de Castries, 1979, p. 115-117. On comprend que Louis XVIII pourra dater le début de son règne de la mort de Louis XVII, niant simplement l'existence légitime de l'intermède révolutionnaire et impérial. Voir, pour l'analogie, D. Rousseau, « Vichy a-t-il existé ? », *Le Genre humain*, 1993, p. 97-106.

46. Duc de Castries, 1979, p. 116.

47. J.-C. Meyer, 1982, p. 285 ; O. Devaux, 1988.

48. M. Wagner, 1994, p. 85, 105-118.

Face aux atteintes à la religion, l'Espagne aide à la constitution d'une légion, commandée par le marquis de Saint-Simon, et dispose, avec Las Casas, d'un service de renseignement efficace [49]; l'Autriche, évincée du dernier partage de la Pologne, cherche des compensations... Toutes ces réactions relèvent plus du calcul politique, voire du cynisme, que de l'indignation : aucun État ne veut reconnaître la régence et l'unité du royaume de France dans la personne de Provence – y compris Catherine II, qui aide les Princes généreusement et ne reconnaît pas la république française [50]. Si la lutte contre la France tient à la volonté des souverains de ne pas tolérer des principes dangereux (la Cour d'Espagne refuse même que les Français puissent parler d'une nation espagnole, ce qui est jugé incompatible avec la souveraineté du roi [51]), la guerre ne repose pas sur une idéologie contre-révolutionnaire internationaliste et se mène pour des intérêts bien compris. La Révolution française affronte ainsi, à partir de 1793, plus les souverains et les États étrangers que la Contre-Révolution ; les émigrés, quant à eux, n'existent plus en tant que force autonome et n'inspirent aucune ligne politique. L'armée de Condé est employée devant Mayence, en avril et mai 1793, mais sans efficacité, et elle est retirée ensuite [52].

Reste cependant que la guerre, dorénavant menée par l'Europe coalisée contre la France révolutionnaire, est inexpiable : son but est l'anéantissement de l'adversaire. En témoigne le rapport du duc de Castries en avril 1793 [53] : « Plus de ménagements, plus de demi-mesures, il faut que les brigands qui ont ravagé la France, que les fac-

49. L. Miard, 1989, p. 282-283, 347-348, 364-373.
50. Duc de Castries, 1979, p. 118-124.
51. L. Miard, 1989, p. 336.
52. Duc de Castries, 1979, p. 139.
53. Duc de Castries, 1979, p. 127-130.

tieux qui ont troublé l'Europe, que les monstres qui ont assassiné le roi, disparaissent de la surface de la terre. » Les émigrés calculent déjà les peines à infliger aux conventionnels : l'écartèlement pour 34, la roue pour 104 (soit les régicides et les factieux), la pendaison pour 293, et l'envoi du reste aux galères [54]. En février 1793, face au déferlement annoncé des troupes de toute l'Europe, le sort de la France révolutionnaire paraît scellé. C'est précisément cette menace et le début malheureux des opérations militaires qui entraînent une politique défensive énergique. Celle-ci provoque ensuite une explosion d'insurrections populaires, qui changera pour finir la face de la Contre-Révolution elle-même.

Les insurrections populaires.

Devant la menace considérable qui pèse sur le pays, la Convention décide, les 20 et 23 février 1793, la levée de 300 000 hommes supplémentaires destinés à renforcer les armées aux frontières. La mesure est nouvelle puisque jusque-là les troupes étaient formées des soldats de l'armée royale restés dans leurs régiments et de volontaires. L'épuisement de ce volontariat explique le recours à la contrainte. Celle-ci est encore limitée : le choix est laissé aux cantons sur les modalités de désignation des recrues (volontariat, tirage au sort...), mais elle impose que chaque canton fournisse un nombre non négligeable de jeunes hommes, célibataires ou veufs [55], et que tous ceux qui seraient susceptibles de partir aient été recensés au préalable. Cette dernière clause comporte

54. J. Godechot, 1985b, p. 365-366.
55. P. d'Hollander, 1989. Par exemple, 3 539 hommes dans la Haute-Vienne, qui compte 269 000 habitants, et qui a déjà fourni de 3 500 à 3 900 volontaires auparavant !

en elle-même une faiblesse : elle permet que des contestataires se rencontrent et s'expriment.

C'est ce qui se produit dans de nombreuses régions françaises. Des jeunes gens, rassemblés pour « tirer », s'opposent en groupe aux envoyés des districts, s'ameutent et se rebellent. Ils refusent de partir aux armées d'autant plus que les gardes nationaux et les administrateurs locaux ne participent pas à ce tirage, qui ne s'applique donc dans les zones hostiles à la Révolution qu'aux opposants – ceux qui ne s'étaient pas auparavant portés volontaires. Ce procédé avait déjà été employé en 1792, en désespoir de cause, par des communes dépourvues de volontaires ; or la lassitude gagne manifestement tout le pays [56] et les émeutes sont nombreuses. Elles sont bénignes à Beaune, à Vire, ou à Clermont-Ferrand, plus sérieuses à Grenoble, Dunkerque, Bordeaux ou Angoulême, autour de Toulouse [57], ou dans la Haute-Vienne, mais vraiment dangereuses à Besançon, où un millier de mécontents manifestent et où 35 personnes sont arrêtées [58] ; autour de Nice, elles vont durer, les catholiques créant de fausses sociétés populaires ; en Alsace, des bandes armées circulent, criant « Vive le roi [59] » ; dans le Pas-de-Calais, à Cambrai, des arbres de la Liberté sont sciés ; dans le Massif central, autour de Clermont-Ferrand [60], à Thiers, à Volloré-ville, où des manifestants se retrouvent sous la devise « Dieu et le Roi », comme près de Montsalvy ; enfin, les révolutionnaires Manuel et Bourdon échappent à des attentats, le premier à Montargis, le second à Orléans.

La situation est d'emblée dramatique dans l'Ouest, et d'abord en Bretagne, où de véritables insurrections ont

56. A. Forrest, 1988a, p. 36-40.
57. M. Lyons, 1980.
58. C.-I. Brelot, 1966, p. 134-135.
59. R. Reuss, 1922, 2, p. 178.
60. G. Gerbaud, 1972.

lieu dans le nord du Finistère passé sous le contrôle des insurgés en deux semaines, ou en Ille-et-Vilaine, dont tous les pourtours sont interdits aux « patriotes ». Les routes sont coupées – notamment avec Paris – et les bourgs « patriotes » envahis. Nantes est cernée par des bandes rurales armées dès les 11-12 mars sur la rive droite, tandis que la rive gauche, où les soulèvements sont déjà importants, échappe à l'autorité républicaine jusqu'à Angers. Mais, si des massacres sont commis dans les petites villes – à Machecoul, 160 patriotes sont tués de la mi-mars au début avril –, l'hésitation des insurgés est perceptible, si bien que Nantes peut se libérer et repousser la menace [61].

Dans les mois qui suivent, l'insurrection se prolonge dans le Puy-de-Dôme et dans le Cantal, où le notaire Charrier, devenu chef des « armées chrétiennes du Midi » et aidé par Claude Allier, est suivi de quelques milliers d'hommes, qui, partant du camp de Nasbinals, occupent Marvejols et Mende les 27 et 28 mai 1793. Le soulèvement est marqué par la présence de prêtres réfractaires dans les campagnes, les ruraux disant des prières collectives clandestines et se soulevant aux cris de « Vive Louis XVII », ou, selon les propos d'un commissaire civil, « comme en Vendée, au nom de leur roi et de leur foi ». Arrêté le 4 juin, Charrier est guillotiné le 24 juin, puis le 16 juillet 1793 une cinquantaine d'hommes sont fusillés sans jugement [62]. Sur les hauts plateaux du Doubs, entre le 31 août et le 6 septembre, des émeutiers s'attaquent aux dépôts d'armes républicains, puis aux bourgs de Pierrefontaine et d'Orchamps. Cette « petite Vendée », aux motivations essentiellement économiques, demeure sans résultat avant d'être répri-

61. J.-C. Martin, 1987, p. 28-29 ; 1996b ; 1996c.
62. Y.-G. Paillard, 1970, p. 314-316 ; G. Lewis, 1978, p. 62-69 ; A.-Q. Délègue, 1994, p. 106, 180-183 ; F. Arsac, 1936.

mée violemment – quelques centaines d'insurgés réussissant à s'enfuir en Suisse [63].

Autour de Nice, envahie à la fin de 1792, la résistance antifrançaise [64] s'organise autour des « barbets ». Si l'orientation de ce mouvement complexe est toujours sujette à débats, il défend une communauté possédant une cohérence religieuse, sociale, dans laquelle les droits féodaux ont été déjà abolis, et qui a été de surcroît travaillée par la présence de milliers d'émigrés qui ont fait de Nice un « petit Coblence ». Les barbets s'apparentent ainsi aux insurgés bretons, vendéens ou catalans, pratiquant de longue date la contrebande, méfiants envers l'État, s'opposant au progrès social et à l'émancipation civile. Ils évoquent les « brigands sociaux » identifiés par Eric Hobsbawm, mais annoncent le sanfédisme calabrais ou les lazzaroni napolitains dans leur refus des symboles du nouveau régime et dans leur ferveur religieuse, qui les conduiront à s'opposer à la révolution directoriale. Enfin, la Corse entre en dissidence après le 29 mai. Un « gouvernement provisoire » s'établit autour de Paoli, défenseur des intérêts traditionnels de l'île, mais soutenu par Pozzo di Borgo, clairement contre-révolutionnaire, tandis qu'une autorité révolutionnaire fantôme reste dans trois villes et que les Anglais mouillent dans les ports ; ce compromis durera une année avant que le contrôle anglais ne s'établisse sur l'île.

Résistances et contre-révolution.

Cet ensemble de mouvements a suscité une énorme bibliographie qu'il n'est pas envisageable de résumer ici, d'autant que la multiplicité des situations locales et

---

63. J.-L. Mayaud, 1989 et 1994.
64. M.-A. Iafélice, 1987, p. 126-130. Voir L. Krebs et Moris, *Campagnes dans les Alpes durant la Révolution*, Plon, 1891, M. Bourrier, *Villars-sur-Var, histoire des Banarels...*, Nice, Lefeuvre, 1979, et *Gilette ou les oliviers de la République*, Nice, Serre, 1986.

régionales a poussé à développer autant de modèles explicatifs qu'il y a eu de cas. Il est clair que les ruraux ne passent pas à la Contre-Révolution exactement pour les mêmes raisons selon les régions [65], et que la lecture uniforme qui leur a été appliquée par les révolutionnaires ne doit pas masquer ces écarts, puisque, en définitive, ces mouvements n'arriveront pas à créer une dynamique unique : les divisions subsisteront même entre les différentes zones composant la Vendée et les troupes se diviseront entre elles. Cependant, ces originalités locales irréductibles entre elles s'articulent autour de processus identiques [66].

Deux traits semblent cependant communs à tous ces soulèvements : la mobilisation autour de mots d'ordre religieux et de la défense communautaire. Au-delà du fait que ce sont surtout des fermiers aisés et leurs alliés qui se soulèvent dans la Sarthe, que le fer de lance des insurrections des Mauges est formé par les ruraux dépendants des villes et leurs voisins tisserands, que les chouans d'Ille-et-Vilaine se recrutent surtout chez les métayers et leurs proches [67], les processus de révolte semblent avoir joué de la même façon, poussant les ruraux à défendre leur équilibre communautaire mis à mal par les lois civiles et religieuses de la Révolution. Partout, il semble bien que le royalisme soit peu profond et que, comme dans le Midi des années 1791-1792, « les politiques de clocher se confondent avec les affaires nationales, réveillant... les vieilles haines personnelles, ...les animosités communales et religieuses [68] ». La majorité des soulèvements commence par des règlements de compte, des chasses aux révolutionnaires et le

65. P.M. Jones, 1988, chap. 7.
66. Mise au point, M. Wagner, 1988b.
67. P. Bois, 1960 ; C. Tilly, 1971 ; C. Petitfrère, 1977 ; D. Sutherland, 1990 ; R. Dupuy, 1988a.
68. C. Lucas, 1978, cité par A. Forrest, 1988a, p. 171.

pillage des « pays libérés ». La notion d'unité nationale n'existe pas plus chez les contre-révolutionnaires que chez les révolutionnaires, chacun cherchant à éliminer l'adversaire[69]. Les exemples ne manquent pas, y compris dans la région-Vendée pourtant relativement homogène, de communes voisines, l'une inscrite dans un camp parce que la voisine est dans l'autre.

Les révolutionnaires ont cristallisé contre eux des groupes hétérogènes, en fonction des équilibres différents selon les zones. La liste des frustrations qui ont plus ou moins affecté les campagnes est longue : maintien de fait du poids des impôts et des fermages et aggravation du sort des métayers, incapacité pour les petites élites rurales d'acheter des biens nationaux, soumission des petites communes rurales aux bourgs où se sont installés les districts dirigés par les donneurs d'ordre politique et économique, imposition des curés assermentés, et, enfin, attaque des communautés défendant « leurs » prêtres et « leurs » cérémonies religieuses.

Les réactions populaires relèvent alors souvent plus de la « nostalgie » et du refus de participer[70] que d'une contre-culture royaliste. Les insignes politiques font que chacun peut se raccrocher à un signe sans pour autant être très politisé ; si bien que, dans tous les cas, les querelles religieuses ont joué un rôle essentiel et que la rébellion est plus culturelle que politique. Dans le Puy-de-Dôme, la carte des résistances les plus vives coïncide avec celle des communautés taisibles les plus nombreuses, qui étaient des pépinières d'ecclésiastiques[71]. Les fêtes de Pâques, qui approchent, donnent un langage commun aux insurgés, défendant les prêtres réfractaires – même si ces derniers sont peu nombreux à se joindre

69. R. Flanet, 1990.
70. Y.-M. Bercé, 1987.
71. Y.-G. Paillard, 1970, p. 322.

aux insurrections [72] – et s'en prenant aux assermentés souvent mis à mort parmi les premiers par les insurgés. Les insignes de la foi servent de mode de ralliement, comme le cœur de Jésus en Vendée, les cantiques deviennent des chants de marche et les bandes prennent souvent le nom d'« armées chrétiennes ». Cette dimension religieuse, liée au localisme, pousse les pasteurs protestants de la région de Montbéliard à aider les prêtres réfractaires et les luthériens à réagir comme les catholiques [73]. Dans ce cadre, les femmes, qui ont été partie prenante dans les démonstrations – une institutrice du Nord, assurait qu'elle faisait classe « avec la permission et le don de Dieu [74] » –, jouent un rôle important dans ces soulèvements. Elles participent aux premières insurrections, et parfois aux massacres [75].

Il est possible de remarquer la présence d'activistes à la tête plus politique, qui, dans ces jours de mars 1793, envisagent de restaurer la royauté de 1787 ou de 1789, et proposent des mots d'ordre. Leur présence est indéniable, témoin de l'influence d'élites rurales dans ces insurrections, mais leur nombre reste faible et, au moins au début, les objectifs des insurgés sont plus réactifs que prospectifs. Il est frappant en effet de constater que les nobles contre-révolutionnaires avérés – qui pouvaient apparaître comme des garanties de la vie durable de la communauté, contre l'intrusion de l'État [76] – sont peu impliqués dans les premiers mouvements. La Rouërie est mort d'épuisement en janvier 1793 et son réseau ne semble jouer aucun rôle dans l'insurrection, même si

72. En Belgique, un prêtre aurait assuré au prêche que celui qui tue un soldat français irait au paradis, S. Tassier, 1924, p. 318.
73. J.-M. Debard, 1992, p. 246-250. Ce serait aussi le cas en Ardèche, J.-M. Vastet, 1988, p. 250.
74. G. Lefebvre, 1924, p. 765.
75. Y.-G. Paillard, 1970, p. 320 ; J.-C. Martin, 1996b.
76. A. Forrest, 1987.

manifestement les plus engagés se retrouvent ensuite dans les bandes armées. Les plus lucides n'accordent aucune chance à ces insurrections mal organisées et mal armées ; tous sont surpris par la brutalité de la rébellion, la plupart hésitent à rallier les insurgés, certains même comme Charette doivent y être contraints par la force.

Ce rassemblement autour d'horizons différents peut être illustré par les révoltes survenues le 7 avril 1793 dans les Pyrénées-Orientales. Les mentalités marquées par la religion traditionnelle ont été choquées par la constitution civile du clergé, mais les notables, voulant « la révolution mais pas la révolte », avaient appuyé les élites révolutionnaires du parti feuillant ; la rupture intervient après 1792 lorsque l'équilibre communautaire est définitivement rompu, avec l'apparition d'un parti anticlérical et antinotabilaire, le départ des prêtres et enfin avec la guerre. Ainsi, le village de Millas prend fait pour l'Espagne vers laquelle émigre une grande partie des habitants, obtenant la nationalité espagnole par la suite. Dans le Haut-Vallespire, la communauté rurale se défend pour des raisons économiques, les élites se rangent du côté de l'Espagne, les pauvres défendent la religion contre l'État. Dans tous les cas, l'ensemble des résistances est composite, et le passage à la Contre-Révolution ouverte ne répond pas à une motivation unique – ce qui n'empêche pas qu'il soit lu ensuite comme l'expression du « fanatisme » par les révolutionnaires [77]. Cette lecture est confortée lorsque, le 24 avril, Saint-Laurent-de-Cerdagne décide de se rattacher au roi d'Espagne et envoie un bataillon dans l'armée espagnole, sous les ordres du baron de Noell [78].

Ces événements ont été préparés par les guerres civiles larvées qui se sont déroulées dans les années précé-

77. J. Sagnes, 1993, p. 92-101 ; P. Mac Phee, 1993.
78. M. Cadé, 1990, p. 192-194.

dentes ; celles-ci ont eu des influences contradictoires, mais il est possible de penser que les soulèvements de 1793 se sont produits dans les zones où les luttes étaient restées vivaces. Dans les régions où la répression s'est déjà abattue, les mécontents vont attendre des opportunités meilleures pour intervenir à nouveau dans les débats : dans la vallée du Rhône, les communes les plus hostiles à la Révolution se signalent ainsi peu à l'attention, après la répression de 1792 [79] (les affrontements les plus graves opposent révolutionnaires radicaux et modérés annonçant la crise du « fédéralisme ») ; dans le Bressuirais, les paysans, violemment réprimés en août 1792, attendent avril 1793 pour se ranger aux côtés d'une insurrection apparemment victorieuse. Enfin, les communautés paysannes de l'ouest du Massif central [80], ayant réglé entre elles leurs propres antagonismes, ne laissent pas l'État intervenir et passent ainsi à côté de ces déchirements.

Ailleurs, et surtout dans l'Ouest, là où les tensions n'ont pas cessé de monter, sans trouver d'exutoire, le tirage est l'occasion pour les mécontents de s'opposer à l'État. Pour ces raisons, les insurrections qui débutent en mars 1793 s'assimilent pour leur dynamique propre aux jacqueries traditionnelles [81], qui soudent les communautés entre elles contre les agents de l'État et se regroupent peu à peu en bandes, à la tête desquelles les élites locales ont été mises, bon gré, mal gré. La novation révolutionnaire tient alors à la politisation d'une partie de ces élites, à l'ancienneté des querelles autour de la religion et enfin, surtout, à la répression qui va s'abattre sur ces insurrections. L'historien Peter Mac Phee [82] estime que

79. M. Lapied, 1996.
80. F. Hincker, 1982.
81. Y.-M. Bercé, 1974.
82. P. Mac Phee, 1988, p. 247.

les foules préindustrielles ont été simplement réactives
aux interventions étatiques, qu'elles ont gardé des mots
d'ordre traditionnels, ensuite politisés par la Révolution.

La signification de la répression.

Si la répression des mouvements populaires et contre-
révolutionnaires n'a jamais faibli depuis 1791, elle change
pourtant de sens et de force à partir de 1793. Pour
comprendre cette mutation, il convient de différencier ce
qui se passe sur le terrain et à Paris. Grossièrement, il est
possible de dire que, dans les régions insurgées, la reprise
du pouvoir par les révolutionnaires est acquise, difficilement, mais progressivement dans le cours du mois de
mars et le début d'avril 1793. Les Bretons sont brutalement écrasés par Canclaux à l'extrême Ouest et par Beys-
ser entre Rennes et Nantes ; les troupes répriment sans
coup férir les Alsaciens ; partout, les émeutiers sont
contraints au silence et au tirage au sort, en attendant la
possibilité de se révolter à nouveau – ce qui aura lieu en
Bretagne à la fin de 1793, donnant naissance à la chouannerie. Le sud de la Loire échappe à cette loi. Dans l'espace compris entre Nantes et La Rochelle, les insurrections ont été nombreuses, fortes d'emblée, et les insurgés
se sont emparés de quelques petites villes (Cholet, Clis-
son, Montaigu). En face, la faiblesse des troupes révolutionnaires est grande. Les seuls soldats de ligne se trouvent à La Rochelle et les gardes nationaux ont été
débordés partout, laissant se constituer des bandes de plusieurs milliers d'hommes. Cependant, aucune unité
n'existe entre ces insurrections, qui se vengent plutôt
qu'elles n'installent un ordre catholique et royal. Le
changement essentiel a lieu le 19 mars, au cœur du département de la Vendée, près de la Guérinière, lorsque les
soldats de La Rochelle, mal commandés par le général

Marcé, se font battre. La défaite a une énorme résonance – la rumeur annonce qu'il y a eu des centaines de tués – dans la région et à Paris.

A Paris, précisément, la dénonciation des forces contre-révolutionnaires est élargie systématiquement et utilisée dans les débats politiques. L'exemple est apporté, dès février, par la condamnation des émeutes parisiennes qui se produisent contre les gros commerçants et la cherté des prix. Sans hésitation, Robespierre qualifie les émeutiers d'« ennemis de notre révolution [83] », interdisant que les motivations des protestataires soient comprises et illustrant que la capacité de dénommer reste l'apanage du pouvoir, alors que les rivalités politiciennes deviennent encore plus essentielles qu'auparavant. Les jacobins peuplent la Convention, mais se divisent entre girondins et montagnards qui se rejettent mutuellement les uns sur les autres la responsabilité d'alimenter la Contre-Révolution. Les girondins gardent la responsabilité gouvernementale, mais les montagnards cherchent à les discréditer ; ces derniers possèdent plusieurs avantages : ne contrôlant pas encore le pouvoir, ils peuvent tenir des propos radicaux qui mettent d'autant en valeur la modération des girondins, qui, eux, ne veulent pas d'alliance avec les sans-culottes porteurs de revendications économiques. Les montagnards sont organisés collectivement, se reconnaissent entre eux, alors que si le terme « girondiste » est utilisé depuis début 1793, il désigne un regroupement mal coordonné des brissotins, rolandistes, et autres « factions [84] ». Les girondins sont enfin affaiblis par l'attitude de Dumouriez, qui, après sa victoire à Neerwinden, s'apprête à se tourner contre la Convention [85].

---

83. G. Rudé, 1953.
84. F.A. de Luna, 1988, p. 507-518. Les premiers historiens après 1811 emploient « girondistes ».
85. Duc de Castries, 1979, p. 134.

Dans ce climat, la levée des 300 000 hommes s'est accompagnée d'une mesure aux conséquences considérables : l'envoi dans les départements de députés de la Convention, recrutés massivement parmi les montagnards, chargés de rendre compte à Paris des événements provinciaux, et qui sont dotés de tous les pouvoirs. Ils portent sur eux le décret créant le Tribunal révolutionnaire de Paris, l'instance répressive la plus élevée, chargée de juger les entreprises contre-révolutionnaires survenues dans tout le pays. Ces représentants dramatisent aussitôt les soulèvements dont ils sont les témoins, accusent les autorités locales – essentiellement modérées – d'en être les complices et réclament des mesures encore plus énergiques, dont les girondins parisiens sont déclarés incapables. La Convention est ainsi assaillie de rapports alarmistes, qui dressent un état catastrophique de la situation provinciale. Pour Barère, « la Contre-Révolution est commencée, des complots éclatent de partout », la Bretagne et la Vendée en étant les pires exemples. Dans cette effervescence, le 19 mars, la Convention décrète que tout individu pris les armes à la main ou porteur d'une cocarde blanche sera déclaré hors-la-loi et exécuté sous 24 heures [86]. Cette mesure est redoutable. Les adversaires politiques ne sont plus protégés par la loi, ils perdent leurs droits civiques et presque leur qualité de Français, et il suffit de constater leur affiliation au courant contre-révolutionnaire pour qu'ils soient passés par les armes. La Contre-Révolution est identifiée comme elle ne l'a jamais été jusque-là et constituée en ensemble organisé.

Le symbole de cette lecture unificatrice va être la Vendée [87]. Alors que le décret du 19 mars est destiné d'abord

86. Le 18, un décret édicte la peine de mort contre tout individu proposant une « loi agraire », J. Godechot, 1984, p. 377. La Contre-Révolution peut venir aussi de la gauche.

87. J.-C. Martin, 1987, chap. 1.

à la Bretagne, la nouvelle de la défaite du général Marcé, battu au cœur du département de la Vendée, prend une signification imprévue. La Convention y voit l'ouverture de la « guerre de Vendée et des départements circumvoisins » (ce qui donne bientôt « guerre de Vendée », en oubliant que les principales insurrections avaient eu lieu dans les départements voisins, Loire-Inférieure et Maine-et-Loire) ; elle l'explique par la trahison de Marcé, accusé d'être lié à son ancien commandant Dumouriez qui passe à ce moment aux Autrichiens, si bien que, de La Rochelle à Anvers, le fil rouge de la Contre-Révolution liée à Pitt ne fait plus de doute. D'un seul coup, une région devient l'ennemi public numéro un. La Convention en recevra des nouvelles tous les jours à midi et s'en servira pour justifier la création du Comité de salut public le 10 avril. Car la région-Vendée, dont les contours ne seront jamais précisés, possède à ses yeux des particularités qui rendent possible cette mise en exergue : elle est bocagère et de communications difficiles, ce qui explique que ses habitants aient des mœurs étranges et archaïques ; elle amalgame une partie de la Bretagne et du Poitou, si bien que les langues parlées sont incompréhensibles aux Français ; elle est enfin dirigée par des girondins : soit autant de caractéristiques qui peuvent être dénoncées dans une guerre idéologique. Tous les récalcitrants à la Révolution sont accusés dorénavant de vouloir créer des « petites Vendées [88] ».

La Vendée inexplicable.

La logique apparente de ce système explicatif est renforcée par l'aveuglement qu'il génère. Plutôt que d'analyser à froid les raisons de la défaite du 19 mars, et de

88. G. Lemarchand, 1989, p. 439.

comprendre que la débandade des troupes révolutionnaires a permis la constitution des armées « catholiques
et royales », l'emballement qui saisit les révolutionnaires
entraîne la création d'un cercle vicieux qui engendre des
mesures répressives aveugles et ne sera brisé qu'après
l'été 1794.

Le 21 mars [89], les comités de surveillance deviennent
des institutions légales, doublant les institutions élues et
donnant aux sans-culottes locaux un pouvoir considérable ; le même jour, plusieurs catégories d'étrangers
sont déclarées suspectes ; le 26, tous les ci-devant nobles
et les prêtres réfractaires le sont aussi ; un mois après,
tout réfractaire peut être dénoncé et mis à mort s'il est
revenu en France. Le 28 mars, l'émigré – qui, depuis le
8 mars, est banni à perpétuité, est exécuté s'il est capturé, et dont les biens sont confisqués – est enfin défini.
Est qualifié d'émigré tout Français, sorti depuis le
1er juillet 1789 et qui ne peut pas justifier de son retour
avant le 9 mai 1792. Le 29 mars, le délit de presse peut
conduire à la mort. Le 10 avril, un arrêté oblige à dénoncer les personnes inciviques – les délateurs des prêtres
réfractaires touchent 100 livres [90]. Par la suite, la loi
transforme en otages les parents d'émigrés, le 15 août,
et, les 29-30 vendémiaire an II (20-21 octobre 1793),
assimile les émigrés et les réfractaires à des auteurs de
crimes politiques graves, passibles de la peine de mort
après simple constatation de leur identité [91].

La diabolisation continue de la Contre-Révolution
(parallèle, il est vrai, à la diabolisation de la Révolution
par Burke ou Barruel) et la rapidité avec laquelle des événements imprévus se sont succédé depuis 1788 poussent à

89. J. Godechot, 1984, p. 376-379.
90. Ce qui n'aurait pas été appliqué en Lozère, A.-Q. Délègue,
1994, p. 104.
91. J.-C. Meyer, 1982, p. 197.

essayer de trouver une trame explicative, donnant aux révolutionnaires les plus « prophétiques » une influence considérable [92]. La capacité de Marat à anathémiser, celle de Robespierre à donner un sens ne doivent pas être sous-estimées. Plutôt que de penser ces hommes comme des êtres pathogènes, il est sûrement plus efficace de chercher à comprendre pourquoi ils ont eu une audience incontestable ; devant l'émiettement des faits et les renversements de situation, la simplicité de leurs explications oriente le pays. Ainsi, dans une vision nationaliste de la nation, la Contre-Révolution est accusée de s'appuyer sur les « patois » diviseurs : les habitants de Nice, parlant italien, vivent sous les « couleurs les plus sombres de l'ignorance et du préjugé [93] », les contre-révolutionnaires parlent le « bas-breton » ; enfin, le Corse, le Basque et le Breton ne sont que des restes de « la barbarie des siècles passés [94] ». La trahison est une des hantises dans cette période de constitution nationale.

Cette vision justifie une répression sans faille. Dans l'Ouest, les ruraux du Finistère, écrasés militairement, sont soumis à des amendes énormes et leurs chefs exécutés. Dans la Vienne [95], les révoltes pourtant nombreuses dans le Montmorillonnais ou dans tout le sud du département sont brisées de la même façon. Surtout, la guerre de Vendée est d'emblée conduite d'une façon très brutale. La Convention envoie dans la région des milliers d'hommes venus de tout le pays, en leur donnant un objectif essentiellement politique : il s'agit moins d'affronter des adversaires armés, voire des ennemis, que d'anéantir des « esclaves », des « fanatiques », de modernes « Cartouche » juste capables d'incendie et de

92. Réflexion proche, J.-M. Goulemot, 1986.
93. M. Iafélice, 1991, p. 101.
94. P. Higonnet, 1980, p. 54.
95. J. Péret, 1988, p. 170.

dévastation [96]. Cette propagande fausse l'appréciation de ces soldats. Une partie d'entre eux, notamment les Marseillais, estiment qu'il leur revient aussi de punir les autorités locales modérées, d'autres profitent de cette guerre civile pour piller, voler et violer, au point où les généraux républicains parleront d'eux comme de « planches pourries ». Quelques unités demeurent étrangères à ces dérives et mèneront la guerre selon des objectifs militaires, empêchant les vendéens de tenir la côte atlantique et la vallée de la Loire.

En outre, les rivalités affaiblissent les républicains. Non seulement elles s'exercent dans le domaine spécifique de la conduite de la guerre, mais elles sont redoublées par les positions partisanes, entre généraux, représentants en mission et envoyés de toutes espèces, qui sont liés aux girondins, aux montagnards ou aux sans-culottes. Des coteries s'organisent, qui se jalousent et s'emparent du contrôle des troupes pour s'attribuer les parts du butin et le bénéfice des victoires. L'opposition se cristallise rapidement entre les sans-culottes qui investissent l'armée dite de Saumur et réussissent à en chasser le commandant en chef, le général Biron (exécuté par la suite), et l'armée de Brest commandée par le général montagnard Canclaux. D'innombrables affrontements ont lieu entre ces groupes d'officiers rivaux, qui s'emprisonnent et se destituent les uns les autres, en demandant à Paris d'arbitrer leurs différends. Le pire est atteint en septembre 1793, lorsque les sans-culottes qui dirigent l'armée de Saumur font rétrograder leurs colonnes [97] et provoquent la défaite des soldats de Canclaux. L'opération contestable militairement permet cependant de destituer les officiers nobles, dont Canclaux, de regrouper toutes les forces sous le commande-

96. M. Bouloiseau, 1971, p. 55.
97. J.-C. Martin, 1989a.

ment des sans-culottes, qui mettent à nouveau en œuvre le plan précédent et obtiennent la victoire de Cholet sur les vendéens le 18 octobre 1793.

Ces troupes alimentent la guerre jusqu'à l'automne 1793, plutôt qu'elles ne l'arrêtent. Une partie des soldats et des officiers a effectivement intérêt à la poursuite du conflit, amassant des biens ou de l'argent, réussissant des promotions invraisemblables, assouvissant des instincts sadiques. Les contre-révolutionnaires l'ont compris, qui publient un pamphlet intitulé « Grand retour des Jacobins, en masse et sans perte, de la Vendée, par la galiote de Saint-Cloud [98] », mettant en scène une troupe de sans-culottes partis fictivement vers la Vendée, mais pour assurer des intérêts bien matériels. En outre, ces troupes mal encadrées subissent des défaites, dans lesquelles elles laissent des armes et de la poudre, ce qui permet à leurs adversaires de se renforcer, et par leurs incursions violentes elles soudent les communautés rurales, contribuant à radicaliser les opinions et à chasser les indécis. A partir de l'été 1793, les populations patriotes émigrent vers les villes pour se protéger autant des vendéens que de l'avancée des troupes révolutionnaires, si bien que la région devient progressivement « blanche ». Ces opérations militaires ratées donnent une image fausse de la Vendée. Les proclamations retentissantes, suivies de défaites considérables et jamais expliquées correctement, amènent les révolutionnaires parisiens à voir la Vendée comme un phénomène étrange, un phénix renaissant de ses cendres, puisque la Révolution envoie des armées qui paraissent fondre sur place, tandis que les vendéens, battus régulièrement, si l'on en croit les déclarations, ne cessent de surgir de leurs halliers ; en bref, la Vendée est « inexplicable » – selon le mot de Barère –, méritant donc un sort exceptionnel.

98. L'auteur du pamphlet de 12 pages est Déchelle.

Forces et faiblesses de la Vendée.

La réalité militaire est plus simple. Formées de plusieurs armées « catholiques et royales », dirigées par des chefs nobles pour l'essentiel (même si le voiturier Cathelineau en est le premier généralissime), les forces vendéennes se composent d'un noyau de soldats permanents – dont des transfuges de l'armée de ligne, notamment des soldats de régiments étrangers venus en Vendée pour déserter –, autour duquel s'agglomèrent les ruraux appelés au son du tocsin. Cette flexibilité de la mobilisation, organisée paroisse par paroisse, permet une souplesse militaire, à l'opposé de la rigidité de l'armée révolutionnaire, se déplaçant en colonnes lentes, bruyantes et inadaptées au terrain. En outre, les armées vendéennes, qui peuvent regrouper ainsi plusieurs dizaines de milliers d'hommes, sont bientôt bien armées par la prise d'armes et de poudre sur leurs adversaires, possédant même des canons. Leur faiblesse vient de leur incapacité à exploiter leurs victoires et à garder les villes conquises. Les prises de Fontenay-le-Comte, de Thouars, de Saumur, ou d'Angers à la fin du printemps 1793, ne servent à rien, puisque abandonnées quelques jours après, faute d'organisation et d'objectifs.

Un Conseil supérieur se met pourtant en place à Châtillon-sur-Sèvre, essayant de donner une ligne politique et religieuse à l'ensemble, qui restaurerait l'Ancien Régime d'avant 1787. Les églises rouvrent, les prêtres réfractaires restés clandestinement organisent à nouveau le culte, en liaison avec les évêques émigrés [99] et les municipalités, renouvelées, appliquant les principes royalistes. Mais des offensives mal concertées échouent parce que l'autorité

99. M.-C.-I. de Mercy, 1993. Exemple, le curé Barbedette des Lucs.

du Conseil reste théorique, chaque armée gardant une autonomie dangereuse. Chacune d'entre elles s'appuie sur un territoire, dont elle vit et qu'elle administre (les « patriotes », restés sur place, sont sous surveillance ou regroupés dans des prisons avec les révolutionnaires capturés), et les chefs (d'Elbée, Bonchamps, Charette, Sapinaud) composent entre eux des alliances limitées. La faiblesse de l'ensemble est évidente lorsqu'en mai-juin 1793 une grande offensive, qui s'est emparée de toute la vallée de la Loire, ne change rien à l'équilibre militaire et ne parvient pas à prendre Nantes. Les liens familiaux, les engagements individuels inconstants [100] ou roués [101], aggravent enfin le flou qui régit les distinctions entre « blanc » et « bleu » sur le terrain. L'unité de la « région-Vendée » n'existe pas, ni idéologiquement, ni militairement, et, à côté de grandes opérations, le lot quotidien se compose surtout d'incursions violentes [102] aux objectifs restreints.

Malgré cette réalité limitée, la Vendée devient un symbole – et même un terme générique dès avril 1793. Les massacres initiaux ont été rendus célèbres dans tout le pays, qui a frémi à l'annonce de 500, voire de 800 tués à Machecoul. Incarnant la Contre-Révolution populaire, elle est en plus associée, dans l'imaginaire, aux troupes étrangères, alors qu'elle ne dispose d'aucun contact, encore moins d'un soutien, de la part des alliés ou des émigrés. Les royalistes apprennent, par exemple, qu'un certain Gaston dirigerait les insurrections de Vendée, en juin 1793 ; Provence fait alors préparer une mission à sa recherche, ce que Pitt refuse ; on sait enfin que Gaston est un mythe. Les relations secrètes existent bien [103],

100. P. Paineau, 1989, entre autres.
101. J.-M. Augustin, 1994.
102. J. Péret, 1988, p. 194
103. J.-C. Ménès, 1989a ; A. Mathiez, 1918 ; J. Godechot, 1984, p. 191-195.

mais sans efficacité en 1793, tandis que les réseaux de correspondance, autour de D'Antraigues, de Lemaître, de l'Anglais Drake, se concurrencent et ne sont pas en relation avec les vendéens avant 1794. Seuls quelques activistes royalistes, dont le symbole pourrait être le Morbihanais Cadoudal, quittent la Bretagne, où ils ont été vaincus en 1793, pour s'engager dans les armées vendéennes.

Les révolutionnaires ne doutent pas pourtant que l'argent de Pitt, les liens avec l'émigration, la direction par les prêtres réfractaires ne soient responsables de l'insurrection, liée dans une lecture parfaitement fantasmatique à la guerre européenne. Ainsi, dans le Nord, les émigrés sont accusés, lors de la prise de Sierck, d'avoir arraché la langue, coupé les mains des révolutionnaires et, dans le Sud-Ouest, les Languedociens, par xénophobie, qualifient les Espagnols de « troupes infâmes » : la Vendée participe de ce courant qui amalgame la Révolution à la défense du pays – et non plus aux idées [104] –, et qui renforce la conclusion que les contre-révolutionnaires sont irrémédiablement des traîtres. On comprend que, sous l'impulsion de Barère, la Convention, le 1er août 1793, décrète que les « brigands » de la Vendée doivent être détruits (les femmes, les enfants, les vieillards devant bénéficier des « égards dus à l'humanité ») [105]. La Vendée subit cette psychose nationale qui saisit tout le pays et provoque la mise à mort de réfractaires ou de catholiques soupçonnés d'« aristocratisme » [106]. L'imaginaire délirant justifie les pires mesures et pousse à une répression illégale de fait – il donnera ensuite raison aux mémorialistes et aux polémistes qui feront de la Vendée un exemple exceptionnel de la Contre-Révolution, et conduira nombre

104. J. Sagnes, 1993, p. 130.
105. J.-C. Martin, 1987. Décret renouvelé le 1er octobre 1793.
106. Exemples en Normandie « bleue », P. Goujard, 1983 ; G. Lemarchand, 1989, p. 464-465.

d'historiens à chercher les spécificités « régionales » de la Vendée [107].

La crise « fédéraliste » [108].

Dans ce temps de luttes, les divisions internes aux révolutionnaires sont elles aussi lues selon des grilles manichéennes si bien que le mouvement complexe qui est appelé « fédéraliste » dans l'histoire de la Révolution française est amalgamé à la Contre-Révolution, produisant des effets dévastateurs. Il ne s'agit ici ni d'étudier le développement de la crise entre girondins et montagnards, ni de réduire la « réalité » du fédéralisme à un « mythe », mais de voir comment le fédéralisme est devenu « contre-révolutionnaire » aux yeux des montagnards.

Le fédéralisme désigne l'ensemble des refus du coup de force perpétré contre les députés girondins les 31 mai et 2 juin par les sans-culottes parisiens. Une proclamation circule dans le pays entre le 5 et le 19 juin, signée par des députés proches des girondins, des administrateurs départementaux, dénonçant le coup de force et appelant à marcher contre Paris – ainsi, le département de la Gironde se met en insurrection le 7 juin. L'ironie de l'histoire veut que le 2 juin 1793, les Lyonnais chassent Chalier et ses amis sans-culottes de la municipalité, après que les rolandins eurent investi les assemblées de section le 29 mai 1793, et avant qu'ils ne proclament le

---

107. Exemples récents de cet aveuglement historiographique, acceptant la leçon des mémorialistes : A. Gérard, 1993, ou prenant polémiquement les propos – décontextualisés – des révolutionnaires pour argent comptant : R. Sécher, 1985. Sur le « peuple vendéen » (*sic*) et la contre-révolution née « des entrailles mêmes du pays », G. Bonnet, 1958, p. 112.

108. La question a été renouvelée par B. Cousin, 1995.

14 juin que la souveraineté réside dans les assemblées primaires et non dans la Convention. Une soixantaine de départements protestent donc, nouent des contacts entre eux, récusent les sans-culottes, envisagent de réunir les suppléants des conventionnels dans la ville de Bourges (qui refuse aussitôt [109]) ; pourtant seule une dizaine d'entre eux réagissent militairement. Caen [110], sous le commandement de Wimpfen, met sur pied une armée de 400 hommes (4 000 sur le papier) – qui se dispersera lors du premier accrochage à Pacy dans l'Eure ; les Marseillais conquièrent littéralement les villes proches, jusqu'à Avignon ; Bordeaux [111] réunit quelques centaines d'hommes ; les forces de Toulouse n'existent que sur le papier [112], comme celles du Jura, malgré des proclamations retentissantes [113]. Plus gravement, les forces « fédéralistes » de Lyon restent cantonnées dans la ville et résistent aux pressions, puis au siège conduit par les troupes montagnardes ; de même à Toulon, qui est aussi assiégée. Le « fédéralisme » n'a eu ni unité ni efficacité, et sauf à Lyon, à Toulon et à Marseille, pas de réalité militaire sérieuse. A partir de la mi-juillet 1793, il est résorbé, sauf dans ces trois villes, qui passent à la Contre-Révolution, tandis que la Convention entame une répression féroce et durable.

L'enjeu est la question de la légitimité du pouvoir, jamais résolue depuis 1788-1789, lorsque les patriotes ont remplacé les municipalités existantes et se sont regroupés en fédérations. La fédération « nationale » a instauré une nouvelle parole politique, en refusant, d'emblée, le « fédéralisme » (au sens strict) et la démo-

---

109. Pour cette raison, un certain nombre d'atlas historiques rangent Bourges parmi les villes « fédéralistes ».
110. P.R. Hanson, 1986.
111. A. Forrest, 1988b.
112. M. Lyons, 1980, p. 58-59, 73-77.
113. *Le Jura contre Paris*, 1994.

cratie directe. Au printemps 1793, les luttes se nouent de façon complexe entre les administrations départementales – où sont installés des modérés –, locales – souvent plus radicales –, et les clubs – où les sans-culottes prennent de plus en plus d'importance –, tandis que les girondins s'engagent dans une lutte juridique contre les sans-culottes et Marat. Le fédéralisme participe donc autant que les insurrections sans-culottes du nouvel espace démocratique installé après 1792[114]. Il est amalgamé à la Contre-Révolution par ses adversaires, qui déplacent en quelque sorte la ligne de disqualification, et aussi parce que les royalistes profitent de cet espace de contestation. Il est possible d'insister sur l'aspect « démocratique » que revêt ce mouvement qui s'appuie sur les sections des villes et de relever que, parallèlement, un « fédéralisme jacobin » a existé lui aussi en marge, si ce n'est en hostilité, à la Convention[115]. Cependant, la possibilité pour la Convention de se poser en défenseur unique de la Nation assiégée est un obstacle insurmontable pour nombre de fédéralistes (dont ceux du Jura) qui n'osent pas s'en prendre à l'Assemblée de peur de porter atteinte à l'intégrité du pays.

Ce mouvement d'hostilité de nombreux administrateurs envers les sociétés populaires est, par exemple, repérable à Nantes dès le début de 1793 ou dans le Jura, puisque le Conseil général dénonce dès le 15 janvier les visées de Paris à la « domination universelle » ; il naît de la contradiction logique créée par la mise en place d'une administration qui n'a pas donné de moyens aux départements qui sont pourtant des fragments d'État en eux-mêmes[116], alors que les administrateurs départementaux sont les premiers à résister aux contre-révolutionnaires

114. A. de Francesco, 1995.
115. F. Wartelle, 1980, p. 66.
116. P. Goyard, 1993, p. 96-97.

insurgés de mars 1793. Dans le prolongement d'une politique déjà ancienne, face aux mouvements sans-culottes, ces révolutionnaires investis de l'avenir du pays frappent à gauche comme ils viennent de le faire à droite [117] ! tandis que la Convention est divisée entre girondins et montagnards et que les premiers viennent d'échouer à faire juger Marat. Si bien que les protestations se font nombreuses contre l'emprise des sans-culottes parisiens (les « anarchistes ») et contre les manœuvres des montagnards, et que des débats très complexes, voire retors, se nouent dans certaines villes comme Marseille [118], où chaque groupe révolutionnaire essaie de rejeter les autres dans la Contre-Révolution en usant d'un argumentaire souvent fantasmatique. Les Marseillais se déchirent notamment autour du rôle que jouerait Philippe-Égalité dans un complot montagnard, Brissot accuse les représentants en mission montagnards d'être des agents de Pitt et d'avoir provoqué la Vendée [119]… Dans l'Ain [120], les jacobins locaux se disent choqués depuis 1792 par les divisions « indécentes » de la Convention, dont ils ne comprennent pas bien les enjeux – ce qui explique que leur engagement fédéraliste reste confus et sans véritable force. A la recherche de la légitimité « populaire », les différents groupes essaient de contrôler les instances jugées irrécusables comme les clubs et les sections, censées représenter le souverain – pratique aussi des contre-révolutionnaires tout au long de la Révolution.

La confusion et le malentendu sont importants pour comprendre le cours de ces événements. Ainsi, la lettre de soutien envoyée aux républicains de Marseille par la société populaire d'Istres arrive-t-elle tardivement et est

---

117. R. Dupuy, 1980, p. 206.
118. W. Scott, 1973, p. 68-99.
119. M. Slavin, 1986, p. 7.
120. L. Trénard, 1987a.

reçue par les sectionnaires fédéralistes, leurs ennemis ; plus tard, elle est, finalement, comprise par les jacobins victorieux comme l'expression de « scènes contre-révolutionnaires » à Istres [121], interprétation qui déclenchera une répression. Les rivalités locales jouent (Évreux contre Bernay, Dôle contre Lons-le-Saunier, ou Aurillac contre Saint-Flour par exemple), interdisant toute unité entre groupes partageant la même sensibilité : si bien que les velléités d'unité bretonne contre les « anarchistes » font long feu et que Lyon ne reçoit pas d'aide des fédéralismes voisins (de Saint-Étienne, de Clermont-Ferrand ou du Jura). Les idées politiques exprimées sont surimposées à des clivages locaux ou régionaux, qui sont responsables de la constitution de camps violemment antagonistes. En tout cas, contrairement à la légende du « fédéralisme » qui dure en France, « Paris » n'est pas opposé à « la province ». Le « monstre » parisien [122] n'est craint que lorsqu'il incarne la violence et la révolution sociale [123] : les 7 et 8 juillet, des émissaires des sections modérées « La Fraternité » et « Molière et Lafontaine » rencontrent des « fédéralistes » normands pour proposer le baiser de paix [124].

Le fédéralisme apparaît ainsi comme une réaction des révolutionnaires modérés, appartenant à une bourgeoisie enserrée dans des liens de patronage avec la population urbaine, ulcérés de l'assurance acquise par les montagnards et les sans-culottes depuis le début de 1793 [125] – *a contrario*, l'éclatement du fédéralisme gardois viendrait de luttes violentes entre bourgeois patriotes et artisans radicaux [126]. De ce point de vue, le mouvement sec-

121. C. Giroussens, 1990, p. 126-142.
122. R. Dupuy, 1980.
123. M. Dorigny, 1995.
124. A. Soboul, 1958, p. 86.
125. P.R. Hanson, 1992.
126. A.-M. Duport, 1995, p. 145.

tionnaire de Lyon est contre-révolutionnaire par rapport aux normes nationales et non pas par rapport aux normes locales [127]. Sans vouloir entrer dans des débats interminables sur la nature des girondins et des fédéralistes [128], il est possible de présenter ceux-ci comme attachés au maintien de l'ordre social, à la liberté commerciale, à la représentation parlementaire, et opposés au pouvoir accru des sans-culottes. Ils ne sont pas « fédéralistes » au sens français du terme (les vraies revendications fédéralistes restent minoritaires : Buzot aurait souhaité un fédéralisme, Barbaroux aurait rêvé d'une République du Midi), mais plutôt « antifédéralistes » au sens américain [129], puisque partisans d'une limitation du pouvoir central, ce qui les rapproche de Jefferson aux États-Unis et des Idéologues, hostiles au pouvoir central, fondés sur les Lumières et animés d'un esprit élitiste. Si, le 9 octobre 1792, Barbaroux parle de réunir à Bourges une Convention de suppléants, il s'agit bien d'établir une autre légalité nationale respectant *de facto* la représentation, sans aucune intention de démembrer le pays.

Pour leurs adversaires, la présentation est tout autre. Jullien dénonce la « parcellisation », la substitution d'une constellation de petites républiques indépendantes à l'indivisibilité de la République [130], témoignant de l'incompréhension d'un gouvernement centralisé envers toute initiative venue de la base, qu'elle soit radicale ou modérée – même si dans ce dernier cas, elle est utilisée et rejointe par les royalistes. En 1794, se plaçant sur le terrain de la morale, à propos du fédéralisme, Saint-Just dénoncera encore les divisions dans l'État et l'égoïsme des individus.

127. A. de Francesco, 1994, p. 226-227.
128. M. Slavin, 1986 ; A. Soboul, 1980.
129. M. Régaldo, 1987a, p. 118.
130. L. Trénard, 1987a, p. 161.

Fédéralistes et royalistes.

Si « plus aucun historien sérieux ne peut maintenant opposer deux projets qui seraient radicalement antagonistes », la Montagne et la Gironde [131], le noyau du fédéralisme est sans doute composé par des « thermidoriens » avant la lettre, qui souhaitent un gouvernement au centre [132], si bien que des liens complexes se nouent avec les royalistes, indépendamment des jeux politiciens mal éclaircis autour de Danton et d'un certain Louis Comte envoyé auprès de Wimpfen, déjà dénoncés par Mathiez [133].

Les royalistes ont cherché à profiter des insurrections fédéralistes. Dans certains cas, l'amalgame prend plus qu'ailleurs. Si, à Nantes, le panache des girondins face aux montagnards les fait accuser, sans preuve, de collusion avec les vendéens qu'ils viennent de repousser, à Marseille, les fédéralistes, qui veulent se constituer un havre de paix, sont utilisés par les royalistes [134]. A Lyon [135], les républicains s'opposent aux sans-culottes comme aux royalistes, avant que ceux-ci n'investissent le contrôle des forces opposées à Paris ; la ville est ensuite qualifiée de « Vendée du Midi », de « refuge de contre-révolutionnaires », alors que des projets royalistes visent à soutenir Précy dans Lyon, en envoyant d'Autichamp, et à organiser un débarquement dans le Midi, autour d'Allier et de Charrier [136]. De là viendra l'idée qu'il faut détruire Lyon – assimilée à Sodome et Gomorrhe – et la

131. M. Dorigny, 1995, p. 63.
132. La constitution proposée par Condorcet ne répond pas aux demandes des groupes populaires.
133. A. Mathiez, 1918, p. 74-77.
134. W. Scott, 1973, p. 109.
135. F. Bayard, 1994 ; M. Braconnier, 1995, p. 197.
136. Duc de Castries, 1979, p. 142.

repeupler par une « colonie de patriotes ». A Toulon, il est possible de dresser l'évolution des conflits en trois actes. Premier acte, après « l'horrible trimestre », qui a vu les « pendeurs » s'attaquer aux modérés, et la reprise en main par les jacobins, l'opposition entre ces derniers et les sectionnaires (ouvriers et bourgeoisie locale) entraîne d'abord le basculement dans le fédéralisme lorsque la liaison est établie avec les Marseillais. Deuxième acte, la bourgeoisie en profite pour reprendre le pouvoir, s'affirmant opposée aux vendéens comme aux Anglais. Elle échoue à satisfaire les demandes sociales des ouvriers, qu'elle réprime. Troisième acte, le divorce entre cette bourgeoisie et les ouvriers permet la constitution d'un Comité central, qui n'a plus rien à voir avec les sections (et dans lequel entrent les éléments les plus réactionnaires) qui ouvre le port à la flotte anglaise fin août[137]. L'entrée des troupes anglaises, espagnoles et napolitaines dans la ville s'accompagne d'une lettre d'allégeance à Provence. La ville ne tombe qu'après un siège de deux mois, mais le processus de « royalisation » du fédéralisme est ici allé jusqu'aux extrémités.

Si les royalistes modérés profitent de la situation lyonnaise ou toulonnaise, l'image de « fédéralisme » anticipe la mise à distance des insurgés du pays et les range *a priori* parmi les contre-révolutionnaires actifs. S'il ne faut pas être aveuglé par la trajectoire exceptionnelle de l'adjoint du général Wimpfen, Puisaye, qui est chef chouan à partir de 1794, royaliste modéré, en butte à l'hostilité des émigrés : son engagement fédéraliste ne doit pas être expliqué par son rôle ultérieur, mais par ses engagements révolutionnaires jusqu'en 1792, et aussi par une ambition dévorante[138]. Charlotte Corday pourrait représenter, au contraire, de façon caricaturale, cette

137. M. Crook, 1987, p. 150-159.
138. Voir M. Hutt, 1983.

rencontre qui mêle attachements familiaux traditionnels, espoirs de réformes et amitiés girondines, sur fond de vertu à l'antique qui va jusqu'au sacrifice suprême (qui justifie aussi le culte révolutionnaire et patriotique du refus de la division et de l'égoïsme [139]). Elle est félicitée par le journal, *Le Manuel du Citoyen*, de Reims, d'esprit royaliste qui se donne un masque jacobin. Ce cas n'est pas unique, ce qui aggrave les confusions : les journalistes royalistes empruntent les positions des modérés et des girondins (*La Gazette révolutionnaire* de Rouen, sous couvert de jacobinisme, est liée avec la chouannerie) ou remplacent des titres qui ne peuvent plus être publiés (*Le Journal général de la politique* devient *Le Bulletin national*, mais cependant *La Quotidienne* réussit à paraître jusqu'en octobre 1793 [140]).

L'unité est donc donnée par la répression. Le 8 juin, le fédéralisme est désigné comme contre-révolutionnaire (et les modérés accusés d'aristocratisme) ; il est au cœur de la loi des suspects le 17 septembre. Le 3 octobre 1793, enfin, Amar dénonce la conspiration contre l'unité et l'indivisibilité de la République. Dès le 12 juillet, les administrateurs lyonnais persistant dans le fédéralisme étaient devenus des traîtres et des hors-la-loi voués à la peine de mort, ce qui était le sort des Jurassiens, après le 9 août. Si l'exécution des 22 girondins, le 31 octobre, ne relève pas d'une ligne politique claire mais d'une stratégie des montagnards face aux pressions des sans-culottes [141], et si à Besançon la dénonciation du fédéralisme comme une « hydre » et une seconde Vendée n'apparaît qu'en octobre 1793 [142], le « crime de fédéra-

---

139. É. Guibert-Sledziewski. Dans le même esprit, Barbaroux porte une dague après son élection pour être tué s'il devient traître aux électeurs, W. Scott, 1973, p. 58-60.
140. J. Tulard, 1990, p. 114-115.
141. A. Soboul, 1958, p. 198.
142. C.-I. Brelot, 1966, p. 118.

lisme » qui ne reconnaît plus la qualité de Français aux fédéralistes permet des poursuites jusqu'en été 1794 ; ce sera la base de la terreur lancée par Carrier à Nantes par exemple. A Nîmes [143], la répression est limitée au départ, mais ensuite 3 700 personnes sont arrêtées et 113 mises à mort, confondant fédéralistes et catholiques. Une centaine de Toulousains [144] sont exécutés, sur place ou à Paris, après l'arrestation de 800 hommes. Les différents tribunaux qui jugent à Marseille, après août 1793, envoient plus de 300 personnes à la mort. Dans la Nièvre, Fouché s'enflamme contre le monstre du fédéralisme qui voulait « consumer la liberté par le feu de la guerre civile [145] » et fait exécuter sans jugement 32 personnes suspectes d'avoir participé à l'insurrection de Lyon. Il est ensuite le principal responsable de l'exécution d'environ 1 700 personnes à Lyon [146], tandis que les montagnards traquent les fédéralistes dans les environs. Plus d'un millier de personnes seront exécutées à Toulon à la fin de 1793. Plus encore que cette répression, la sanction qui frappe le plus le pays est la volonté affichée de détruire les lieux emblématiques : Lyon, qui doit devenir Ville-Affranchie, et Marseille débaptisée en Ville-sans-Nom. Même si ces mesures ne sont pas appliquées effectivement, elles disent assez le degré d'exécration dans lequel les villes fédéralistes sont tenues et expliquent les « légendes noires [147] » qui naîtront de cet épisode. Peut-on penser cependant, au vu d'un village, Méounes [148], que les jeux locaux réussissent à faire éviter la répression à tous les membres de la communauté locale qui ne sont pas compromis de façon très visible

143. G. Lewis, 1978, p. 62-72.
144. M. Lyons, 1980, p. 73-83.
145. E. Liris, [sd], p. 705, 712.
146. B. Benoit, 1988, p. 35.
147. M. Braconnier, 1995, et M. Biard, 1995.
148. J.-C. Benzaken, 1995, 188-189.

dans le fédéralisme ? Les exemples normand, toulousain sembleraient justifier cette hypothèse.

« Le moment fédéraliste ».

En définitive, le fédéralisme a été un argument polémique destiné à amoindrir les adversaires accusés d'égoïsme et porteurs de risque de désunion [149] ; il a exprimé aussi la peur que les départements ne remettent en cause l'unité du pouvoir souverain, leurs administrateurs se comportant comme une chambre haute – cette peur empêchera plus tard les sections hébertistes de se réunir ; il a dégénéré par l'absence de coordination et la puissance des rivalités locales, l'abstention des campagnes et le jeu d'un royalisme diffus.

L'épisode illustre le choc des logiques qui ont cours dans la France révolutionnaire de 1793 et la façon dont des dénominations se fixent et organisent le paysage politique. Le fédéralisme [150] est l'occasion de mesurer à quel point la France est devenue un État qui s'impose à sa population, et non pas une nation qui se dote d'un État. Le principe représentatif, combattu par les populations locales qui préfèrent une démocratie pure, est imposé par l'État. Les conséquences sont importantes : les opposants à l'État central ne peuvent qu'affaiblir la Révolution identifiée à sa représentation ; paradoxalement, la Contre-Révolution pourra se lier avec la démocratie pure comme avec les particularismes locaux, et mobiliser le peuple contre des élus subis plutôt qu'acceptés ; les sans-culottes, qui vivent dans une proximité immédiate avec le politique et refusent également la représentation, poursuivant une pratique populaire archaïque, ne sont alliés

149. A. Forrest, 1988b.
150. A de Francesco, 1994, p. 226-227.

aux montagnards que fortuitement – ce que les événements ultérieurs se chargent de leur faire comprendre. Les liens verticaux, de fidélité, dans lesquels vivent les ruraux sont mal compris par les révolutionnaires, et l'apathie des campagnes est lue comme l'expression de la Contre-Révolution[151]. Entre « communauté » et « société », les luttes autour du fédéralisme ont brouillé les cartes : le localisme peut conduire à la Contre-Révolution comme au fédéralisme ; la démocratie directe peut être revendiquée par les sans-culottes comme par les fédéralistes (les risques d'une « contre-révolution sectionnaire » à Marseille[152] sont dénoncés) ; le droit à l'insurrection est utilisé par les montagnards comme par les girondins, enfin la défense de la nation est proclamée par tous.

Reste que l'épisode modèle les luttes à venir. Après 1794, les anciens fédéralistes[153] laisseront les royalistes poursuivre ou massacrer les jacobins terroristes, en s'arrangeant pour garder le pouvoir et en nouant des compromis. Là encore, il faut se garder de juger les faits anachroniquement et comprendre les événements des années 1793-1794 comme une fatalité, sans tenir compte des effets pervers des alliances et des luttes. Le fédéralisme montre aussi à quel point les idées politiques s'incarnent de différentes façons selon les régions et selon les époques. Les oppositions internes et les rivalités locales débouchent sur des qualifications réciproques et des dénominations polémiques, qui enracinent des traditions politiques : ainsi la société nouvelle créée par la Révolution ajoute-t-elle des significations inédites aux enjeux de la société traditionnelle[154]. La brutalité des

151. W. Scott, 1973, p. 58-60.
152. J. Guilhaumou, 1995, p. 128.
153. A.-M. Duport, 1995, p. 140-144.
154. C. Lucas, 1979.

affrontements a été d'autant plus grande que les mots d'ordre les plus simples ont été tenus sur des réalités très complexes.

La désunion des contre-révolutionnaires.

L'automne 1793 voit la ruine des espoirs des contre-révolutionnaires, puisque leurs entreprises s'effondrent les unes après les autres, alors que leurs adversaires sortent renforcés, plus unis que jamais, après une crise inimaginable. Sur tous les fronts, les républicains arrêtent l'avance des troupes alliées, parfois écrasées dans des batailles retentissantes. Les Princes se déchirent, après la mort de Marie-Antoinette [155] : Provence veut assumer seul la régence, mais est obligé de se déplacer dans les Pays-Bas et en Allemagne à la suite des victoires françaises, tandis qu'Artois part pour Toulon. Arrivé en Italie le 15 décembre alors que Toulon a capitulé, il finit par s'établir à Vérone en juin 1794. L'insurrection vendéenne a été écrasée en octobre 1793, et les territoires qu'elle contrôlait plus ou moins auparavant passent sous l'autorité républicaine ou entrent dans une guérilla, dans laquelle Charette va faire des merveilles, et qui ne s'arrêtera qu'en 1795.

La victoire républicaine, annoncée dans tout le pays, tourne pourtant court, car une colonne de plusieurs milliers de vendéens traverse la Loire, s'enfonce en Bretagne vers Saint-Malo d'abord, puis vers Granville, à la recherche de la jonction avec les Anglais. Sur leur passage, toutes les troupes révolutionnaires sont balayées, provoquant de nouvelles interrogations sur cette Vendée incroyable, qui bénéficie en l'occurrence d'une incom-

---

155. Duc de Castries, 1979, p. 146-149 ; J. Godechot, 1984, p. 180-184.

pétence rare de la part du commandant en chef des troupes de l'Ouest. La mort de ce dernier et son remplacement par Marceau aidé de Kléber, et l'échec des vendéens devant les murs de Granville, sonnent la fin de l'opération. Tandis que les chefs vendéens se déchirent sur des objectifs différents, le retour dans la région est marqué par des combats effrayants et des tueries considérables, avant de s'achever dans les marais de Savenay en décembre 1793. Les rescapés se cachent, tandis que des milliers d'hommes et de femmes sont emprisonnés, notamment à Nantes. Les agents de liaison avec l'Angleterre, la présence de royalistes dans les villes, la jonction avec les insurgés bretons, les chouans, même les revirements de quelques généraux révolutionnaires (comme Danican) n'ont pas suffi pour assurer la victoire vendéenne [156].

Les réseaux d'espionnage ne sont pourtant pas inactifs [157], même s'il ne faut pas leur accorder une importance qu'ils n'ont pas. Mais, autour de D'Antraigues, des agents anglais, de Tinténiac en Bretagne, tout un maillage s'échafaude, dans lequel Joseph de Maistre [158] joue un rôle pour le roi de Sardaigne, tout en devenant un publiciste reconnu et lié aux théoriciens de la Contre-Révolution en Europe comme Brandès, Rehberg ou Gentz. Le gouvernement anglais [159] suit ces péripéties avec retard, ce qui ne permet pas d'aider les vendéens ; sa flotte arrive devant Granville après leur retrait, et il hésite entre l'idée de créer un deuxième front et des plans d'aides. Son inaction – *a contrario*, le succès de l'intervention en Espagne de 1808 montre ce qui aurait pu être fait en 1793 – garantit ses intérêts, continue à affaiblir la France et empêche

156. J.-C. Martin, 1987.
157. O. Blanc, 1989.
158. R. Triomphe, 1968, p. 159, 114 ; J. Godechot, 1984, p. 99, 123-127.
159. M. Wagner, 1994, p. 115-141.

tout renforcement des émigrés et du comte d'Artois. En même temps, le gouvernement anglais refuse toute paix avec la France républicaine et désavoue les tractations avec Dumouriez, visant à installer une monarchie constitutionnelle, la prise des colonies françaises apparaissant comme la rétribution de l'effort de guerre. Cette politique échoue partout. Le siège de Dunkerque, décidé plus pour se venger d'une ville exécrée par les armateurs que pour des objectifs militaires, est un fiasco au début de septembre 1793, inaugurant une série de victoires républicaines qui disloquent l'avancée des alliés.

L'exemple de cette faiblesse est apportée par Toulon. L'amiral Hood et l'émissaire de Pitt, Gilbert Eliott, entrent dans le port le 29 août au nom de Louis XVII, alors que les insurgés veulent le retour à l'Ancien Régime. Les buts de guerre sont rappelés le 29 octobre 1793, contre l'invasion française et contre l'anarchie, pour protéger les habitants bien disposés et obtenir une indemnité de guerre, enfin pour établir une monarchie modérée prenant en compte 1789. L'objectif est de rassembler tous ceux qui sont opposés aux jacobins, mais en refusant que les Princes s'installent en France, ce qui crée un désaccord avec l'Espagne, prête à aider Artois et se méfiant de tout compromis avec l'Angleterre. Les divisions des défenseurs de Toulon laissent le champ libre aux révolutionnaires qui concentrent des forces et s'emparent de la ville le 19 décembre. Face à ces échecs, les burkaniens, qui voient la guerre comme l'occasion pour l'ordre de supplanter la barbarie, refusent toute idée de conquête et prônent la restauration royale ; ils n'osent pourtant pas critiquer Pitt, de peur de renforcer les radicaux autour de Fox et ne constituent en fin 1793 qu'un lobby des Princes auprès de Pitt.

L'échec de la Contre-Révolution et des pays européens interroge. Mais l'absence d'unité dans les objectifs, dans les moyens, dans la visée politique permet de comprendre cette situation imprévisible théoriquement. Ainsi, l'armée du Nord [160] gagne parce que les alliés se partagent sur les gains à venir et qu'ils ne combattent pas vraiment, tenant les Français pour battus d'avance. En outre, il n'y a pas de lien véritable avec les insurrections intérieures. Celles-ci, qu'elles soient contre-révolutionnaires ou « fédéralistes », ne représentent pas le peuple mécontent, elles reposent de fait sur des courants régionaux et sur des revendications spécifiques, les empêchant de se coordonner. Ces affrontements restent de voisin à voisin, plus de l'ordre de la guerre civile que de la raison d'État, sans volonté politique claire, comme celle qui a animé les révolutionnaires volontaires de 1791. En 1793, la Contre-Révolution n'a été qu'une grande alliance fluctuante entre des mouvements paysans et nobiliaires, des revendications religieuses, sociales et politiques, et enfin des manœuvres diplomatiques.

La vision politique au sens où la Cité est en jeu manque chez la plupart des émigrés, épris de revanche et qui ne peuvent pas, pour cette raison, détourner à leur profit les insurgés et les fédéralistes. De cette situation complexe, la Terreur ne retient qu'une image déformée, qui oublie l'ignorance, la méfiance ou le mépris entre nobles et paysans, l'absence d'unité des mouvements contre-révolutionnaires et le propre rôle des révolutionnaires dans le développement de la Contre-Révolution. Cette incompréhension donne les clés de l'établissement du « règne de la Terreur ». Le régime est justifié par le sentiment ressenti de l'urgence de la défense de la patrie et par le souvenir des menaces contre-révolutionnaires, même lorsque leur réalité aura disparu. Dès mars 1793, Carnot [161], craignant les trahisons et estimant qu'il faut « pulvériser ou être écrasé » par les ennemis, n'hésite pas à envoyer les

160. M. Reinhard, 1952, II, p. 46-49.
161. M. Reinhard, 1952, II, p. 39-41.

insurgés à l'échafaud. Chez les contre-révolutionnaires, l'échec de 1793 permet de comprendre que, faute de pensée politique, la mémoire sera sélective et oubliera des épisodes aussi peu glorieux, pour ne s'attacher qu'à la Vendée, resplendissante dans l'été 1793 – avant d'être martyre en 1794. C'est ce que comprend Mallet du Pan dans ses *Considérations sur la nature de la Révolution de France*, publiées à Bruxelles en 1793, qui voit le danger que la Révolution française fait peser sur la « vieille Europe ». Il insiste sur l'effondrement de l'Ancien Régime et sur l'incapacité des élites à contrôler le mouvement, ce qui a permis que se développe une double révolution populaire et militaire [162]. C'est sur ce bloc, que les contre-révolutionnaires, les insurgés de l'intérieur et les fédéralistes auront buté. Ce sont les tensions internes à ce bloc qui provoquent la lutte paroxystique menée envers les contre-révolutionnaires pendant l'an II ; et c'est ce bloc que déferont les thermidoriens.

162. J. Godechot, 1984, p. 87-89.

5

Dérives autour
de la Contre-Révolution

juillet 1793-décembre 1794

Entre l'été 1793 et la fin de 1794, l'exclusion et la violence qui frappent les contre-révolutionnaires atteignent un paroxysme qui reste difficile à comprendre, car plus que jamais la notion de Contre-Révolution est imprécise – au point que tous les groupes révolutionnaires eux-mêmes sont tour à tour accusés d'être contre-révolutionnaires. Devant ces dénonciations *a priori* aberrantes, l'historien n'a pas à chercher qui a été « effectivement » contre-révolutionnaire, mais plutôt à expliquer pourquoi cette accusation est arrivée au centre du dispositif révolutionnaire. Pour exposer cet enchaînement, il convient de repartir de l'été 1793 et d'adopter le point de vue des révolutionnaires.

Face à la Contre-Révolution, théorie et tactique.

L'été 1793 est en effet le moment pendant lequel les rivalités internes aux révolutionnaires s'exacerbent, si bien que les montagnards les plus radicaux voient se développer sur leur gauche des groupes qui s'appuient sur la sensibilité sans-culotte. Même Marat est concurrencé par Hébert et par les meneurs des Enragés, Roux et Varlet, partisans des mesures économiques les plus rigoureuses et d'une égalité parfaite – y compris dans l'extension du pouvoir politique aux femmes. Ces courants minoritaires, mais très actifs, exercent une pression continuelle sur les montagnards depuis 1792, ne serait-ce que parce qu'ils exploitent l'insurrection vendéenne et la résistance fédéraliste, qu'ils ont contribué à provoquer, pour se poser en force d'appoint indispensable. Si les montagnards restent les représentants légitimes de la Nation, les sans-culottes disposent de la seule force armée à Paris – ce qui leur a permis d'arbitrer le duel girondins-montagnards en mai 1793 – et ils contrôlent le ministère de la Guerre, d'où ils ont impulsé la guerre à outrance de l'été 1793.

Sur leur demande, la définition de la Contre-Révolution s'est enrichie du « négociantisme » après la loi du maximum. La loi des suspects du 17 septembre 1793 vise ainsi non seulement les « aristocrates », mais aussi les « égoïstes », les « gros », les « riches », les « fédéralistes », et elle peut concerner aussi la « robinaille », voire les députés, qui ont remplacé les seigneurs [1]. A Besançon, le journal *La Vedette* [1] étend la notion de Contre-Révolution à tous les ennemis du « peuple » : « Peuple, […] loin de toi ceux qui parlent d'humanité, d'indulgence, de modération […] Deux cents têtes tomberont peut-être encore […] Réveille-toi […] Les autorités ne sont rien devant le peuple ; peuple insurge-toi [2] ». Plus d'un demi-million de personnes seraient passées en prison dans l'été [3] pour de multiples raisons (un notaire en retraite est poursuivi pour avoir fait un jardin à l'anglaise [4]). Pour les sans-culottes, l'usage de la guillotine est nécessaire : Leclerc envisage la mort de 100 000 scélérats s'il le faut [5].

1. A. Soboul, 1958.
2. C.-I. Brelot, 1966, p. 121.
3. J. Godechot, 1985a, p. 379 ; 700 personnes dans les prisons de Toulouse en août 1794, O. Devaux, 1995.
4. R. Cobb, 1964, p. 36.
5. A. Soboul, 1958, p. 99.

La vie politique passe sous le signe de l'évidence et de l'urgence : « Il fallait les [les suspects] interroger dans les vingt-quatre heures, les mettre en liberté s'ils étaient innocents, les envoyer promptement à la guillotine s'ils étaient coupables [6] », provoquant une sorte de vertige qui saisit les individus. En témoigne la lettre d'un Nantais, Barré, expliquant la répression qui se déroule à Bordeaux : « Les événements se succèdent ici avec une rapidité étonnante ; un jour pour les conspirateurs, un autre pour le clergé, un troisième pour les négociants... Fanatique, agioteur, fédéraliste, rien n'est épargné. Un comité de surveillance reçoit les dénonciations, une commission militaire juge. Tous les conspirateurs sont condamnés à mort, les personnes égarées sont acquittées [7]. » L'introspection collective se double d'une introspection individuelle : c'est avec la question « qu'as-tu fait pour être pendu si la Contre-Révolution parvient à vaincre ? [8] » qu'une société du Vaucluse opère un scrutin épuratoire.

Les sans-culottes ont obtenu des mesures exceptionnelles (le 4 septembre, le Maximum, le 5, « la terreur à l'ordre du jour » et la création de l'armée révolutionnaire, le 17, la loi des suspects, la mise en jugement et la condamnation à mort de la reine, puis de 21 girondins) ; cependant, les montagnards ont lâché du lest plus qu'ils n'ont perdu du pouvoir ; ils gardent le contrôle de la Convention et après juillet 1793 Robespierre entre au Comité de salut public. Dans le même temps, ils réussissent à discréditer les Enragés – aidés en cela par Hébert qui se débarrasse de rivaux. Les Enragés sont désormais appelés « ennemis du peuple », accapareurs, complices des Autrichiens, et leurs revendications d'une justice

---

6. A. Soboul, 1958, p. 227.
7. É. Barrault, 1994, p. 76, *Affiches nantaises* du 5 nivôse an II.
8. R. Cobb, 1964, p. 51.

expéditive retournées contre eux, si bien qu'ils sont emprisonnés et, pour quelques-uns, exécutés.

Contre les hébertistes, plus nombreux, liés à des députés et à des membres du Comité de salut public, la lutte va être plus longue. Dès octobre, Robespierre évite la mort à 73 girondins emprisonnés, récusant les exigences sans-culottes. Par la suite, la Convention, le Club des Jacobins, ou encore les arbitrages au sein du Comité de salut public règlent les innombrables conflits qui surgissent entre généraux, représentants, envoyés de toute espèce issus des différents courants (dantonistes, montagnards, hébertistes) [9]. Outre les questions sociales, les rivalités portent sur la représentation politique, le contrôle des armées, la déchristianisation et la répression. Cette dernière est l'occasion d'une concurrence entraînant une surenchère verbale, puisque tous les contre-révolutionnaires doivent être détruits pour fonder la Nation unifiée. La qualification contre-révolutionnaire dépendant des équilibres politiques, national ou local, il est nécessaire de lier toute analyse théorique aux jeux politiciens et aux propos de circonstance. Ainsi, si les clubistes de Besançon [10] réclament en septembre 1792 la réclusion des suspects et des parents d'émigrés, la municipalité ne dresse une liste de 228 suspects que le 26 mars 1793, qui est réduite à 146 personnes par les atermoiements des administrateurs du district et du département, qui élargissent les détenus de septembre !

Lorsque le 19 vendémiaire, à la Convention, Saint-Just réclame le gouvernement révolutionnaire jusqu'à la paix, son objectif est de donner tous les pouvoirs au Comité de salut public au nom de l'incapacité des gouvernements ; l'argumentaire satisfait les demandes sans-

---

9. Pour unique exemple, Carnot, J. et N. Dhombres, 1996, p. 359-360.

10. C.-I. Brelot, 1966, p. 138.

culottes mais la conclusion renforce les montagnards ! Si bien que le décret du 4 décembre (14 frimaire) instituant « le Gouvernement révolutionnaire jusqu'à la paix » ne fonde pas un État totalitaire, mais donne les pleins pouvoirs au Comité de salut public contre les sociétés populaires, les comités de surveillance, la Commune de Paris et les armées révolutionnaires ; ainsi maintient-il le principe de représentation contre celui de la démocratie directe. L'État révolutionnaire est d'autant plus violent en paroles qu'il repose sur un équilibre fragile. Ceci explique la réversibilité d'arguments qui, aujourd'hui, peut surprendre : Billaud-Varenne suspecte ainsi les sociétés populaires de la vallée du Rhône de « tendre au fédéralisme » en novembre 1793 [11] – inversant les positions politiques revendiquées jusque-là. La puissance des montagnards repose sur l'idée qu'ils incarnent, *via* la Convention, la représentation légitime de la nation ; cette idée a entravé l'insurrection fédéraliste ; elle assure la fidélité des individus comme Carnot soucieux de l'unité nationale et limite la portée des revendications sansculottes. Lorsque à la fin de septembre 1793 [12] une députation de la société populaire d'Aurillac vient protester contre tout fédéralisme mais demande qu'une « force départementale » soit créée pour défendre la Convention, cette demande n'a aucun écho.

Dans cette configuration, le rôle de Robespierre est central. Assimilant la guerre étrangère à la guerre civile dès le 24 avril 1793 (« ceux qui font la guerre à un peuple pour arrêter les progrès de la liberté, et anéantir les droits de l'homme, doivent être poursuivis par tous, non comme des ennemis ordinaires, mais comme des assassins et des brigands rebelles »), il est logique qu'il demande, le 18 juin, qu'« une énergie implacable » soit

11. M. Lapied, 1996, p. 222-223.
12. J. Dalby, 1989, p. 79-90.

déployée contre la Vendée, ou qu'en septembre 1793 il distingue le gouvernement « révolutionnaire », qui a besoin de la violence populaire, de la République [13]. Mais il n'est pas possible de comprendre cette position comme celle d'un « éphore », poussant le peuple à se soulever contre un exécutif traître, car ses discours instrumentalisent les luttes des factions, si bien que ses positions théoriques comptent moins que ses interventions tactiques, qui lui assurent l'autorité dont il jouit [14] et qu'il ne met pas en péril inutilement. Il reste silencieux jusqu'en décembre 1793, laissant les Indulgents menés par Camille Desmoulins dénoncer dans *Le Vieux Cordelier* [15] les abus de la répression (en employant le langage convenu de la comparaison avec les événements de la Rome antique). Aucun autre homme politique que Desmoulins n'a le courage d'employer le langage de la modération ; même quand elle est mise en œuvre, comme Couthon le fait à Lyon, celui-ci doit tenir le discours de la destruction contre la Contre-Révolution.

Les hommes au pouvoir récupèrent – et canalisent – à leur profit une sensibilité populaire violente. Déjà, à la veille du 31 mai 1793, des rumeurs circulaient qui voulaient purger les sections de Paris de tous les suspects en une nuit et parlaient d'emplir les charrettes de cadavres ; l'élimination des girondins par les montagnards, le 2 juin, aurait évité un affrontement sanglant [16], comme celui que Paris avait connu en septembre 1792. La violence est ainsi à la rencontre de la passion révolutionnaire et de la fermentation populaire. Elle s'inscrit autant dans les souvenirs des guerres de Religion [17] que dans les

13. M. Reinhard, [sd], p. 213-218.
14. M. Régaldo, 1987b, p. 125.
15. C. Desmoulins, *Le Vieux Cordelier*, n° 3, 25 frimaire an II, Belin.
16. B. Connein, 1978, p. 106-109.
17. D. Crouzet, 1993.

habitudes guerrières (illustrées par les destructions du Palatinat[18] ou celles de la guerre de Sept ans[19]). Elle s'exprime publiquement, enfin, parce que les révolutionnaires ont la conviction que « la violence spontanée rejoint la violence légale ». Ayant aboli la torture et rendu la procédure judiciaire systématique, les hommes de gouvernement espèrent empêcher le peuple d'être « terrible » par le recours à une juridiction exceptionnelle. Les idées seules n'ont donc pas guidé la Révolution : la pression contre-révolutionnaire et les attentes archaïques expliquent que la Révolution française ait été totalisante par accident – alors que la révolution soviétique le sera par essence. Même en 1793, le droit reste préexistant aux lois et le pouvoir n'est pas créateur des lois ; ceci a paralysé les fédéralistes et paralysera Robespierre en thermidor, mais ce dont ni les Directeurs ni Bonaparte ne s'embarrasseront.

Horizon et aveuglement.

Les positions théoriques, ou plus largement l'horizon dans lequel tous ces hommes s'inscrivent, contribuent cependant à déterminer le sens de la Révolution. Lorsque Robespierre déclare, en 1794, « les autres révolutions n'exigent que de l'ambition. La nôtre impose des vertus », il radicalise une pensée déjà exprimée en 1790 (« la liberté ne peut être solidement fondée que sur les mœurs ») qui s'était traduite par la proposition, en septembre 1792, d'exclure de l'Assemblée électorale de Paris les membres des clubs « inciviques » (monarchiens,

18. M. Fogel, 1993.
19. Le comte de Saint-Germain est environné de pendus, dans la Hesse, « on ne massacre pas moins les femmes et les enfants qui s'opposent à voir dépouiller leurs maisons » ; J. Godechot, 1969b, p. 17.

feuillants…). La société doit être purgée de l'égoïsme de l'aristocratie, de la bêtise des paysans et de l'incivisme en général. Dans une logique qui soumet l'individu au jugement collectif, celui-ci doit être vertueux pour servir sa patrie ; si le principe est contestable, l'application est pire puisque l'octroi de la citoyenneté est laissé à la discrétion d'une minorité intransigeante [20].

L'adversaire politique, « la minorité monarchique », n'a donc plus sa place dans la Cité : le trait relève à la fois d'un archaïsme communautaire et de la compréhension du politique par les élites. Dans les utopies développées par Condorcet, l'opposant n'est pas pensé autrement que comme un apprenti, inscrit dans une relation pédagogique. La tension sociale est impensée, créant un cercle vicieux [21] : l'intervention politique est nécessaire, mais par définition insuffisante, butant sur l'état des mœurs. Le contre-révolutionnaire est hors du contrat, volontairement à l'écart de la communauté nationale. Saint-Just avait emporté la majorité à la Convention en estimant que le roi était indigne d'être citoyen, Robespierre dira que seuls les républicains sont des citoyens dans le pays. La République doit punir non seulement le « traître », mais aussi l'« indifférent » et même le « passif », car, « depuis que le peuple français a manifesté sa volonté, tout ce qui lui est opposé est hors le souverain ; tout ce qui est hors le souverain est ennemi [22] ».

La compréhension de la société ne se fait pas selon des notions sociales [23], mais recourt à des métaphores et à des analyses morales (l'opposition de la « vertu » et de la

20. L. Hunt, 1980, p. 23 ; voir O. Le Cour Grandmaison, 1992, p. 145-175.

21. N. Hampson, 1991, p. 56-57 ; R. Barny, 1993, p. 200-203.

22. L.-A. de Saint-Just, 1984, p. 379, 381, 383, 387 (septembre, novembre 1792), 520, 521 (discours d'octobre 1793).

23. A. Barnave, 1988, inaugure en 1793 la réflexion sociale.

« raison » à la « passion » ne prend pas en compte les racines sociales de l'action humaine [24]) sur fond de vision pessimiste et de croyance en un désordre naturel (rejoignant l'œuvre de Sade). Ces habitudes de pensée et la recherche du bonheur public, qui légitiment la terreur (« émanation de la vertu »), reposent sur une logique qui ne comprend l'Autre que dans une relation de suspicion et de dénégation, sans prise en compte de graduations. Ainsi, la condamnation de Lyon ne vise que les coupables de crimes, puisque les « contre-révolutionnaires » ont brimé les « bons citoyens » de Lyon [25] ; de même jusqu'à l'été 1793, les paysans de Vendée sont donnés pour « bons » et susceptibles d'être convertis par l'instruction [26]. La réalité politique est comprise selon un volontarisme manichéen, qui rend « inconcevable que les exemples terribles exercés sur Lyon, Toulon et la Vendée n'aient fait qu'assoupir l'esprit de la Contre-Révolution et d'égoïsme qui a toujours existé dans ce pays », comme l'expriment deux représentants dans les Pyrénées-Orientales [27], assimilant le fonctionnement du corps social à celui d'un individu [28].

Le drame naît des multiples contradictions engendrées par cette conception du monde. Ainsi, la délation patriotique, telle qu'elle est défendue par Marat, au nom de la transparence politique [29], légitime l'institution d'un « tribunal d'État » et est pratiquée par tous les révolutionnaires [30] – y compris les girondins au printemps 1793 : la différence entre modérés et extrémistes ne

24. R. Barny, 1993, p. 60-61, 88-89.
25. M. Braconnier, 1995, p. 202.
26. Lettre d'un administrateur en Vendée, 1793, citée par L. Hunt, 1984, p. 180.
27. M. Martin, 1975, p. 206, du 11 février 1794.
28. A. de Baecque, 1993.
29. J. Guilhaumou, 1994.
30. L. Jaume, 1989.

résidant que dans le recours à la force, limité pour les premiers, revendiqué pour les seconds. Si les « fédéra-listes » de Toulon peuvent se justifier en invoquant l'idéal de vertu caractérisant le gouvernement républi-cain [31], comme ils s'opposent à la représentation natio-nale, ils ne peuvent pas échapper à la répression. Enfin, si la société est ouverte, chacun pouvant progresser sans crainte des hiérarchies antérieures, l'individu demeure suspect et doit répondre de ses actes en permanence, ne serait-ce que pour l'établissement des certificats de civisme (Payan, agent national de la Commune, estime qu'en Révolution il ne peut y avoir que des « patriotes » ou des « aristocrates » – catégorie qui englobe ceux qui ne font rien [32]).

Pis encore, l'unité nationale se réalise dans une aporie qui fait que l'amour de la mère patrie incarne à la fois l'universalité et la défense du pays ; mais de la guerre éternelle contre les tyrans [33] du *Chant du Départ* à la vio-lence de *La Marseillaise*, l'universalité est réduite à la nation [34] ; enfin, si la volonté générale est bonne, le peuple peut être trompé, donc seule la représentation (en l'occurrence les députés de la Convention) permet de maintenir les hommes vertueux au pouvoir [35] (faute d'un tiers pouvoir [36], qui dissocierait le jugement sur la poli-tique des acteurs eux-mêmes). La « vertu » et la volonté générale sont insuffisantes pour gouverner [37], rejetant là-dessus les principes de Rousseau [38] et s'inspirant des

31. A. Forrest, 1988b, p. 316.
32. L. Gianformaggio, 1988, p. 77.
33. C. Emsley, p. 42-45.
34. B. Didier, 1988, p. 700.
35. C. Lucas, 1994a, p. 64-65.
36. Identifié par M. Gauchet, 1993.
37. L. Jaume, 1989, p. 142-145.
38. Saint-Just déclarant le 10 octobre 1793 : « Depuis que le peuple a manifesté sa volonté, tout ce qui est opposé, est hors le souverain, tout ce qui est hors le souverain est ennemi », ce n'est pas « la volonté

leçons pessimistes de Hobbes. Pour toutes ces raisons, la Révolution est vécue comme une tragédie, même un drame mystique par les montagnards les plus honnêtes. Ce système, hostile au paraître et recherchant obstinément l'être [39], pare d'un attrait incontestable l'idéal révolutionnaire, mais contraint les individus ordinaires à choisir entre conformisme ou rejet violent – tout repli sur la vie privée étant suspect [40].

S'il s'agit de créer une société parfaite, vertueuse, il ne s'agit pourtant pas de mettre en place un État totalitaire tel que le XXe siècle le connaît, mais plutôt d'une société « holiste », communautariste, fondée sur des aspirations populaires archaïques, qui a rencontré les exigences d'un État centralisé. Avec l'intrusion des sans-culottes et l'importance du jeu entre les factions, la Terreur est moins une manipulation de l'État que le résultat d'une pratique démocratique dévoyée, puisque chacun peut s'instaurer garant de l'État et de la nation, et épurer la société. L'archaïsme des pulsions peut corrompre alors l'utopie politique, ce dont témoigne l'éviction des femmes de la sphère publique : à côté des déclarations les plus généreuses, le poids des « mentalités » pèse durement. De la même façon, les deux logiques appliquées à la société, insistant sur le primat de l'individu ou sur la nécessité du point de vue universaliste, rompent l'unité des élites révolutionnaires [41] et expliquent le passage d'une partie d'entre elles au fédéralisme, voire ensuite à la Contre-Révolution modérée.

————————
générale » rousseauiste qui est en cause, mais « la voix » qui énonce l'impératif moral. J.-P. Hiltenbrand, 1990, p. 90-91.

39. J. Starobinski, 1979.

40. L. Hunt, 1984, p. 21-51.

41. P. Higonnet, 1981.

Effets pervers.

Ce processus politique produit des conséquences redoutables. L'illustration la plus simple peut venir de la
volonté d'éradiquer les « patois ». Si leur éradication est
voulue parce qu'ils sont « féodaux » (et non pas parce
qu'ils sont régionaux) et qu'ils empêchent la communication entre Français, l'effet induit est cependant qu'ils
créent un « monolinguisme civique [42] » intolérant et
moralisateur, qui fait que tout ce qui n'est pas « français »
est ennemi [43] – les représentants se félicitent ainsi du
départ des Alsaciens, qui « souillent ce beau territoire [44] ». La distinction entre ami et ennemi étant morale,
elle est de fait entre « innocent » et « méchant [45] » et
explique qu'il y ait confusion entre public et privé, civil
et militaire, élu et électeur, et que la guerre soit totale
contre les contre-révolutionnaires, car si la loi morale
fonde la société, elle ne peut pas avoir d'antonyme, sauf
l'erreur [46]. Ceci justifie des mesures politiques sans
nuance, comme de supprimer la propriété des « ennemis ». La difficulté vient du fait que le souverain bien
universel est un impératif catégorique qui envoie les
lâches à la mort et les héros au ciel [47] (Robespierre avait
condamné le fédéralisme pour avoir rétréci les âmes et
être contraire à un « devoir-être » révolutionnaire [48]) ;
dans cette perspective, la Contre-Révolution est un crime

42. R. Balibar, 1988.
43. M. de Certeau, 1975a, p. 161-163.
44. P. Higonnet, 1980, p. 54.
45. On est loin de la vision a-morale de C. Schmitt, comprenant le
couple ami/ennemi dans la vie politique.
46. B.C. Singer, 1986, p. 36 *sq.* Robespierre déclare le 5 février
1794 : « Ce qui est immoral est impolitique, ce qui est corrupteur est
contre-révolutionnaire ».
47. J.-P. Hiltenbrand, 1990, p. 84-85.
48. J. Guilhaumou, 1995, p. 128-129.

aux limites fluctuantes [49]. Ce n'est pas la « loi » en elle-même qui génère le dérapage politique de la révolution, mais la conception morale de la loi, puisqu'un principe moral ne permet pas de gouverner [50] ; reste que de là naît l'échec de la politique révolutionnaire, incapable d'affronter la Contre-Révolution, qui, n'étant pas définie, ne peut pas être combattue efficacement.

L'arsenal des lois de l'été 1793 a tellement étendu la suspicion de Contre-Révolution, et l'a tellement diabolisée, que les réflexions menées dans les années 1750 sur l'échelle des peines ont été oubliées, entraînant la Révolution dans une régression de la pensée juridique : aucune différence n'existe entre le port d'un crucifix sous des vêtements et la participation à des bandes armées ; les deux actes peuvent être punis de la même façon, par la mort. Aucun examen de circonstances atténuantes n'est envisagé, la défense des accusés est supprimée, comme les délais d'application de la peine. La vie politique étant confondue avec la vie morale et les personnes identifiées aux principes politiques, toute distance est abolie entre l'individu et ses actes, et tout contre-révolutionnaire l'est donc absolument – comme tout révolutionnaire. Ceci explique que l'examen des suspects et la désignation des juges et des personnels d'autorité soient purement politiques, et de fait arbitraires. Cette configuration politique correspond manifestement aux vœux des cordeliers, dont les principes affichés visent l'établissement de la République par « l'union des cœurs, l'activité spirituelle du regard et la parole laconique [51] ». Dans ce système, les problèmes de la transcription pratique des principes sont simplement niés, les critères de jugement ne souffrant aucune amo-

49. J.-C. Martin, 1996a.
50. J.-P. Hiltenbrand, 1990, p. 86-87.
51. J. Guilhaumou, 1989, p. 294.

diation ni aucun relativisme. Brutus Magnier représente cette pensée sans-culotte simpliste estimant qu'il suffira de se présenter dans la Convention pour que les « contre-révolutionnaires pâlissent [52] ».

La proclamation de grands principes crée une situation intellectuelle aux effets pervers. Les catégories de pensée ainsi réifiées rendent impossible la discussion sur leur pertinence et mettent des individus dans des positions intenables : le rejet des nobles de toutes les assemblées que Robespierre veut faire appliquer en décembre 1793 heurte directement le révolutionnaire Antonelle, qui a du mal à faire comprendre qu'il n'a jamais pensé être noble, alors qu'il s'est fait jacobin par goût [53]. La certitude de l'unité contre-révolutionnaire donne un sens indu aux coïncidences : l'importance accordée à la Vendée tient notamment au fait que la bataille du 19 mars puisse être rattachée à la trahison de Dumouriez, qui était en 1792 commandant des troupes de La Rochelle ; un rapprochement hasardeux de ce type déclenche une répression sans proportion avec la réalité lorsqu'une bagarre survenue le 14 mars à Argentan est rattachée ensuite à la Vendée [54]. L'obsession récurrente du complot pousse à chercher des indices : la présence de femmes dans les émeutes parisiennes de février 1793 vues comme des menées contre-révolutionnaires est expliquée parce « qu'on peut [les] soupçonner d'avoir été payées par quelques agents secrets » (et l'historien emboîte le pas aux montagnards en relevant aussi la présence de domestiques parmi les insurgés, signe jugé indiscutable de contre-révolution !) [55].

---

52. S. Luzzato, 1994, et 1996, p. 363.
53. P. Serna, 1994, p. 419-424.
54. P. Nicolle, 1937, p. 217-219.
55. G. Rudé, 1953.

L'Humanité en question.

Cependant, l'éclat des violences révolutionnaires a tellement aveuglé qu'il convient, pour comprendre leur application dans cette année de Terreur, de les intégrer dans l'horizon explicatif de l'époque, qui est aussi celui des principaux penseurs contre-révolutionnaires. Car l'exclusion voulue par les révolutionnaires est le pendant de l'attitude des contre-révolutionnaires, qui, les premiers, usant du principe de lèse-majesté, avaient dénié toute légitimité à la Révolution, dans l'oubli des mobilisations populaires. 1793 doit sa brutalité à l'obsession de l'unité de la monarchie dans les siècles précédents et se bâtit en écho à la Terreur exercée par les Ligueurs en 1589, avec les mêmes mécanismes mentaux et passionnels – et le même enfermement sur eux-mêmes [56].

Le rationalisme supposé spécifique aux révolutionnaires opposé au théocratisme respectueux de l'ordre naturel des choses attribué aux contre-révolutionnaires oublie que les idées de Voltaire et la critique envers la religion sont partagées par les deux camps, et que l'union des contre-révolutionnaires autour de la défense de la religion se fait par nécessité plutôt que par croyance véritable. Dans un camp comme dans l'autre, les aspirations régénératrices des uns et des autres sont également fortes, apprises dans les loges maçonniques. La différence tient à ce que la régénération des uns est plus providentialiste et plus mystique, annonçant les sensibilités romantiques (la pensée de Saint-Martin « le philosophe inconnu », convaincu que la chute est nécessaire à la régénération, est centrale dans la pensée contre-révolutionnaire), alors que les autres insistent davantage sur le volontarisme de l'épuration. Tous lisent le sacrifice suprême comme

56. D. Richet, 1991, p. 428-430, 441-442, 450.

garantie de l'engagement, accordent de la valeur au suicide héroïque et cherchent dans la violence le principe du déchiffrement du monde. Cette communion de pensée réunit un frankiste comme Frey, dans le camp révolutionnaire, avec les contre-révolutionnaires, de Maistre et Saint-Martin [57].

Pour comprendre l'époque, il faut faire ce détour par Joseph de Maistre, qui publie sous le Directoire, mais qui forge sa pensée pendant la Terreur. Partant de l'illuminisme (à l'opposé de la pensée des Lumières), il refuse les constitutions écrites (et, comme Burke, toute constitution à prétention universaliste), défend la tradition fondée par Dieu et a le souci de recommencer du neuf sans revenir au passé corrompu (à la différence de Burke) ; il partage avec les révolutionnaires les plus conscients l'importance des événements, la vocation particulière de la France et l'importance métaphysique de la Terreur. Cette position lui inspire la nécessité de comprendre l'Histoire par la raison, plutôt que par l'émotion, comme Burke, et lui évite d'accuser un groupe (les jacobins par exemple) de la corruption de la société. Dans cette réflexion, il est plus proche des révolutionnaires radicaux que des modérés et des libéraux, puisqu'il critique la représentation, comme les jacobins, au nom de la souveraineté populaire.

Sa condamnation de la Révolution est antihumaniste : la révolution étant satanique, la société française elle-même est exonérée de la responsabilité : sa vision providentialiste ne reconnaît aucune légitimité aux aspirations de 1789 sans donc qu'il entende tirer vengeance des rebelles savoyards. A la charnière du pragmatisme politique et du providentialisme, l'ultramontanisme de De Maistre fonde le contre-pouvoir dans le pape et les lois de l'Histoire dans l'action de Dieu, s'opposant en

---

57. G. Scholem, 1981 ; J. Grondeux, 1994.

cela à la vertu et au volontarisme révolutionnaires. Cependant, sa pensée rejoint dans l'antihistoricisme la conception jusnaturaliste qui est au cœur de tout un courant démocrate révolutionnaire [58] : pour l'une comme pour l'autre, l'Histoire ne montre que la chute de l'homme et n'est pas la norme. Ce refus de l'histoire fonde l'unité des extrêmes, radicalisme démocratique et mysticisme contre-révolutionnaire, et rencontre la tentation utopiste du peuple, qui bascule tantôt d'un côté, tantôt de l'autre selon les sensibilités et les équilibres locaux, avant que les effets de la violence révolutionnaire ne fixent ces choix durablement, les enracinant dans une mémoire inoubliable.

Pour répondre aux contradictions apportées par la colonisation et par l'esclavage [59], la société de la fin du XVIII⁰ siècle qui s'interroge sur la nécessité ressentie depuis Mirabeau père, Hume, ou les physiocrates, de lutter contre la corruption de la société et de refonder le pacte social, se sert des notions de civilisation et de culture, qui permettent de qualifier un barbare, ou un sauvage, sans les rejeter dans l'inhumanité, où ils se trouvaient depuis le XVI⁰ siècle [60], sans pour autant les intégrer dans la société « civilisée », organisée autour de la maîtrise de la nature. Les groupes humains, « primitifs » ou « dégénérés » (du sauvage noir au paysan inculte), restent ainsi hors de l'Histoire, mais peuvent bénéficier de l'attention de la philanthropie : les paysans de l'Est qui parlent la même langue que les Allemands bénéficieront de la fraternité révolutionnaire condescendante, en attendant qu'ils mettent fin, d'eux-mêmes, à leur ignorance [61] !

---

58. Le droit naturel est imprégné « d'humeurs religieuses », D. Venturino, 1993, p. 143-144.
59. M. Duchet, 1995.
60. J.-P. Sanchez, 1996.
61. J. Bart, 1989, p. 466-467.

Cette définition de l'inhumanité est la pierre d'achoppement de la République de la Terreur, qui veut élaborer une humanité fraternelle et « vertueuse » remplaçant les relations « inhumaines » imposées par les monarchies et les noblesses européennes (c'est-à-dire les hiérarchies entre les êtres telles qu'elles existaient jusqu'en 1789). Les adversaires de ce projet ne sont pas seulement des contre-révolutionnaires, ils deviennent des « anthropophages », des « monstres », c'est-à-dire des ennemis du genre humain. Ainsi, Fouché déclare en juillet 1793 que les « fanatiques de la Vendée… consternent la justice et l'humanité… il faut purger la terre qu'ils déshonorent », mais les riches deviennent des égoïstes, des esclaves des tyrans et de l'or [62]. Pour Antonelle, la Contre-Révolution est « enfin et pour résumer en peu de paroles, la ligue scélérate et bigarrée des blasons, des coffres-forts, des diplomaties, des trônes, des autels, des mille vanités humaines contre l'éternelle raison, contre les droits du Peuple, non moins éternels » ; à cette liste s'ajoutent le clergé dévoré d'ambitions et les avocats hypocrites vis-à-vis de la loi [63]. La sincérité d'un dénommé Hérault qui, en septembre 1793, écrit à Carrier à propos de Nantes : « Nous pourrons être humains quand nous serons assurés d'être vainqueurs [64] » n'est pas à mettre en cause.

Dans cette vision anthropologique, sans références sociales, qui attend de la Révolution – et de la parole – une « régénération » des hommes, les désillusions ne peuvent qu'être monnaie courante et ne peuvent qu'entraîner des drames puisque cette compréhension de l'homme attend des individus une conversion au progrès, sous peine de les rejeter dans l'inhumanité. Ainsi, les habitants de Mayence, vus d'abord comme favo-

---

62. É. Liris, [sd], p. 705-707, 721.
63. P. Serna, 1994, p. 698.
64. AN, W 493.

rables à la Révolution, sont pris pour des « serfs imbéciles par l'esclavage », lorsqu'ils réclament le maintien de leurs libertés traditionnelles [65]. Les Juifs déçoivent également les révolutionnaires. Le conventionnel Baudot écrit, le 6 frimaire an II : « La race juive mise à l'égal des bêtes de somme par les tyrans de l'Ancien Régime aurait dû sans doute se dévouer tout entière à la cause de la liberté qui les rend aux droits de l'homme. Il n'en est cependant rien ; les Juifs nous ont trahis dans plusieurs petites villes et villages du côté de Wissembourg […] Je me demande s'il ne conviendrait pas de s'occuper d'une régénération guillotinière à leur égard [66]. » Les ambiguïtés repérables dès 1788 dans *La Régénération physique, morale et politique des Juifs*, de l'abbé Grégoire, trouvent ici leur conséquences : la régénération est autant un devoir qu'un dû.

Cette logique aboutit à la déclaration du 26 mai 1794, condamnant les prisonniers anglais ou hanovriens à être mis à mort [67]. Alors que les espoirs avaient été grands de voir les Anglais, inventeurs de l'Habeas Corpus et de l'État parlementaire, se joindre à la Révolution, l'entrée en guerre du pays sonne le glas de toutes les illusions et oblige à penser que l'éloignement de l'Angleterre de la terre de la Liberté n'a pas comme seuls responsables le roi et Pitt : les Anglais, dans leur totalité, deviennent non seulement des contre-révolutionnaires, mais des êtres hors de l'Humanité, dont il convient de se débarrasser. L'antinobilisme participe de ce système de pen-

65. M. Gilli, 1987, p. 270-271.

66. J. Vidalenc, 1964, p. 97. Hérault de Séchelles abonde en ce sens, P. Higonnet, 1981, p. 145-155.

67. La loi aurait été appliquée au moins une fois, N. Hampson, 1991, p. 61. La déclaration de « guerre à mort » contre l'Espagne, annonçant qu'aucun prisonnier espagnol ne sera fait après le 12 août 1794, ne relève pas de cette logique, mais est liée au non-respect de la négociation menée à Collioure en mai 1794 par le général La Unión, J. Sagnes, 1993, p. 133-134.

sée qui devient populaire pendant l'été 1793. Hébert demande la déportation des nobles et leur exclusion de tout emploi comme « ennemi de la Nation et de l'Humanité tout entière ». En Ardèche, ils n'ont pas le droit de se réunir à plus de trois, avant d'être bannis de Paris et des villes fortifiées ou maritimes de tout le pays. Les nobles sont, pour Hérault de Séchelles, méchants depuis le berceau, si bien que les enfants nés d'un père noble et d'une mère roturière héritent des stigmates, alors que, dans le cas inverse, la mère noble bénéficie du mariage avec un roturier [68].

A partir de l'été 1793, parce que les menaces qui pèsent sur la Révolution sont considérables, la violence langagière à l'encontre des contre-révolutionnaires permet le passage à l'acte [69]. Ces condamnations rejettent des catégories d'opposants : nobles, prêtres, fédéralistes, vendéens, royalistes, riches, puis Anglais et Hanovriens, dans un espace laissé ouvert à toutes les violences. Ces catégories d'individus ainsi désignés à la vindicte n'ont eu d'existence que dans la conjoncture des luttes et des fantasmes politiques de l'heure. Elles ne sauraient être mises en parallèle avec les catégories d'exclusion utilisant des haines raciales anciennes (comme envers les Juifs dans les États nazi ou stalinien) ; en revanche, elles ont une fonction dont on retrouvera l'équivalent dans la désignation des koulaks comme ennemis du peuple dans les années 1920 en URSS. On comprend aussi que pareilles catégorisations du social aient pu être détournées par des individus soucieux de leurs propres intérêts.

---

68. P. Higonnet, 1981, 122-130, 145-155.
69. L'évocation des relations entre fraternité et violence demeure très en deçà des réalités avérées dans M. David, 1987, p. 159-160.

La violence comme système.

La Vendée est particulièrement visée par ce processus de désignation et d'exclusion. Alors que les déclarations mensongères rendent la compréhension des faits impossible, sauf à penser que la Convention est soupçonnée de ne pas prendre les mesures adéquates, les clichés véhiculés sur la Contre-Révolution conduisent à des conclusions irréalistes, mais dont la portée est considérable. Comme dans ce système langagier, la Contre-Révolution n'est qu'ombre et secret, Anarchis Cloots assure le 19 août 1793 que « la tactique prussienne sera pour les opérations de jour ; la tactique vendéenne sera pour les expéditions nocturnes [70] », poussant aux manœuvres d'envergure, seules dignes d'un peuple libre, mais qui sont immanquablement vouées à l'échec du fait du terrain et de la flexibilité de l'armée adverse. Plus tard, lorsqu'il faudra trouver des coupables, le paysage bocager sera accusé [71], conduisant à prendre des mesures pour l'incendier autour des principaux axes. Comme les républicains sont vertueux et les fanatiques misérables, Barère, le 1er août 1793, justifie les positions les plus radicales des sans-culottes en estimant que, contre la Vendée, « la victoire est ici pour le plus courageux et non pour le plus savant ; elle est pour le républicain plus que pour le tacticien. Que les soldats de la République pensent qu'ils attaquent de lâches brigands et des fanatiques imbéciles [72] », ce qui justifie l'envoi de soldats politiques, incapables de comprendre une défaite autrement que comme une trahison, et dont l'indiscipline cause leur propre perte.

70. *Journal de la Montagne*, 22 août 1793.
71. L'expression littéraire sera donnée par les Mémoires de Turreau. Voir C. Bernard, 1990.
72. *Archives parlementaires*, 1er août 1793, p. 101 ; É. Pommier, 1989, p. 128.

Les déclarations de Barère, même exprimées dans une atmosphère d'angoisse devant les menaces, participent de la vision qui fait de la Contre-Révolution un bloc unique, une hydre menaçante, légitimant la pensée d'une « juste violence » et installant la guerre de Vendée dans des conditions particulièrement absurdes. Les administrateurs locaux ne cessent pas de se plaindre de l'absence de délimitation de la région-Vendée, de l'imprécision du terme « brigands » pour désigner les êtres voués à la destruction (puisque sont exclus les femmes, les enfants, les vieillards, les « hommes sans armes [73] »). Menuau du Maine-et-Loire n'arrive pas à faire préciser ce qui doit être détruit en « Vendée [74] ». Ces mesures entraînent des malentendus considérables. Les volontaires alsaciens partis contre la Vendée, les uns par enthousiasme, les autres par calcul politique, sont décimés dès leur arrivée dans la région [75], faute de comprendre la nature de la guerre. Aussi, après l'été 1793, la violence s'installe-t-elle ouvertement, comme en témoignent le siège de Granville et surtout les tueries du Mans [76]. Hors de toute réalité, la destruction devient une catégorie de pensée. Contre la Vendée, des orateurs parlent à la Convention d'empoisonner les puits, d'incendier le pays, de déporter les vendéens à Madagascar ; contre la Vendée et Lyon, un certain Jean Alexandre, commissaire des guerres à Poitiers propose de lancer des tracts depuis des aérostats, propagateurs de la liberté [77] ; contre l'Angleterre, l'idée est émise d'envoyer deux cargaisons de loups pour dévorer les troupeaux de moutons et ruiner l'économie du pays [78]…

---

73. Décrets des 1er août et 1er octobre 1793.
74. *Journal de la Montagne*, 10 octobre 1793, d'où des massacres, J.-C. Martin, 1992.
75. J. Ritter, 1988.
76. É. Barrault, 1994, p. 68.
77. T. Vivier, 1991, p. 284-285.
78. R. Cobb, 1964, p. 9.

En Vendée, la réalité devient atroce. La marche des troupes en septembre et en octobre 1793 s'accompagne d'une recrudescence de violences envers les populations chassées, au point de provoquer un nouvel exode de réfugiés vers les villes et à l'extérieur de la région. Après la victoire de Savenay, l'armée révolutionnaire hésite entre une occupation militaire stricte, prônée par Marceau et Kléber, et la destruction des bandes insurgées toujours actives. Le commandant en chef Turreau se rallie à cette deuxième solution en se couvrant des décrets d'août et d'octobre 1793, mais en laissant ses généraux libres d'appliquer les clauses de protection des populations désarmées – malgré la réitération des ordres par la Convention. Quelques généraux maintiennent une discipline militaire qui préserve les ruraux. D'autres engagent leurs soldats dans une opération de dévastation. Organisés en colonnes « incendiaires », baptisées « infernales », les républicains massacrent, brûlent et violent sur leur passage, essentiellement dans le Pays nantais et dans les Mauges (les autres zones étant plus ou moins protégées par des généraux hostiles à ces pratiques, ou par des représentants en mission jaloux de leurs prérogatives). Les destructions sont importantes, quoique aléatoires et surtout inefficaces, ressuscitant la résistance rurale là où elle avait disparu et achevant d'unifier la région-Vendée autour des chefs insurgés [79].

Dans les villes, où le problème de la présence de milliers de prisonniers se pose de façon aiguë, des représentants en mission, Hentz et Francastel à Angers, Carrier à Nantes, participent également à cette répression, qui fait des milliers de victimes. Le pire est atteint à Nantes [80], où Carrier met en place une multiplicité d'institutions répressives, plus ou moins rivales, qui échappent au

79. J.-C. Martin, 1992.
80. J.-J. Brégeon, 1991 ; J.-C. Martin, 1996d.

contrôle politique. Les fédéralistes, les vendéens, les prêtres réfractaires, et les suspects de tout genre sont traînés devant des commissions – certaines étant extra-judiciaires. Des milliers de personnes meurent fusillées, quelques milliers sont noyées en Loire, dans des circonstances toujours mal connues.

Cette répression extrêmement violente heurte les révolutionnaires modérés et même les montagnards qui récusent ces excès. Un exemple particulier est donné par les militaires qui prennent le contrôle de la commission militaire dite Parein à Angers au cours de janvier 1794. En quelques semaines, ils envoient 2 000 personnes, des femmes pour l'essentiel, à la mort. Si l'accusation courante est la Contre-Révolution, celle-ci couvre aussi bien la participation active à la rébellion que l'assistance à la messe de réfractaires, la parenté avec des insurgés, mais aussi le refus de céder aux avances des juges [81]. Ce détournement à des fins personnelles des principes répressifs provoque le rejet de cette commission militaire par les révolutionnaires locaux. Le même schéma se réalise à Nantes, où les divisions entre les cercles révolutionnaires autour de Carrier et les réactions des révolutionnaires écartés du pouvoir sont arbitrées par l'envoyé de Robespierre, le jeune Jullien, qui s'oppose au représentant en mission et le dénonce à la Convention. Carrier est rappelé à Paris au début de février, n'ayant dirigé la terreur nantaise que pendant trois mois.

Toute la France est soumise à ce système. En mai 1794, après plusieurs années de tensions, le représentant Maignet prend le prétexte d'un arbre de la Liberté arraché pour décider la destruction totale du village de Bédoin dans le Comtat et l'exécution de 63 personnes, nobles et ecclésiastiques, mais aussi révolutionnaires ayant précédemment exercé des responsabilités. Assimi-

81. J.-C. Martin, 1996a, p. 61-68.

lés aux vendéens, accusés d'être naturellement contre-révolutionnaires puisque vivant dans un pays « entouré de montagnes, entrecoupé de vallons », les habitants de ce bourg, qui a été fédéraliste, sont dispersés et les habitations brûlées [82]. Pour cause de Contre-Révolution, le village de La Malène en Lozère est lui aussi détruit et 52 hommes sont exécutés en octobre 1793 [83].

Le vertige de la dévastation [84] pousse Fréron à considérer Marseille comme incurable. Il veut la supprimer parce que la ville a été la première à s'opposer à la Convention tandis que des républicains veulent la repeupler par des hommes du Nord ; ce vertige qui touche Lyon, ou la Vendée devenue le département Vengé, amène Javogues à débaptiser Montbrison en Montbrisé, à vouloir ériger une colonne : « La ville de Montbrison fit la guerre à la Liberté : elle n'est plus », et à faire raser les murs d'enceinte [85]. Dans le Pays basque, où l'armée républicaine est mise en déroute au printemps, les Basques sont suspectés de trahison et de collusion avec les Espagnols et la Légion royale des Pyrénées, commandée par le marquis de Saint-Simon. La peur engendrée par ces populations estimées incontrôlables pousse les sociétés populaires et les représentants à prévoir, dès le 22 novembre 1793, un plan d'évacuation pour que les Basques, « faiseurs de prières », soient contenus par un cordon de troupes garantissant l'intégrité du « pays des sans-culottes ». La désertion de 47 jeunes recrues en février 1794 conduit ensuite, le 3 mars 1794, les représentants Pinet et Cavaignac à déporter tous les habitants de trois communes, Sare, Ixtassou et Ascain, à plus de 80 kilomètres. Qualifiées de « monstres indignes d'être

82. M. Lapied, 1996, p. 170-182.
83. A.-Q. Délègue, 1994, p. 195-196.
84. W. Scott, 1973, p. 135-138.
85. C. Lucas, 1990, p. 44.

Français », plus de 3 000 personnes sont internées dans des conditions précaires. L'exil prendra fin au printemps 1795 [86].

De façon globale, les ports sont soupçonnés de détenir des contre-révolutionnaires [87], les courriers et les marins sont suspects [88], tandis que les ruraux vivant sur les frontières sont vus comme des traîtres potentiels et soumis à ce titre à des répressions féroces : c'est ce qui se passe à la fin de 1793, dans le haut pays niçois, ou encore à l'encontre des paysans du Nord accusés d'avoir pactisé avec les ennemis [89]. La crainte d'un pareil châtiment explique que de 30 000 à 40 000 Alsaciens franchissent le Rhin, fuyant les menaces des représentants en mission [90], et sans doute l'émigration de plusieurs milliers de Catalans [91].

La Terreur des « proconsuls ».

Qualifiés régulièrement de proconsuls par l'historiographie (surtout contre-révolutionnaire) parce qu'ils disposent de tous les pouvoirs et ne subissent que bien peu de contrôle, les représentants en mission n'ont pas été, ni tous ni systématiquement, responsables de la terreur provinciale conduite à la fin de 1793 et accompagnée de mesures de déchristianisation. Cependant, ils incarnent le processus par lequel la lutte contre les ennemis de la Révolution dégénère. L'exemple de Javogues [92] est particulièrement éclairant. Dans le département de la Loire,

86. M. Castaingts-Beretervide, 1994, p. 118-174.
87. J.-C. Ménès, 1989a, p. 220-239.
88. W. Scott, 1973, p. 290.
89. G. Lefebvre, 1924, p. 827.
90. R. Reuss, 1924.
91. M. Brunet, 1990, p. 242.
92. C. Lucas, 1990.

où il lutte contre le fédéralisme et la Contre-Révolution, il est environné par un ensemble complexe d'institutions révolutionnaires (sociétés populaires, comités de surveillance, commissaires, autorités constituées, tribunaux, armée révolutionnaire), qui appliquent ses ordres avec plus ou moins de fermeté et qui poursuivent leurs intérêts propres. Dans les faits, Javogues ne possède pas un pouvoir illimité ; toutefois, l'essentiel est que – comme ses collègues – il légitime tous les actes effectués au nom de la Révolution parce qu'il participe au système de dénonciation de la Contre-Révolution. Pour les représentants en mission et la kyrielle d'individus qui les entoure – car il y a bien un courant populaire qui adopte cette position –, leurs actes et leurs paroles, quels qu'ils soient, sont transmués par la dimension politique qui leur est aussitôt accordée. Les outrances du caractère de Javogues trouvent leur place dans la conduite des affaires publiques : sa misogynie, son goût des attitudes théâtrales, ses déclarations effrayantes (il se dit prêt à laisser mourir de faim 60 000 personnes), ses catégorisations simplistes deviennent les bases sur lesquelles toute la vie politique départementale s'établit, autorisant ses subordonnés à suivre son exemple.

On comprend que ces terroristes, venus de milieux relativement aisés, ayant des revanches à prendre, laissent proliférer arbitrairement la violence dont ils sont à la fois les dispensateurs et les juges. Ils se constituent en groupes armés, auréolés de la toute-puissance du représentant qui les légitime et qu'ils manipulent : les Marat à Nantes, une « bande noire » à Toulouse et en Haute-Garonne [93], ou encore les tape-dur dirigés par Maillard et soldés par le Comité de sûreté générale [94]. Cette liberté absolue que procure l'absence de contrôle des

---

93. O. Devaux, 1995, p. 438.
94. A. Mathiez, 1918, p. 30.

emplois du langage procure à certains une véritable ivresse du pouvoir, qui se traduit par des actes de déshumanisation et de dévastation, accomplis souvent par des seconds rôles couverts de l'autorité du représentant.

A Toulouse, où les prisons comptent au moins 1 000 prisonniers au fort de la Terreur, appartenant aux catégories sociales les plus élevées, une partie du personnel révolutionnaire est véritablement professionnel, comme ce Mouquet, originaire de Lorient, qui depuis 1792 se place en position de porte-parole et obtient une autorité durable. Près de Grenoble [95], un certain Vauquoy, arrivant à Crémieu, oblige à fermer les portes de la ville, se fait présenter l'ensemble des habitants et impose une municipalité terroriste. Devant un mouvement de refus, il s'écrie : « Voyez-vous ces intrigants, qui n'approuvent pas nos opérations ! Nous n'avons passé que la petite écumoire. Il nous faudra faire encore une cueillette. Il faut que le rasoir national se promène sur toute la surface de la République. » En Bretagne, utilisant l'ordre de Carrier de mettre à mort tout contre-révolutionnaire armé, Le Batteux permet, le 10 frimaire an II, d'incendier la chapelle de Brengué, où se trouvent des enfants ; ailleurs, il aurait fait creuser leur tombe aux condamnés [96]. A Niort [97], l'administration centrale des Deux-Sèvres émet l'idée – inappliquée –, dès le 7 avril 1793, d'envoyer à la mort tous les contre-révolutionnaires avec une couronne sur la tête.

Sans chercher à savoir si les accusations portées après Thermidor contre Dartigoeyte lors de son séjour à Toulouse sont avérées (des hommes auraient été attachés par un licou et obligés de manger du foin), sa violence verbale et la rigueur de la répression fondée sur l'abandon

95. J. Froger, 1995, p. 243.
96. I. Jehanno, 1990, p. 157.
97. A. Proust, 1869, p. XXII.

de « tout sentiment d'humanité pour faire le bonheur du peuple », selon ses propres paroles, sont assurées [98]. Comme autour de Javogues ou de Carrier, l'entourage de Dartigoeyte profite de l'absence de contrôle pour extorquer des fonds ou des biens, tandis que l'encouragement à la délation permet des règlements de compte familiaux. Au Puy-en-Velay, des agents municipaux accusent des négociants d'être contre-révolutionnaires pour en tirer des sommes d'argent [99].

La déchristianisation participe de la lutte contre la Contre-Révolution, puisque les prêtres, dans leur globalité, sont considérés comme des « rhinocéros » (pour citer Javogues) dont il convient de purger la société et qu'il ne s'agit pas moins de renverser en totalité un univers mental collectif. La déchristianisation a été largement symbolique, elle a détruit des édifices ou des ornements (Albitte veut faire raser les clochers), elle a provoqué également une chasse aux « bêtes noires » (selon l'expression d'un Nantais) achevée au moins dans l'Ouest par de nombreuses mises à mort (les réfractaires sont les premiers noyés en Loire). En Haute-Garonne, 12 sont exécutés, 124 déportés (14 meurent) et 24 meurent en détention sur 509 clercs (dont 384 insermentés) [100].

Même si des femmes participent également à la lutte contre les contre-révolutionnaires [101], les terroristes se signalent le plus souvent par leur misogynie, dans la ligne du discours de Chaumette [102] qui les dénonce parce qu'elles laissent le feu prendre chez elles pour des ques-

98. M. Lyons, 1980, p. 89-90, 142-143, 149-152, 60-61.

99. J. Bayon-Tollet, 1982, p. 333.

100. J.-C. Meyer, 1982, p. 326. M. Vovelle, 1988, est muet sur les violences ; C. Langlois, 1996, ignore les réfractaires.

101. D. Godineau, 1988, p. 220-230.

102. É. Barrault, 1994, p. 149, cité *in Affiches de Nantes*, 5 frimaire an II.

tions politiques et les soupçonne de connivence avec les Anglais, parlant de « femmes audacieuses, payées par les puissances étrangères, qui nous donnèrent le bizarre spectacle d'un vêtement de soie, avec un bonnet de laine sur la tête ». Le plus souvent, les femmes sont suspectées d'être soumises aux prêtres réfractaires et accusées de propos outranciers et violents contre les patriotes. A Istres, deux femmes sont liées, cheveux dénoués et corde au cou, à l'arbre de la Liberté, après avoir été conduites par les rues de la ville [103]. A Nantes, à Angers, des femmes ont en outre été violées par des terroristes, abusant de leur pouvoir – certains se faisant une spécialité de la « chasse aux femmes » –, sans que les représentants en mission interviennent contre ces pratiques connues de tous. Les fantasmes les plus éculés jouent sous couvert idéologique, comme l'attestent aussi les modalités de la mise à mort de Charlotte Corday [104].

Cette violence exercée par des individus contre d'autres appelés « contre-révolutionnaires » mérite d'être exposée avec autant de clarté. Il n'est pas possible de « comprendre [105] » de pareils agissements, dont la brutalité quotidienne a dû être insupportable aux gens ordinaires, en les mettant sur le compte d'une mentalité collective, en les analysant comme des pratiques archaïques, ou en les expliquant par les menaces objectives. Sans intention polémique ni idéologique, il est inacceptable de parler d'« humour macabre [106] » pour décrire les mises en scène

103. C. Giroussens, 1990, p. 113.
104. Que cela se traduise par une « désappartenance » sociale sans doute, S. Wahnich, 1997, p. 226 ; cette notion n'apporte pas forcément quelque chose de plus au rejet de la femme.
105. Au sens où P. Levi, *Si c'est un homme*, Julliard, 1987, p. 211, l'entend. « Comprendre la décision ou la conduite de quelqu'un, cela veut dire […] se mettre à sa place. »
106. C. Lucas, 1990, p. 57 ; la qualité d'écriture du livre n'est pas remise en cause par cette faiblesse, qui témoigne plus d'une époque que de la pensée rigoureuse de l'auteur.

inventées par Javogues, qui ridiculisent ou accroissent le tourment de condamnés à mort. Dans tous ces cas, les responsabilités personnelles ne peuvent être ni passées sous silence – par profits et pertes en quelque sorte – comme si les bienfaits de l'action des représentants compensaient ces excès, encore moins interprétées comme des actes liés à la marche de la Révolution.

L'exemple des exécutions de Lyon rappelle que les décisions de la Convention ont été adaptées librement par les représentants en mission, que de Couthon à Fouché, en passant par Collot d'Herbois, les violences à l'encontre des personnes n'ont pas eu de communes mesures, que ces protagonistes ont adopté des positions contradictoires – fort instructives. Couthon assume la rigueur la plus grande, alors qu'il la ritualise au maximum ; Collot d'Herbois s'engage dans la répression mais rend des comptes ; Fouché se complaît dans la violence tout en blanchissant sa mémoire. Face aux ordres de la Convention, les généraux commandant les colonnes en Vendée [107] sous les ordres de Turreau choisissent également de massacrer ou de mener des opérations purement militaires – le général Duquesnoy est atypique, hostile aux ordres de Turreau, qu'il estime imbéciles, il les applique à la lettre tuant les personnes rencontrées et le disant. Turreau, comprenant la manœuvre, essaie de faire exécuter Duquesnoy, qui, bénéficiant d'appuis politiques, évite la guillotine et peut quitter la région.

« Aristocrates à bonnet rouge ».

Tous les révolutionnaires ne se sont donc pas fait la même idée de la Terreur, la nécessité de tuer « les brigands » n'a pas entraîné partout des dérapages incontrô-

107. J.-C. Martin, 1992.

lables. En Lozère, Châteauneuf-Randon crée un comité de salut public pour maîtriser la violence, et il assure que le département est bon et que les contre-révolutionnaires ne sont que des hommes égarés ; la répression ne touche que les prêtres et les nobles, sauf dans les districts d'Aurillac et de Murat « en état de guerre révolutionnaire ». Il emprisonne un exagéré, Boudier, qui est défendu par Carrier depuis Paris, qui le voit comme une victime de la Contre-Révolution. Dans un échange de courrier, enfin, il garantit la vie des enfants de Charrier, insistant sur le fait que « si la loi prononce sur de grands coupables, elle protège tous ceux qui ont été égarés ou séduits ; soyez tranquille sur le sort de vos enfants [108] ». En septembre 1793, Borie mène une chasse aux réfractaires, qui aboutit à l'exécution de 26 prêtres ; leur mort frappe l'imagination et marque les mémoires, cependant, la répression a été limitée [109]. A Toulouse [110], le tribunal criminel fait preuve d'une relative mansuétude contre les laïcs.

La Terreur la plus extrême dure à peu près l'hiver 1793-1794, entraînant la désapprobation grandissante de révolutionnaires, et c'est au nom même de la Révolution que les atrocités commises par les colonnes « soi-disant républicaines » en Vendée sont dénoncées dès le début de 1794 par des administrateurs et par un des déchristianisateurs virulents, Lequinio. (Le rapport [111] accablant dans ses descriptions, qu'il rédige alors pour Robespierre, aura une curieuse destinée : publié en l'an III contre Robespierre, il devient aux siècles suivants une des sources essentielles de la littérature contre-révolutionnaire.) Un des officiers responsables de massacres et de viols est

108. A.-Q. Délègue, 1994, p. 90, 106 ; *Archives parlementaires*, 1er août 1793, p. 98.
109. A.-Q. Délègue, 1994, p. 112.
110. J.-C. Meyer, 1982, p. 290-297.
111. Lequinio de Kerblay, *De la guerre de Vendée ou les causes de son renouvellement…*, an III.

jugé et condamné à mort par le tribunal de Fontenay-le-Comte [112]. Exprimant le point de vue des Indulgents, Danton aurait déclaré : « Les vendéens ne sont pas des cochons... mais des hommes qui se battent bien [113]. »

La complexité de la position révolutionnaire peut être illustrée par Carnot. Face à la Contre-Révolution, qu'il faut « pulvériser ou être écrasé », il se prononce pour l'« extermination [114] » des vendéens, la destruction de Lyon et l'emploi des boulets rouges sur Toulon... Dans la guerre, il se convertit aux offensives de masses à l'arme blanche ; il recommande de « haïr et de mépriser l'ennemi », de passer les défenseurs d'une place forte au fil de l'épée s'ils ne se rendent pas sous 24 heures (ce que Jourdan prescrit pour Nieuport), parle même de propager une guerre d'épidémie, de tuer tous les moines, ou de charger les canons des vaisseaux avec des briquets phosphoriques, et il entretient des espions contre les réseaux anglais établis à Dunkerque, en Suisse par Wickham ou à Paris. Son patriotisme et ses convictions révolutionnaires (dont sa confiance dans le grand nombre qui exprime « la volonté générale ») expliquent cette position, qui pourrait se résumer dans la consigne envoyée par le Comité de salut public aux armées et aux représentants en Vendée : « la sévérité mais rien de plus [115] » ; ce qui le conduit à s'opposer aux hébertistes. Il dira plus tard : « A cette époque la volonté du peuple était entièrement ultra-révolutionnaire [116] », ceci expliquant qu'il ne s'y oppose pas, mais qu'il cherche à la capter, ayant bien compris la force de « la légitimation de la violence par un messianisme [117] » politique. Il lance *La Soirée du*

112. J.-C. Martin, 1987, p. 244-245.
113. J. Carré de Busserolles, 1865, p. 10.
114. M. Reinhard, 1952, I, p. 86-110, II, p. 39-41.
115. Par exemple, A. Aulard, 1897, p. 571.
116. J. et N. Dhombres, 1996, p. 360.
117. J. Grenier, 1980, p. 25.

camp contre *Le Père Duchesne*, qu'il accuse de vouloir ramener les soldats à l'Ancien Régime [118]. Il rejoint ainsi Robespierre lorsqu'il contrôle la Terreur et envoie les hébertistes à la guillotine comme contre-révolutionnaires. A leurs yeux, ces derniers ont mené une politique personnelle (vol et viol, poursuite de vengeances privées – tous actes qui, dans une vision rousseauiste, sont contre-révolutionnaires [119]).

Les luttes internes autour de la définition de la Contre-Révolution achèvent ainsi de ruiner l'unité révolutionnaire. Elles ont été fortes depuis le printemps 1793 (en juin, dans la compétition qui oppose Hanriot et Raffet pour être commandant de la garde nationale, Raffet est traité de contre-révolutionnaire par Marat [120]), elles sont bien connues en Vendée, où dantonistes, hébertistes et montagnards s'envoient mutuellement à l'échafaud ; elles opposent Hoche, Jourdan et Pichegru [121]... A Montbéliard [122], un industriel lié aux révolutionnaires français, qualifié d'« excellent patriote » par le conventionnel Bernard de Saintes, est arrêté pour fréquentation d'aristocrates par le comité de son lieu d'habitation ; il est cependant libéré et protégé par Bernard – mais est à nouveau accusé de contre-révolution en 1797. A la tête de l'organisation de l'armée de terre, la rivalité est grande entre Pille (homme de Carnot) et Sijas (homme de Saint-Just) [123], le premier faisant accuser le second d'être « aristocrate ». Les jeux politiciens entre dantonistes (« les endormeurs ») et hébertistes atteignent des sommets, la parole masquant les agissements et provoquant des surenchères : le dantoniste Dufourny projette un massacre

118. M. Martin, 1975, p. 239-241.
119. N. Hampson, 1991, p. 52.
120. A. Soboul, 1958, p. 48-49.
121. M. Reinhard, 1952, p. 120.
122. J.-M. Débard, 1992, p. 204.
123. M. Reinhard, 1952, II, p. 128-134.

général, Chalier et Leclerc s'étaient promis de faire jeter 6 000 aristocrates en une nuit dans le Rhône [124], le général dantoniste Westermann se proclame « boucher de la Vendée » pour faire oublier ses échecs... Le principe de la dénonciation se retourne contre les dénonciateurs à la fin de 1793 lorsque les résultats pratiques de cette politique sont tangibles.

Sur ce constat, Camille Desmoulins tonne contre les « hommes patriotiquement contre-révolutionnaires » et estime nécessaire de recréer la liberté de la presse [125]. De leur côté, Philippeaux estime que les ultra-révolutionnaires sont aussi dangereux que les contre-révolutionnaires [126], et Barère, se posant en grand accusateur, dénonce des liens entre les « citras » et les « ultras-révolutionnaires » et Londres [127]. Cette dernière accusation est grave, puisqu'elle permet de penser que les sans-culottes sont des agents de l'Angleterre, qui, par leur surenchère, entretiennent la guerre civile en France. Ce retournement de pensée trouve des justifications dans la mise en cause d'étrangers aux personnalités troubles. Cloots ne se relève pas de la formule de Robespierre : « Les barons démocrates sont les frères des marquis de Coblence [128] », tandis que Frey est condamné à mort avec Chabot et Danton et exécuté le 5 avril avec eux, sans que l'on sache s'il est un vrai révolutionnaire, un agent masqué de l'empereur d'Autriche, ou encore un mystique intéressé par le projet de régénération [129].

Robespierre bénéficie de ce jeu. S'il prend du recul, notamment à propos de la Vendée, qu'il comprend comme le résultat des manœuvres hébertistes, la déchristianisation

124. A. Mathiez, 1918, p. 25.
125. J. Guilhaumou, 1994.
126. A. Soboul, 1958, p. 336.
127. B. Barère, 1842, t. II, p. 108-110.
128. S. Wahnhich, 1997, p. 152.
129. G. Scholem, 1981.

et le culte de la déesse raison constituent la première pierre d'achoppement entre montagnards et hébertistes. Dès le 21 novembre, il déclare l'athéisme aristocratique, le 8 décembre, la Convention rétablit la liberté du culte, et trois semaines plus tard, Hébert est contraint de manifester son attachement à Jésus, « fondateur des sociétés sans-culottes ». Le culte de Bara est imposé par Robespierre et Barère, contre celui des « martyrs de la liberté [130] ». Même si la déchristianisation se prolonge dans de nombreuses régions jusqu'au printemps 1794, l'offensive des montagnards conduit à classer comme contre-révolutionnaires les sans-culottes, appelés aristocrates à « bonnet rouge » dès le 25 décembre 1793 par Robespierre. Grégoire, de son côté, dénonce sous le néologisme « vandalisme » les destructions opérées par les sans-culottes, inaugurant une campagne contre l'hébertisme, qui préparait la Contre-Révolution par « l'abrutissement de la pensée [131] ». Ainsi, la ligne de séparation entre révolutionnaires et contre-révolutionnaires qui se trouvait à la droite des patriotes passe à leur gauche, isolant les citoyens républicains de leurs adversaires « ultra- » et « citra »-révolutionnaires. Dans la petite ville de Bourgoin [132], les membres de la société populaire se déchirent entre eux, s'appelant « brigands » et « aristocrates » !

Sur le terrain, la mission de Jullien donne des arguments pour mettre en difficulté des représentants en mission proches des hébertistes, qui sont rappelés à Paris. Carrier se soumet, Javogues résiste quelques semaines [133]. Ainsi, Robespierre contrôle-t-il le langage moral de la dénonciation jusqu'en prairial an II. L'épuration des milieux dirigeants est amorcée avec le rapport du 5 nivôse

130. J.-C. Martin, 1996a.
131. B. Baczko, 1983, p. 212-213.
132. J. Froger, 1995, p. 238.
133. C. Lucas, 1990, p. 253 *sq.*

an II (25 décembre 1793), dans lequel il accuse les factions d'être soutenues par Pitt et Cobourg [134], annonçant le discours de Saint-Just sur les « factions de l'étranger » du 13 mars 1794, qui prélude aux arrestations des dirigeants cordeliers d'abord, des Indulgents ensuite, confondus avec les « agents de l'étranger ». Devenus contre-révolutionnaires, les hébertistes ont ainsi perdu peu à peu tout pouvoir politique, malgré la diffusion populaire du courant déchristianisateur [135].

Le retournement de Thermidor.

Cette situation devient rapidement intenable. Les décrets de ventôse (13 mars 1794) créant 6 commissions populaires pour juger les ennemis de la Révolution, et ceux de germinal transférant à Paris « les prévenus de conspirations » et excluant des places fortes, de Paris et des frontières les ex-nobles et les étrangers, relèvent des demandes hébertistes, au moment même où ceux-ci sont éliminés et alors qu'ils contribuent de fait à la concentration de la répression dans les mains du Comité de salut public. La création par décret du 10 mai 1794 d'une Commission populaire à Orange [136], pour « sauver cette partie du Midi », est exceptionnelle. Elle est dirigée contre les « ennemis de la Révolution », ce qui introduit de fait une catégorie différente de la Contre-Révolution, visant « tous ceux qui, par quelques moyens que ce soit, et de quelques dehors qu'ils se soient couverts, ont cherché à contrarier la marche de la révolution [137] ». A Arras et à Cambrai, Lebon obtient le maintien d'un tribunal

134. F. Brunel, 1989, p. 20-48.
135. Sur cette question controversée, A. de Lestapis, 1969; M. Vovelle, 1988.
136. M. Lapied, 1996, p. 183-198.
137. F. Brunel, 1989, p. 62-67.

révolutionnaire, où il fait procéder à une terreur identique, en profitant de ses liens avec Robespierre. La spirale répressive semble s'engager d'autant plus violemment qu'elle s'enclenche sur des faits immatériels et des fautes morales. La suppression des armées révolutionnaires et la réduction de l'activité des colonnes incendiaires de Turreau, avant le déplacement de son chef en mai, attestent de cette reprise en main, démoralisatrice pour les masses urbaines et les militants, qui ont perdu définitivement tout pouvoir.

Alors que l'échec du terrorisme a provoqué un renforcement de la Contre-Révolution royaliste, auquel participe la mystérieuse conspiration du baron de Batz, les mesures gouvernementales visent d'abord les sections révolutionnaires, accroissant la sujétion des mouvements populaires au gouvernement [138]. Le 27 prairial (15 juin), le Conseil général de la Commune de Paris interdit les fêtes sectionnaires dénommées fêtes « partielles », donc contre-révolutionnaires. Les banquets fraternels, organisés par les sections, sont aussi visés, parce qu'ils auraient compris des « modérés ». L'analyse politique est sujette à une radicalisation moralisatrice, exprimée par Robespierre dans son discours du 7 mai : « Le fondement unique de la société civile c'est la morale. » La loi de prairial instituant la Grande Terreur achève de brouiller les cartes pour plusieurs raisons. Dans la logique de Robespierre, elle est assurément un des moyens d'épuiser le système de la Terreur, en refondant la justice sur des principes clairs [139]. Cependant, elle s'éloigne davantage des aspirations des individus ordinaires, contribuant à isoler Robespierre et ses amis dans une démarche morale qui n'a plus de prise sur la réalité politicienne, si bien que la loi est facilement lue, dans cette

138. F. Brunel, 1989, p. 76-77.
139. L. Abdoul-Mellek, 1994.

vision, comme la poursuite de la dérive répressive [140]. L'urgence qui pouvait se justifier dans des villes provinciales au contact immédiat avec des bandes armées contre-révolutionnaires n'existe plus que dans les discours à Paris, rendant les exécutions d'autant plus insupportables.

Le coup d'État de Thermidor illustre enfin comment la Contre-Révolution est employée dans les luttes internes. Quelles que soient les interprétations que l'on puisse faire de la position de Robespierre dans les mois de mai et de juin 1794, son isolement s'accroît d'autant plus qu'il est au centre de toute la Révolution : que ce soit lors de la fête consacrée à l'Être suprême, ou face aux attentats commis par L'Admirat [141] et par Cécile Regnault, qui provoquent un climat de surexcitation à la Convention [142]. Dans la déclaration que Robespierre fait devant l'Assemblée le 7 prairial (ce sera la dernière, mais nul ne le sait alors), la Contre-Révolution lui apparaît d'autant plus dangereuse qu'elle est abattue, si bien qu'il prophétise son propre sacrifice pour prix de l'arrêt de la Terreur, se posant comme le seul garant de la poursuite de l'idéal révolutionnaire contre les autres révolutionnaires si nécessaire. Cette incarnation de la Révolution par un homme et ses amis, Saint-Just et Couthon, provoque un regroupement de membres des comités et de conventionnels qui se sentent déclassés ou menacés, et qui vont accuser les trois « triumvirs » de contre-révolution.

Déjà, le 21 juillet, Carnot [143] déplace préventivement les canonniers de Paris, qui avaient tenu le rôle principal

140. J. Solé, 1994.

141. Faut-il écrire Ladmiral (A. Thiers, *Histoire de la Révolution française*, 1882, p. 40), Admiral (Palmer, 1989, p. 291), Amiral (B. Baczko, 1989a, p. 16), Admirat (*Dictionnaire Soboul*, p. 1048), L'Admirat (A. de Baecque, 1993, p. 371) ?

142. A. de Baecque, 1994.

143. M. Reinhard, 1952, II, p. 148-150.

le 31 mai 1793, parce qu'il craint que la fête de l'École de Mars [144], fixée après plusieurs déconvenues le 10 Thermidor, renforce le pouvoir de Robespierre ; Couthon considère ce déplacement comme une manœuvre contre-révolutionnaire. Des rumeurs se répandent dans le droit fil du système terroriste de dénonciation de la Contre-Révolution [145]. Robespierre est accusé d'avoir protégé une secte, dirigée par Catherine Théot, qui lui aurait voué un culte ; Barère assure qu'il aurait pactisé avec Pitt et crée une légende mettant en cause un Anglais, Vaughan, *alias* Jean Martin [146] ; de son côté, Vadier fait croire que Robespierre a voulu épouser la fille de Louis XVI et devenir roi. La centralité occupée par Robespierre se retourne brutalement contre lui, le faisant dénoncer comme tyran, sous le slogan : Robespierre-roi.

Ces événements s'expliquent moins par la fatalité (Saturne dévorant ses enfants) que par l'achèvement d'un processus qui a réduit progressivement la légitimité de la Révolution à un corps de doctrine et à un noyau d'individus de plus en plus restreint, lui faisant perdre toute emprise sur la réalité sociale. Thermidor marque la fin de cet enchaînement entraînant une remise en cause de la signification ordinaire des notions, avant leur stabilisation.

La Contre-Révolution renforcée.

Thermidor ne peut cependant pas être compris comme le résultat d'une seule logique. Le détachement envers le discours terroriste s'est aggravé aussi parce que l'échec politique est évident et que la Contre-Révolution, bien

144. J.-C. Martin, 1996a, p. 90-91.
145. Analyse de B. Baczko, 1989a.
146. A. Mathiez, 1918, p. 261-276.

réelle et non plus fantasmée, est plus forte dans le pays à la fin de 1794 qu'elle ne l'était un an auparavant. Aux frontières, la situation est différente, les armées françaises reprennent l'offensive, envahissent brutalement le nord de l'Espagne et soumettent la Belgique comme la rive gauche du Rhin. Seule la Corse passe sous le contrôle de l'Angleterre, qui occupe toute l'île en août 1794 et lui octroie une constitution libérale dans la mouvance de la monarchie anglaise [147].

L'Ouest offre un exemple particulièrement éclairant. Dans la région-Vendée, les colonnes de Turreau ont achevé de faire fuir vers les villes les populations rurales partisanes de la Révolution, qui se trouvaient menacées, et ont provoqué la renaissance des bandes armées autour de chefs comme Charette, Stofflet ou Sapinaud, au point que, à partir de l'été 1794, les campagnes vendéennes sont perdues pour les révolutionnaires. Les vendéens s'organisent en petits royaumes, presque indépendants les uns des autres, dans lesquels ils font les moissons, établissent des quartiers généraux et des hôpitaux, battent monnaie même, comme Stofflet, ou s'entourent d'une « cour » comme Charette à Legé. Même si Charette devient, au début 1795, lieutenant général du royaume par la volonté de Louis XVIII, la Vendée n'est plus porteuse d'une volonté expansionniste contre la Révolution, et, si ses composantes échappent aux lois républicaines, les adversaires ne cherchent plus vraiment à se détruire.

Au nord de la Loire, la situation s'est aussi considérablement dégradée pour les révolutionnaires, même s'ils gardent, théoriquement, la direction politique de la région. Lors de la Virée de Galerne, les ruraux mécontents, mais soumis par la force en mars-avril 1793, se sont joints aux colonnes vendéennes ou ont profité de

147. M. Wagner, 1994, p. 222 *sq*.

l'affaiblissement des révolutionnaires pour se soulever à nouveau. Sous l'initiative de nombreux petits chefs locaux, la Bretagne, la Mayenne, une partie de la Normandie sont entrées dans la chouannerie. Les forêts sont investies par des bandes de quelques dizaines à quelques centaines d'hommes, formant des rassemblements épisodiques et fluctuants, formés par les populations voisines, qui les soutiennent bon gré mal gré. Les opérations collectives sont limitées, l'activité essentielle des chouans est représentée par des coups de main contre les révolutionnaires locaux, maires et curés (plus que contre les troupes stationnées qui sont souvent évitées avec soin), et par le quadrillage de leur territoire. Les charrettes sont détruites ou confisquées, les déplacements difficiles, l'administration très perturbée et les impôts impossibles à recouvrer.

Les campagnes sont parcourues le jour par les soldats, qui gardent tant bien que mal le contrôle des grandes routes, et la nuit par les chouans, qui ont abandonné leurs occupations diurnes ou qui ont passé la journée cachés dans des souterrains ou dans des abris. Jean Cottereau, Georges Cadoudal, pour ne citer que quelques noms, se taillent ainsi de véritables principautés, aux limites incertaines, découpant la région en une véritable « peau de léopard », puisque quelques zones leur sont obstinément hostiles (le sud du Finistère par exemple). Le changement est provoqué par l'irruption de Joseph Puisaye à partir de décembre 1793. Après son échec à la tête de l'armée « fédéraliste » de Normandie, il entre en Bretagne et entreprend de fédérer les bandes dispersées autour de sa personne. S'intitulant général en chef, au terme de chevauchées rocambolesques, il réussit à convaincre la plupart des chefs locaux de sa légitimité et devient ainsi dans le courant de l'année 1794 l'instance fédératrice de la chouannerie – excepté dans le Morbihan, où Cadoudal, jaloux de son autorité et sûr de ses convictions, rejette tout

lien avec Puisaye [148]. Celui-ci, après ces débuts très difficiles, devient malgré tout le correspondant de Londres,
organise des échanges de courrier et d'armes et part secrètement en Angleterre pour négocier directement avec Pitt
un débarquement contre-révolutionnaire en Bretagne.

Les violences révolutionnaires ont dans l'Ouest,
comme ailleurs, contribué à développer l'affirmation de
l'identité contre-révolutionnaire et l'acceptation du martyre. En Vendée, des femmes vont à la mort sans faiblir
et en chantant des cantiques [149] ; dans le Cantal, des
réfractaires affirment préférer être mis en pièces plutôt
que d'embrasser l'arbre de la Liberté [150] ; à Orange, les
religieuses emprisonnées revendiquent la mort et font
l'édification de leurs compagnons de cellule, avant de
devenir des saintes sur les tombes desquelles les « bons
chrétiens » vont prier dès octobre 1794 [151]. Les revendications religieuses sortent vivifiées de ces épreuves, au
détriment de l'Église constitutionnelle, et malgré les
efforts de Grégoire, qui voit s'effondrer ses espoirs de
bâtir une démocratie chrétienne, puisque le catholicisme
est dorénavant du côté de la Contre-Révolution [152]. Le
calendrier grégorien reste en usage dans les campagnes,
qui ont sauvegardé le culte traditionnel protégé par les
communautés : face aux destructions d'objets religieux,
des réactions populaires ont conservé clandestinement
des statues, des tableaux, des châsses [153]… Un peu partout, les évêques émigrés ont maintenu leur liaison avec
des vicaires apostoliques, qui, en Lozère ou en Vendée,
continuent à encadrer leurs ouailles [154]. Dans le Puy-de-

148. M. Hutt, 1983.
149. R. Dupuy, 1997a.
150. Y.-G. Paillard, 1970, p. 320.
151. M. Lapied, 1996, p. 187-198.
152. B. Plongeron, 1989, p. 59.
153. S. Bernard-Griffiths, 1992, p. 260.
154. A.-Q. Délègue, 1994, p. 127-140.

Dôme, une « lettre d'or » circule depuis décembre 1793 parmi les paroissiens, engageant à rester fidèles à Rome [155]. La persécution antireligieuse, pouvant être imputée aux « proconsuls », profite finalement aux prêtres réfractaires.

Cette unité contre la Révolution est d'autant plus importante pour la suite que les membres du clergé sont divisés entre eux, qu'ils soient restés en France [156] ou partis en émigration [157], car les différentes sensibilités continuent de s'affronter, les prêtres émigrés à Londres s'opposant à ceux se trouvant en Italie ou à Constance, au sujet du jansénisme et de l'éventuelle soumission aux lois de l'État. La persécution garantit l'unité, y compris avec les chefs nobles qui s'investissent dans la chouannerie.

L'impossible conciliation.

Après Thermidor s'ouvre une période d'indécisions et de remises en cause. La légende de Robespierre-roi est largement acceptée par l'opinion et les jacobins, qui se rallient à la Convention, en même temps que les règlements de compte précipitent l'examen des conduites passées. Ces révisions se réalisent dans le déchirement et l'incertitude. L'impossible oubli [158] des divisions remet en cause les catégories consacrées : les girondins emprisonnés, qui ont échappé à la mort, sont réintégrés à la Convention, les sans-culottes sont dénoncés vigoureusement par Grégoire, qui les assimile aux vandales, mais surtout l'ouverture des prisons et la suppression du Tribunal révolutionnaire provoquent un choc en retour

155. É. Liris, [sd], p. 790.
156. J.-C. Meyer, 1982, p. 285.
157. B. Plongeron, 1994.
158. M. Ozouf, 1984, p. 91-108.

considérable. Les Nantais que Carrier avait fait envoyer à Paris pour y être jugés, d'accusés deviennent accusateurs, et leurs révélations sur la Terreur à Nantes soulèvent l'indignation contre Carrier et les terroristes. Le sentiment est d'autant plus violent qu'il est canalisé adroitement par Fouché, utilisant notamment Babeuf [159], pour faire oublier son propre rôle à Lyon et pour charger Robespierre de la responsabilité de ces horreurs. L'attitude intransigeante de Carrier facilite cet amalgame surprenant : il est dénoncé comme participant de la « queue de Robespierre », qui désigne en vrac tous les tenants d'une ligne révolutionnaire dure. Carrier est ainsi abandonné par les autres députés de la Convention qui décident de le juger avec les membres du Comité révolutionnaire nantais. Sa tentative de se couvrir de l'autorité de l'Assemblée tourne court. Un député souligne que celle-ci n'a jamais donné l'ordre de commettre des barbaries ; un autre refuse que les massacres de Septembre puissent être évoqués pour justifier la Terreur de 1794 ; un troisième récuse les tribunaux exceptionnels, jugeant selon des preuves morales. Tout le système terroriste est condamné, estimé contre-révolutionnaire ; pourtant, seuls deux aides de Carrier sont jugés responsables et exécutés avec lui en décembre 1794 [160]. L'indécision politique est grande et les opinions mal fixées. La dénonciation du vandalisme, dont Grégoire se fait le chantre, témoigne de l'inquiétude d'une partie du personnel révolutionnaire en découvrant que les « barbares » étaient aussi parmi eux. La crainte de la destruction rapproche d'un seul coup les thermidoriens de Mallet du Pan, annonçant la politique du Directoire qui tentera de limiter l'exercice du pouvoir aux individus « civilisés [161] ».

159. R.B. Roze, 1978, p. 178 ; C. Mazauric, 1997.
160. J.-C. Martin, 1997a.
161. B. Baczko, 1983, p. 204-207.

En témoigne le rapprochement qui s'opère à la fin de l'année 1794 entre les thermidoriens et les vendéens. Dans la région-Vendée, aucune décision militaire ne peut plus être obtenue par l'un ou l'autre des adversaires, les grandes villes restent assiégées et font face avec difficulté aux problèmes de subsistance, alors que les conventionnels peuvent imposer des négociations de paix avec leurs voisins, les armées françaises ayant obtenu des victoires sur tous les fronts [162]. Par nécessité et par conviction politique, la Convention s'engage dans la voie de l'apaisement, notamment sous l'impulsion de Carnot, qui fait savoir qu'il n'a jamais approuvé le système de Robespierre [163]. Après que les prisons eurent été ouvertes et les vendéens libérés, elle propose, d'abord, l'amnistie aux paysans égarés, puis laisse libre l'exercice du culte, enfin engage des pourparlers avec les chefs, qui gardent la confiance de leurs hommes. Charette et ses troupes peuvent ainsi défiler dans Nantes et être reçus par les membres de la société populaire de la ville. Tous communient dans la réconciliation et accusent les extrémistes des deux bords d'avoir été responsables de la guerre et de la terreur. Cette rencontre au centre se concrétise par les traités de paix signés dans le château de La Jaunaye, près de Nantes, en février 1795 entre Charette et la Convention.

La région contrôlée par le chef vendéen obtient un statut extraordinaire : les insurgés en gardent le contrôle militaire, le culte réfractaire y est libre et la France lui verse une indemnité. Seul Stofflet reste sur des positions royalistes intransigeantes, proclamant son attachement au principe monarchique et à la France de 1788. Le compromis entre modérés de gauche et de droite a prévalu. Le temps de ceux que Bernard Gainot propose d'appeler

162. J.-C. Martin, 1997b.
163. M. Reinhard, 1952, p. 154.

« républicains démocrates [164] » semble venu. Rejoignant les « démocrates-chrétiens » dont Grégoire peut être la tête de file, ils peuvent espérer nouer des alliances avec les « contre-révolutionnaires » démocrates, qui, comme eux, ont perdu jusqu'alors devant les surenchères et les manœuvres politiciennes, dans la formation de la nation française. En janvier 1795, l'amnistie est proposée comme prix de l'unité nationale aux habitants de Senlis avec cette injonction, que « chacun fasse à la Patrie le sacrifice de maux inséparables d'une grande révolution [165] ».

164. Cité par P. Serna, 1994, p. 447.
165. G. Cabanes-Boquet, [sd], p. 124.

6

Contre-Révolution
contre Révolution

1795-1799

Après le 9 thermidor, la définition même de la Contre-Révolution change [1]. Il faut dorénavant avoir été engagé dans une activité clairement contre-révolutionnaire, pour être jugé comme tel : toutes les interprétations morales qui avaient permis les dérives précédentes sont devenues caduques. Si les gens du peuple accusent les « gros », « les intrigants, les marchands, les factieux... et les hommes à la houppelande », d'être contre-révolutionnaires [2], la Contre-Révolution devient cependant un bloc identifiable (même s'il reste divisé par des courants destinés à durer), organisé d'en haut, dont l'objectif est la prise du pouvoir, qui est tentée à trois reprises entre 1795 et 1799.

1799 marque bien, de ce point de vue, la fin de la période révolutionnaire puisque l'échec de la tentative contre-révolutionnaire armée permet à Bonaparte de prendre le contrôle politique du pays, au nom de l'unité des Français contre les extrémistes des deux bords. La page tourne ; après 1800, Révolution et Contre-Révolu-

1. B. Baczko, 1989a, p. 200. A propos de la répression en Pologne par les Allemands contre les « patriotes polonais », le journaliste nantais Mangin écrit : « Voilà ce qu'est une contre-révolution », *La Feuille nantaise*, 8 germinal an III, É. Barrault, 1994, p. 113.
2. G. Rudé, 1982, p. 169-171.

tion ne sont plus les pôles autour desquels toute la vie du pays se focalise.

La « réaction thermidorienne ».

La volonté des modérés de rassembler les Français dans l'unité nationale échoue rapidement pour plusieurs raisons. L'amnistie qui fait sortir de prison les contre-révolutionnaires, et gracie la veuve du chef vendéen Bonchamps[3] par exemple, n'est pas une politique. La nécessaire condamnation de Robespierre et de la Terreur, assimilée aux ténèbres des tombeaux et à l'enfer d'où la France sort[4], rend intenable la position des thermidoriens : se démarquant du passé, ils se privent de toutes les énergies révolutionnaires demeurées dans le pays ; laissant proliférer les dénonciations de la violence[5], ils en rendent toute la Révolution responsable[6] ; refusant de dépendre du peuple insurgé, ils contredisent leur légitimité théoriquement fondée sur le peuple français. Aucun compromis institutionnel n'est durable, puisqu'ils ont vaincu la Contre-Révolution grâce aux alliances avec le petit peuple, mais qu'ils retournent à la politique menée par les élites des deux bords en 1789 qui ont utilisé la violence populaire lorsqu'elles la contrôlaient, et qui l'ont condamnée, lorsqu'elles la craignaient[7].

Sur le terrain, l'affaiblissement du contrôle politique

3. AN, AA 1321.
4. L. Andriès, 1988, p. 11.
5. Voir les œuvres de Prudhomme, ou le *Précis historique de la vie, des crimes et des supplices de Robespierre et de ses principaux complices*, de Des Essarts, paru en 1796.
6. Le souvenir contre-révolutionnaire naît de cette situation. Il est aisément repérable dans les nombreuses publications qui retracent, en cette fin de XXe siècle encore, la marche de la Révolution jusqu'à la Terreur et à ses atrocités, oubliant la politique thermidorienne.
7. Contre une analyse trop restrictive de C. Lucas, 1996.

permet aux communautés de se ressouder et profite au culte catholique. En Artois, la cohésion villageoise se reconstitue autour des aspirations à l'autonomie et au maintien des habitudes religieuses [8]. Campagnes et villes de toute la France – même « bleues », comme Saumur – sont agitées par des manifestations réclamant la réouverture des églises, par des oppositions ouvertes aux autorités républicaines [9], tandis que les prêtres réfractaires sortent de la clandestinité ou regagnent la France. La réclamation est facilitée par le fait que des églises ont été achetées, comme biens nationaux, par des individus qui font venir des prêtres réfractaires, donnent du pain aux pauvres et soutiennent « le roi légitime [10] ». Des pèlerinages se forment spontanément sur les sépultures des victimes de la Terreur, tandis que des créations d'Églises de type sectaire traduisent l'inquiétude des populations [11]. Le plus souvent, ces résurgences religieuses profitent à la Contre-Révolution. En janvier 1795, l'évêque de Dol [12] accorde son soutien aux aumôniers des chouans, qu'il compare aux Maccabées armés contre les ennemis de la religion et du trône, usant d'une thématique destinée à durer dans les mentalités. La propagande royaliste [13] utilise le mécontentement populaire avec ce genre de slogan : « Prenons patience, nous aurons un roi avant quinze jours ; alors nous ne manquerons pas de pain. » Cette situation explique que dans le pays de Caux, où le catholicisme structure la cohésion des communautés, les tensions économiques s'ajoutant aux problème religieux [14], la chouannerie progresse. Pour rendre compte de cette

8. J.-P. Jessenne, 1987, p. 121.
9. D.M.G. Sutherland, 1986, p. 280-283.
10. G. Bourdin, 1989, p. 141.
11. Exemples dans B. Plongeron, 1988 ; M. Lagrée, 1993.
12. M. Reinhard, [sd], p. 223.
13. G. Rudé, 1982, p. 173.
14. G. Lemarchand, 1987, p. 106 *sq.*

situation, l'historien Donald Sutherland estime que Thermidor est l'époque de la contre-révolution populaire (comme l'an II avait été l'ère des sans-culottes [15]).

Dans les jours [16] qui suivent Thermidor, la pression de l'opinion fait sortir de prison des milliers de suspects [17], accuser les jacobins de tyrannie et rompre les cadres de pensée antérieurs, ce que Tallien illustre en ne reconnaissant plus la pertinence de l'opposition entre « aristocrate » et « patriote ». L'histoire de la Révolution est totalement relue, comme en témoigne cet article de *La Feuille nantaise* [18] à propos du « fédéralisme » : « Bordeaux fut égaré un instant par des hommes qui abusèrent de la confiance en trompant son patriotisme. Aujourd'hui que la vérité a percé, personne n'ignore que le fédéralisme n'était l'ouvrage que de quelques scélérats, et que les citoyens de Bordeaux en les servant croyaient servir la République. » Ce fut donc une « erreur malheureuse » qui a attiré tous les maux sur les Bordelais. Avec d'autres, ce journal participe ainsi à la « réaction thermidorienne », enracinant les violences de la Terreur dans les mémoires [19] ; il accuse Robespierre d'avoir voulu « dépopuler » le pays – ce que Babeuf reprend avec d'autres pamphlétaires mais pour défendre la ligne sansculotte [20] –, il assure [21], le 5 brumaire an III, que « dans les papiers de Robespierre on a trouvé des notes qui vouaient à la mort douze mille têtes dans le seul département du Vaucluse ». Lebon est, lui, accusé d'avoir utilisé une guillotine pour couper ses fruits, et Lejeune pour

15. D. M. G. Sutherland, 1986, p. 248-249.
16. F. Gendron, 1983 ; G. Lefebvre, 1984, p. 94.
17. Avec plus ou moins de lenteur : les prêtres détenus sur les pontons de Rochefort ne sont libérés qu'en février 1795, *Colloque de Rochefort*, p. 19.
18. *La Feuille nantaise*, 5 brumaire an III.
19. S. Luzzato, 1994, p. 131-145.
20. C. Mazauric, 1997.
21. É. Barrault, 1994, p. 92, 98, 10, 6.

décapiter des animaux [22]. La « légende noire [23] » de la Terreur – voire de la Révolution – naît de ces propos, qui font de Collot d'Herbois [24] un raté avide de vengeance, d'Antonelle [25] un auteur médiocre, un excentrique et un violent... et d'innombrables fausses nouvelles sont répandues, comme le meurtre, inexistant, de patriotes du Gard [26]. Le tannage de peaux humaines est imputé aux révolutionnaires angevins ou à Vadier en Ariège [27] ; on prête la phrase « Nous n'avons plus besoin de chimiste » au président du Tribunal révolutionnaire jugeant Lavoisier [28]... La subversion des mots se retourne ainsi contre la Révolution elle-même, qui fera dire à La Harpe que « tout a existé en sens inverse » et qu'« on avait formé... une langue qui était l'inverse du bon sens [29] ». La « réaction thermidorienne » trouve ici un de ses sens : réaction politique et culturelle du personnel modéré contre les opinions sans-culottes, auparavant *domin*antes et publ*iques* – dénoncées dans une section parisienne sous le mot-valise « opinion dominique » –, qui suscite des séries d'accusations de toutes sortes contre les anciens terroristes, accusés même d'avoir volé des chemises [30].

Les journaux jouent ainsi un rôle considérable dans la manipulation de l'opinion. Si *La Feuille nantaise*, appartenant au courant modéré, qualifie les chefs vendéens de « malheureux » en 1795 et s'oppose à toute politique du pire, ainsi qu'au retour des prêtres réfractaires [31], elle reste loin des diatribes de l'autre journal nantais, *Vaille*

22. É. Barrault, 1994, p. 152-153.
23. B. Baczko, 1996.
24. M. Biard, 1995, p. 212-213.
25. P. Serna, 1994, p. 4.
26. F. Copit, 1994, p. 35.
27. G. Dussert, 1989, p. 197.
28. B. Baczko, 1983, p. 219.
29. É. Pommier, 1989, p. 244-245.
30. S. Luzzato, 1994.
31. F. Copit, 1994, p. 46, 85, 112.

que vaille, qui dénonce les crimes des « vampires », des « anthropophages », rejoignant *L'Antiterroriste* [32] à Toulouse, l'un des journaux les plus virulents contre les « terroristes », ou *L'Accusateur public* à Paris. Dans la capitale, de nouveaux titres attirent des plumes prestigieuses (Suard, Fontanes) ; Dupont de Nemours lance son journal *L'Historien*, et certains journalistes comme Richer-Sérizy se retrouvent ensuite parmi les chefs du complot du 20 vendémiaire. Tous ces journaux, qui obtiennent du succès en critiquant les révolutionnaires, en défendant l'Ancien Régime et les bons prêtres, restent cependant rivaux – avant de subir ensemble la répression après le coup d'État du 4 septembre 1797 (18 fructidor an V) [33].

Illustration du grand désarroi de l'opinion : les muscadins et les merveilleuses, ces jeunes gens – 2 000 à 3 000 à Paris, vivant essentiellement sur la rive droite –, affichent d'abord leur refus de l'ordre révolutionnaire par des tenues vestimentaires chargées de symboles (17 boutons de nacre pour rappeler Louis XVII, le collet noir pour symboliser la mort de Louis XVI, les tenues blanches et vaporeuses des femmes poudrées, leur « coiffure à la victime [34] » contre la Terreur…). Portant les cheveux tressés et retenus par des cadenettes, la culotte et un gourdin plombé, ces jeunes hommes font du tapage dans les rues en chantant *Le Réveil du Peuple*, se réunissent dans des cafés royalistes et lisent des journaux comme *Le Courrier républicain*, *La Quotidienne*, *Le Messager du Soir*, qui auraient 15 000 abonnés. Surtout, ils s'opposent aux partisans de la Révolution – reconnaissables à leurs cheveux flottants, leurs vêtements sans souci de la mode, chantant *La Marseillaise* – dans d'in-

---

32. J. Godechot, 1987, p. 122-123 ; 1986, p. 207-210.
33. J. Tulard, 1990, p. 116-119.
34. L. Hunt, 1980, p. 27-30.

nombrables affrontements, dont certains dégénèrent en bagarres, en meurtres et certainement en viols de femmes jacobines, dépeintes comme des odalisques sanguinaires[35]. Ces « réacteurs » en bande arrêtent et emprisonnent ceux qui sont classés comme « buveur de sang » ou « septembriseur[36] » ; ils « dépanthéonisent » Marat, puis obtiennent le 12 ventôse la mise en accusation de Barère, Billaud-Varenne, Collot d'Herbois et Vadier, puis leur déportation (Fouché réussit à profiter des divisions internes à l'Assemblée, jusqu'à thermidor, date après laquelle il est peut-être emprisonné, au moins exclu de toutes fonctions publiques).

Toute la France est affectée profondément par ces mutations politiques. Nantes, où une altercation entre muscadins et soldats fait plusieurs morts[37], apparaît comme la ville martyre du terrorisme. Un almanach royaliste y dresse en 1795 une liste de saints vendéens[38]. En Vendée, le traité de La Jaunaye a mis fin à la guerre avec Charette et a facilité la lutte contre Stofflet qui se soumet en mai 1795, sans que la République en tire aucun véritable avantage : le territoire contrôlé par Charette devient une véritable enclave « d'Ancien Régime » dans le pays, et sur ses limites incertaines de nombreux conflits entretiennent une agitation, qui débouche sur la guerre ouverte en juin 1795. En Bretagne, si les chefs de la chouannerie, Cadoudal excepté, signent également la paix avec la République, le 20 avril, dans le château de La Mabilais, l'insécurité demeure, les chouans n'ayant pas rendu leurs armes, « la chasse aux patauds » (les patriotes) se mène dans de nombreuses régions : des républicains sont molestés, dévalisés, voire exécutés, à

35. F. Gendron, 1979, p. 49-50, 68, 240.
36. R. Cobb, 1964, p. 188-196.
37. É. Barrault, 1994, p. 146.
38. B. Plongeron, 1969, p. 115.

l'occasion de multiples règlements de compte, mêlant politique, vengeance personnelle et criminalité ordinaire. De nombreuses municipalités rurales sont contrôlées de fait par des partisans de la royauté, qui empêchent toute élection ou laissent des maires arborer un républicanisme de façade [39], tout en interdisant – y compris par la force – aux « patriotes » réfugiés dans les villes de revenir dans leurs propriétés. En Mayenne, contre les chouans qui mènent une guerre des vivres contre les villes, les républicains envoient des colonnes qui profitent de la situation pour voler et violer [40].

Dans tout le pays – comme en Belgique – [41], la criminalité progresse et des pillards (comme la bande d'Orgères [42]) ou des « brigands royaux » sévissent, mêlant violences privées et violences politiques, ces actes délictueux étant peut-être la seule protestation populaire possible [43]. Dans le Nord, des « sommeurs » enjoignent aux paysans de déposer de l'argent, un peu partout, des « chauffeurs » pillent et brûlent les pieds de leurs victimes pour qu'elles donnent leur argent… si bien que les campagnes supportent de gré ou de force ces bandes de déserteurs et de « chouans ». A Bordeaux, l'état d'esprit royaliste est revivifié et les muscadins interviennent publiquement, tandis que des regroupements clandestins préparent la restauration [44]. Dans le Midi toulousain, les muscadins tiennent le haut du pavé à Toulouse, rouent de coups des jacobins, brûlent leurs boutiques – peut-être tuent-ils un homme ? ; ailleurs, la « réaction » est plus faiblement perceptible [45].

39. J. Bourgeon, 1986.
40. B. Peschot, 1989.
41. M. Marion, 1934 ; R. Cobb, 1964, p. 246-251 ; M.-S. Dupont-Bouchat, 1988.
42. A. Zysberg, 1988.
43. R. Cobb, 1975, p. 75-83.
44. A. Forrest, 1996.
45. J. Godechot, 1986b, p. 208-209 ; M. Lyons, 1980, p. 107-109.

A Besançon, les jacobins se bagarrent avec les jeunes gens porteurs de cravate verte, accusés d'être des agents de Pitt et de Cobourg [46]. Dans le Puy-de-Dôme, l'agitation royaliste est perceptible dès 1794, des groupes de muscadins circulent dans les villes, tandis qu'un jeune émigré donne un cadre intellectuel à la réaction. Dans la montagne, une bande de quelques dizaines d'insoumis sillonne les forêts à l'encontre des républicains locaux, sous la conduite d'un noble, Lamothe [47].

Dans le Sud-Est [48], les antagonismes sont plus grands et les terroristes pourchassés en raison de leurs actes passés – le rappel des massacres de Bédoin, dans le Vaucluse, joue un grand rôle –, si bien que réactions paysannes, vengeances populaires et actions contre-révolutionnaires se mêlent pour créer un climat de violence, exploité par les chefs contre-révolutionnaires, Saint-Christol, Lestang, Bésignan, Allier, qui recrutent parmi les jeunes gens mécontents et les criminels, dans un esprit de clientélisme bien connu. Selon les anciens terroristes maltraités, ces hommes composent les Compagnies de Jésus (ou de Jéhu, ou du Soleil), à l'activité mal connue, qui agiraient de la Saône jusqu'en Avignon, en liaison avec la Suisse *via* l'Ain. Ceux-ci ne semblent pas avoir l'unité que leur prêtent leurs victimes (et adversaires, parmi lesquels se distingue l'ancien maire de Bagnols, Teste, protestant convaincu, jacobin, emprisonné en 1794). D'autres bandes sont dénoncées : comme les « Triqueurs », le « Vibou » et même un groupe de gardes nationaux « chouans » dans le Gard, qui allient nobles émigrés et « éléments populaires » difficilement gouvernables.

46. C.-I. Brelot, 1966, p. 157.
47. P. Bourdin, 1995.
48. C. Lucas, 1983, 1988b, p. 282-283 ; M. Lapied, 1988, p. 232-233 ; M. Vovelle, 1987 ; G. Lewis, 1978, p. 81-87, 111-117, 146-151.

Ces affrontements recouvrent des divergences d'opinions (la fracture née du « fédéralisme » rejoue), mais aussi des opérations crapuleuses, des revanches entre membres d'une communauté, ou relèvent des habitudes de divisions dichotomiques qui existent au sein des communautés du Sud-Est et que la Révolution a reprises à son compte. Les autorités, même protestantes, préférant détourner la violence populaire sur les anciens terroristes, pour éviter d'en faire les frais, d'innombrables actes de violence en découlent, qui vont de l'insulte à l'assassinat de prisonniers (une centaine de victimes à Marseille ou à Avignon, une soixantaine à Aix, 47 à Tarascon, 55 entre Orange et Pont-Saint-Esprit, 2 000 au total [49] ?), en passant par les attaques personnelles, les pillages, les emprisonnements et les mises à mort individuelles – dont des lapidations. Ces actes sont publics, les mises à mort se déroulant devant des spectateurs, selon des processus traditionnels (charivaris ou farandoles !) qui rappellent la révolte des Masques de 1783 [50]. Cet enracinement dans les luttes communautaires explique la brutalité – et l'efficacité – des attaques contre les jacobins, mais aussi en donne les limites : la portée politique de la Terreur blanche reste faible et ne porte guère de conséquences dans la durée. La réaction thermidorienne aura mélangé les sentiments libéraux d'une jeunesse qui ne pouvait plus accepter la rigueur terroriste, la lassitude générale, aux mouvements authentiquement contre-révolutionnaires [51].

A Lyon [52], la réaction est d'une particulière ampleur ; la ville retrouve son nom et honore les victimes de la Terreur par un cénotaphe inauguré le 29 mai 1795.

49. M. Lyons, 1975, p. 46.
50. G. Lewis, 1990, p. 121-125.
51. P. Viola, 1988.
52. É. Hardouin-Fugier, 1988 ; R. Fuoc, 1989.

L'abrogation de tous les « décrets de sang » encourage les Lyonnais à demander des réparations et à dénoncer les terroristes. La vengeance est orchestrée par un journaliste, Pelzin, relayée par les réfractaires et les aristocrates, revenus d'émigration et porteurs de faux assignats ; elle est accomplie par les déserteurs. L'agent anglais Wickham établit dans la ville, depuis la Suisse, une agence de propagande qui recrute des contre-révolutionnaires actifs (Imbert-Colomès, le marquis de Bésignan…), préparant une nouvelle insurrection avec Précy – mais celui-ci doute du succès. A partir de février 1795, certains « mathevons » – les anciens jacobins – sont assassinés, jetés dans le Rhône, par des attroupements qui font la justice eux-mêmes. Le maire Salamon, sorti de prison par Thermidor, mais à la conduite énigmatique [53] – est-il lié aux compagnons de Jéhu ? –, n'intervient pas. En mai, plus d'une centaine d'anciens terroristes, emprisonnés, sont massacrés par des foules qui envahissent les prisons, sans que les autorités locales réagissent. Ces massacres se produisent pendant les journées révolutionnaires parisiennes de germinal et de prairial et l'insurrection jacobine de Toulon, au moment donc où la Convention recherche l'aide des muscadins contre les insurgés, durement réprimés [54].

La crainte éprouvée par nombre de députés devant les mouvements populaires et les tentatives [55] de réhabilitation de la figure du jacobin, dont celles d'Antonelle ou des « crétois » (ces montagnards de la plus haute partie de l'Assemblée qui se solidarisent avec les insurgés de prairial [56]), explique la force de la réaction politique. Carnot peut passer pour un des meilleurs exemples :

53. B. Benoit, 1990, p. 496.
54. F. Gendron, 1983, p. 136-141.
55. P. Serna, 1994, p. 445 ; B. Bazcko, 1988 et 1989b.
56. F. Brunel, 1992b.

dans un glissement progressif, il se lie aux partisans de la royauté modérée. Dès le procès de Carrier[57], il s'était désolidarisé du Comité de salut public, se campant en opposant au système de Robespierre[58]; à la fin de 1794, il propose l'amnistie aux rebelles de l'Ouest; le 23 mars, alors que Barère, Billaud et Collot d'Herbois sont accusés, il limite son rôle dans le Grand Comité à l'organisation de la victoire! et le 20 mai, il attaque Babeuf, préfigurant la répression des néo-jacobins de 1796. Il couvre enfin les actions du général Willot, qui pacifie le Midi contre les jacobins, avant d'être élu aux Cinq-Cents et de devenir un des meneurs royalistes en 1797. Ainsi, le passage des thermidoriens au gouvernement contribue à sortir de la Terreur, mais en brouillant les cartes.

Coup d'arrêt au royalisme.

Cependant, les thermidoriens, y compris ceux qui comme Louvet ou Tallien doivent beaucoup aux muscadins, abandonnent cette alliance, devant la reprise des hostilités clairement contre-révolutionnaires. Le 25 juin 1795, à Quiberon[59], la flotte anglaise débarque deux divisions commandées par d'Hervilly et Puisaye et formées par des émigrés, mais aussi par des soldats français jusque-là emprisonnés dans les pontons anglais, et une division sortie de régiments anglais. Ces hommes sont rejoints par 15 000 chouans, venus de toute la Bretagne, composant ainsi une force considérable. L'idée était née en 1794 d'envoyer des troupes soldées dans les Pro-

57. M. Reinhard, 1952, p. 155-158, 187, 255.
58. J.-P. Bertaud, *in* J. Charnay, 1990, p. 74, rappelle que Carnot jusqu'en juillet 1794 avait accepté les mesures radicales du Comité.
59. J. Vidalenc, 1963; M. Hutt, 1983; B. Frélaut, 1993; C.-L. Chassin, 1973, P I, p. 466-600; M. Wagner, 1994, p. 167-177; R. Dupuy, 1997b.

vinces-Unies. Un accord passé entre le gouvernement anglais, Puisaye et les Princes change la destination. Après des victoires faciles sur les républicains vaincus dans la forteresse de la presqu'île, les troupes s'enlisent dans une inactivité liée à leurs divisions. Au niveau le plus élevé, le gouvernement anglais est divisé entre Dundas et Pitt sur l'envoi des troupes en France, ce dernier étant gagné à l'idée d'en envoyer beaucoup et d'appuyer les royalistes constitutionnels ; à la tête de l'expédition, Puisaye est en rivalité avec d'Hervilly : le premier est appuyé par les Anglais – sauf Burke – et représente la Contre-Révolution modérée, le second représente les Princes ; à un niveau plus humble, les officiers royalistes découvrent avec dégoût leurs alliés ruraux, parlant breton, indisciplinés et mal vêtus, qui refusent de se laisser commander.

En outre, l'opération a été mal préparée et effectuée avec retard. Sur place, Puisaye a promis 30 000 hommes, oubliant que la chouannerie n'a jamais pu réaliser autre chose que des coups de main et sans que nul lui demande pourquoi ces troupes, si elles avaient existé, n'avaient pas investi les villes plus tôt ! Il a préconisé un débarquement sur la côte nord de la Bretagne, visant à l'envoi de colonnes marchant en accord avec les chouans à l'intérieur, pour établir une monarchie modérée et pour proposer une amnistie, qui aurait pu rallier des acheteurs de biens nationaux. Le débarquement devait, enfin, être coordonné avec l'attaque des alliés dans le sud de la France et en Franche-Comté, ce qui n'a pas lieu. Les envois de munitions en Vendée pour Charette ne sont effectives qu'en août 1795, tandis que des plans de débarquement envisagés à Noirmoutier échouent devant la résistance de l'île et sont réalisés par les Anglais dans l'île d'Yeu. L'absence de politique claire, les multiples enjeux politiques et les informations volontairement déformées données par les contre-révolutionnaires français à leurs alliés, pour leur inspirer confiance, affaiblissent l'opération.

Tout ceci permet à Hoche d'abord d'isoler les anglo-royalistes du reste du continent, puis de les vaincre dans une opération menée à partir du 19 juillet. Malgré des moyens limités et de mauvais rapports avec la population bretonne, la victoire républicaine est totale. La flotte anglaise doit quitter la baie de Quiberon, tandis que les Blancs perdent entre 800 et 1 200 soldats morts au combat ou noyés, et plus de 6 000 autres faits prisonniers. Tactiquement, plus de 2 000 chouans capturés sont aussitôt libérés, puis 3 180 sont acquittés sur plus de 4 000 personnes passant devant les commissions populaires. En revanche, 750 comparants – dont 628 émigrés – sont condamnés à mort et exécutés à partir du 9 thermidor. L'échec de Quiberon provoque un choc considérable. Alors que les chouans ont été relativement épargnés, les émigrés capturés ont été systématiquement fusillés, dont l'évêque de Dol, récemment nommé « chapelain en chef des armées catholiques et royales avec pouvoirs de vicaire apostolique » par le pape. Les émigrés accusent aussi les Anglais d'avoir laissé exposer au feu le régiment d'Hector, composé essentiellement de nobles français pour « garder la domination des mers ». Le rôle de Tallien dans cette répression lui permet de se tailler à nouveau une réputation de républicanisme, au moment où il est accusé de négocier avec les royalistes liés à l'Espagne. Hoche, dont l'autoritarisme et les relations sont critiqués par les révolutionnaires les plus décidés, en tire également un renouveau de légitimité. Les antagonismes de la Terreur semblent réapparaître : devant une commission militaire, Edme de Genot justifie son émigration disant qu'il n'avait pas voulu « rester sur une terre arrosée du sang de [ses] semblables [60] ». A ce propos fait

60. R. Moureaux, 1991, p. 94.

écho la lettre d'un révolutionnaire de Montbéliard, qui, devant l'agitation des contre-révolutionnaires locaux, écrit qu'il vit « en terre au moins étrangère... On s'organise en chouans... on se plaît à avoir de la ressemblance avec la Vendée [61] ».

L'Ouest repart en guerre. Malgré leur défaite, les royalistes ont montré leur force, et l'organisation générale reste efficace. Les chouans ont pu traverser une partie de la Bretagne pour préparer le débarquement ; par la suite, alors que leur hiérarchie ne cesse de se perfectionner, ils mènent une politique violente contre les patriotes restés sur place, assassinant et laissant les corps sur place, sans que personne ose les enlever [62]. Au sud de la Loire, Charette, qui a été nommé le 8 juillet « général de l'Armée catholique et royale » par Louis XVIII depuis Vérone [63], a repris la guerre en été (Stofflet le rejoint à la fin de 1795 sur la demande d'Artois). Il semble qu'il soit en liaison avec des comploteurs, comme Duverne ou Sourdat – qui veut faire évader le fils de Louis XVI [64] et l'installer en Vendée –, et avec Wickham grâce à des intermédiaires dont Bourmont et un espion anglais « Bayard » (hostile aux émigrés [65]). Le gouvernement anglais lui envoie de l'argent et des munitions [66] – il y aurait eu ainsi un crédit de 20 000 livres à partager avec l'Agence dans l'été 1795. Dans l'Ouest, l'hiver 1795-1796 est extrêmement dur pour les troupes républicaines ; les bandes chouannes tiennent par adhésion ou par force les campagnes et conduisent une « guerre à la course », faite d'embuscades et de coups de main. En même temps, Puisaye fédère

61. J.-M. Débard, 1992, p. 289.
62. M. Duval, 1987, p. 65.
63. M. Hutt, 1983, p. 383, mais Artois fait nommer à égalité quatre autres généraux en novembre.
64. A. Doyon, 1969, p. 95-101.
65. A. Doyon, 1969, p. 114-115.
66. C.-L. Chassin, 1973, P II, p. 1, et chap. 18.

toutes les armées contre-révolutionnaires – Cadoudal excepté – pour préparer une grande opération militaire conjointe. Entre Loire et Normandie, le seul vicomte de Scépeaux estime avoir sous ses ordres 16 000 hommes, essentiellement des jeunes ruraux, divisés en bandes distinctes sous la conduite de chefs locaux [67]. En Normandie, Frotté est assez sûr de lui pour offrir à son adversaire Aubert du Bayet de faire une guerre laissant les paysans à l'écart des troubles, au nom de l'intérêt supérieur du pays, commun aux deux camps [68] !

Pourtant, l'équilibre des forces passe peu à peu en faveur des républicains, malgré le dynamisme apparent de la chouannerie : les affrontements parfois spectaculaires, l'arrivée de jeunes gens nobles venus connaître l'aventure, la structuration de la chouannerie et l'aide de plus en plus soutenue de l'Angleterre en argent et en armes, et malgré les nombreuses tractations qui se nouent entre les chefs des différents partis. Ainsi, alors que Carnot lui a demandé le 13 janvier d'en finir militairement, Hoche [69] aurait permis en février 1796 à Charette de fuir à l'étranger, ce que celui-ci refuse. L'objectif de cette chouannerie est dorénavant politique, l'élan populaire de 1793 manque et les forces déclarées par les chefs n'existent souvent que sur le papier ; les divisions politiques restent grandes, une partie des royalistes désapprouvant l'aide de l'Angleterre et le rôle de Puisaye [70] ; en outre, l'écart est souvent très grand entre la réalité du terrain et l'interprétation qui est faite dans les états-majors et chez les Princes [71]. Hoche met à profit cette situation. Il adopte une politique de fermeté envers les chefs et de conciliation envers les ruraux déposant

67. P.-M. Gourlet, 1989.
68. G. Bourdin, 1989, p. 148-149.
69. M. Reinhard, 1952, p. 199.
70. M. Hutt, 1983, p. 394-396.
71. M. Hutt, 1983, p. 414.

leurs armes. Il limite les excès des troupes républicaines, interdit parfois aux réfugiés patriotes de rentrer dans les zones pacifiées, laisse le culte catholique se réinstaller, et détache ainsi les paysans de leurs chefs. Il reprend enfin le plan projeté par Kléber dès 1793 de quadriller la région par des camps fortifiés et surtout il bénéficie de la disparition des rivalités de compétences entre civils et militaires et entre généraux d'armées concurrentes[72]. Il peut ainsi réussir sa mission, malgré la volonté d'en découdre exprimée par les républicains locaux qui ne comprennent pas la relative mansuétude de Hoche, et malgré son second, le général Willot, qui temporise avec les vendéens et les chouans[73].

Ces rapports de force donnent tout son sens à la Constitution de l'an III, promulguée en août 1795. L'annonce de la mort en prison du jeune Louis XVII, le 8 juin 1795, a attribué la légitimité monarchique à Provence devenu Louis XVIII. Or, dans la déclaration qu'il donne aussitôt depuis Vérone, il préconise le retour à la monarchie absolue, présente la Révolution comme la trahison du devoir divin et Louis XVI comme un martyr ; exaltant l'exemple de la Vendée, il attend la contrition des révolutionnaires et ne reconnaît pas les propriétés des acquéreurs de biens nationaux. Il rejoint certaines aspirations royalistes (le comte Ferrand[74] souhaite au moins une exécution par commune pour l'exemple, le comte d'Oultremont veut faire pendre ce qui reste de la Constituante), mais il prend à contre-pied[75] les royalistes modérés qui tentent depuis plusieurs mois de réussir le retour à la monarchie par les urnes, ce qui semble d'autant plus possible que la force semble insuffisante et que les pays européens – Grande-

72. B. Peschot, 1991.
73. C.-L. Chassin, 1973, P II, chap. 23.
74. Duc de Castries, 1979, p. 171-172.
75. J. Vidalenc, 1964, p. 389-410.

Bretagne et Autriche exceptées – signent la paix avec la France [76]. Cette déclaration – adoucie dans tous les entretiens privés [77] – interdit tout rapprochement entre modérés républicains et royalistes, alors que des contacts sont noués dans le Sud-Est [78]. Mallet du Pan, à qui Artois a demandé l'état de l'opinion, insiste pourtant sur l'indécision des Français, leur souhait d'une amnistie, estimant que beaucoup entendent résister aux « cerveaux timbrés » (les ultras avant la lettre) et pardonner aux jureurs [79]. Même Charette, en février 1795, met l'« hôtel » (*sic*) avant le trône [80]. L'unité du camp royaliste reste donc bien fragile.

Cette position dure explique que le régime qui naît avec la Constitution soit porté par des libéraux conservateurs, comme Boissy d'Anglas ou Lanjuinais [81] (classés par certains de leurs contemporains comme royalistes cachés) et approuvé par les royalistes modérés : s'il refuse toujours la rentrée des émigrés, il interdit tout retour à la situation antérieure à 1789 ainsi que tout gouvernement des « anarchistes ». La Constitution repose moins sur la mise en application d'un principe politique que sur la recherche d'un gouvernement « par les meilleurs », tenant à distance autant les « démocrates » que les « aristocrates ». Cette ambiguïté du régime transparaît aussi dans les liens personnels que les hommes politiques importants nouent entre eux et avec les individus qu'ils emploient, comme ce Poterat [82], agent des Princes et envoyé par le Directoire en Suisse et qui entre en contact autant avec

76. Avec la Toscane le 9 février, la Prusse le 5 avril, les Provinces-Unies le 16 mai, l'Espagne le 22 juillet.
77. M. Wagner, 1994, p. 190.
78. G. Lewis, 1978, p. 80 *sq.*
79. M. Reinhard, [sd], p. 132.
80. J. Vidalenc, 1964, p. 391, note 1.
81. C. Le Bozec, 1996 ; B. Nicolle, 1996.
82. C. Michaud, 1997.

les émigrés qu'avec les jacobins allemands. Le manichéisme Révolution/Contre-Révolution n'a pas sa place
dans des calculs qui gardent plusieurs fers au feu. Si la
victoire de la Révolution ne se réalise que grâce à ces
divisions dans le camp royaliste, il n'en reste pas moins
que sous la forme du compromis thermidorien d'abord,
bonapartiste ensuite [83], elle répudie l'ambition de la
« cité future », qui prévalait jusque-là, entraînant le pays
dans une orientation durable.

Aux élections de 1795, l'opinion publique favorable
aux monarchistes constitutionnels [84] fait élire 158 députés
monarchistes essentiellement libéraux. Leur succès est tel
que certains sont élus simultanément dans de nombreux
départements (Henry-Larivière dans 37, Boissy d'Anglas
dans 31...). Le Sud-Est leur est favorable, les Bouches-
du-Rhône élisent même un émigré, la Drôme choisit l'ancien intendant du chef royaliste le marquis de Lestang.
Globalement, les élections sont un succès pour les royalistes dans de très nombreuses régions françaises [85], dans
lesquelles naissent déjà les bastions de la France de
droite, voire contre-révolutionnaire : tout l'Ouest, la vallée du Rhône et la bordure orientale du Massif central,
ceci inaugurant une coupure politique destinée à durer.

Cependant, la portée des élections ayant été réduite par
les décrets des 5 et 13 fructidor qui instituent que les
deux tiers des nouveaux élus doivent être choisis parmi
les conventionnels en place, le mécontentement est
grand et notamment à Paris qui a voté majoritairement
contre ces décrets [86]. Une campagne de presse très virulente se déchaîne, à laquelle prêtent la main tous les journalistes royalistes ; elle entraîne une riposte, de la part

83. C. Mazauric, 1987.
84. G. Lefebvre, 1984, p. 51, 76-80.
85. M. Vovelle, 1993, p. 209-215.
86. F. Gendron, 1983, chap. 5.

des conventionnels, qui réaffirment leur attachement à la République et s'opposent aux muscadins. Après une montée progressive, et réciproque, de la violence, l'inévitable affrontement entre royalistes et républicains se produit le 13 vendémiaire (5 octobre 1795). A vrai dire, l'opposition politique est masquée en partie, puisque les royalistes veulent exploiter le mécontentement et ne s'affichent pas comme tels – seule la section Lepeletier est ouvertement royaliste. Mais les sans-culottes se rapprochent de l'Assemblée en traitant les sectionnaires de royalistes et d'accapareurs, tandis que les royalistes se donnent comme mot d'ordre : « Combattre la Convention et les terroristes,... il n'y a qu'un roi qui puisse nous rendre heureux. » Si la réunion d'autres sections à la section Lepeletier se fait aux cris de « Vive la république ! A bas les terroristes ! », l'état-major se constitue « ouvertement contre-révolutionnaire » autour de Richer-Cérisy et de Danican, ex-général républicain. Ils encadrent 25 000 sectionnaires sous les armes, mais 8 000 seulement attaquent les Tuileries, les autres restant dans l'expectative.

La lutte est de fait inégale, puisque Barras dispose de 6 000 hommes bien disciplinés et que l'artillerie commandée par Bonaparte empêche toute arrivée des sectionnaires[87]. A l'issue de la journée 200 à 300 morts sont dénombrés de chaque côté, mais l'avantage reste aux conventionnels. Le lendemain, la section Lepeletier est dénoncée comme « foyer du royalisme, de l'agiotage et de l'anarchie » et les assemblées primaires reçoivent l'ordre, une nouvelle fois, de clore leurs débats[88]. La répression est cependant limitée parce que des sections ont appuyé le gouvernement auparavant, si bien que les autorités prétendent que les insurgés étaient des « émigrés, des collets

87. A. Doyon, 1969, p. 115-118.
88. G. Rudé, 1982, p. 194-199.

verts ou noirs, peu de boutiquiers » selon le mot de Barras. La presse insiste à dessein sur les vêtements fins trouvés sur les cadavres, sous des vêtements extérieurs frustes. Si l'étude sociale ultérieure contredit ces jugements, puisque ce sont des professions libérales, des marchands [89] qui ont participé à la journée, l'essentiel à l'époque a été d'assurer le maintien du compromis politicien.

Si la répression est limitée à 3 exécutions capitales [90], au désarmement des insurgés, à l'épuration administrative, ceux qui sont engagés dans ces mouvements séditieux et ont pris parti contre les décrets des deux tiers [91] sont exclus des fonctions publiques, tandis que la surveillance redouble envers les émigrés, et leurs femmes, comme envers les prêtres réfractaires rentrés en France. Les royalistes sont même assimilés aux anarchistes [92] : « l'anarchie, le royalisme, la démagogie [apparaissant comme] trois sœurs » ; Thermidor peut se targuer d'être le régime qui lutte contre toutes les tyrannies, sans cependant pouvoir « finir la Révolution » autrement que par le recours à la force [93].

Le revirement des thermidoriens est net, y compris dans les petits symboles puisque Tallien porte dorénavant le cheveu plat (comme les sans-culottes). Plus décisif est le rôle joué par Fréron, auparavant inspirateur des jeunes muscadins, qui participe à la défense de l'Assemblée, puis est chargé de réprimer les mouvements royalistes à Marseille en novembre 1795. Son action a pu être critiquée, il n'en a pas moins adopté le langage révolutionnaire dénonçant les « réacteurs » comme des « cannibales [94] ». Dans le Sud-Ouest, les villes sont contrôlées

89. H. de Balzac y met en scène César Birotteau, parfumeur.
90. Lafond de Soulé, Lebois et Lemaître.
91. G. Lefebvre, 1984, p. 43.
92. M. Deleplace, 1992.
93. M. Ozouf, 1996.
94. C. Lucas, 1996, p. 48.

par les représentants républicains, qui chassent les muscadins, même si les campagnes restent marquées par la
présence d'insoumis [95]. Dans l'Ouest, une fois la chouannerie endiguée, Hoche applique sa méthode à la Vendée,
faisant le vide progressivement autour des principaux
chefs. Il est aidé, involontairement, par Artois, qui, après
un séjour d'un mois dans l'île d'Yeu sous la protection de
la flotte anglaise, refuse de passer sur le continent pour
commander les armées de Charette. Son départ, à la mi-
décembre 1795, ruine tous les espoirs de conquête militaire dans la région et décourage les ruraux qui abandonnent leur général. Celui-ci réussit quand même à
échapper aux troupes qui le traquent pendant quelques
mois, avant d'être capturé en mars 1796. Jugé à Nantes, il
est fusillé le 27 mars. La campagne de Stofflet est plus
courte. La reprise des combats se réalise difficilement et
il est rapidement contraint à la fuite, alors qu'il est impliqué dans des complots de grande envergure. Victime
d'une trahison, il est pris et fusillé à Angers, le 24 février
1796. Dans l'automne 1795, les deux chefs vendéens
auront été mêlés à des tractations complexes et contradictoires avec des généraux républicains, comme Willot, qui
n'ont abouti qu'à aggraver leurs rivalités et à affaiblir
leur cause.

De petites insurrections éclatent au printemps 1796,
selon un plan qui aurait été concerté avec Artois [96].
Après le sud de la Sarthe, agité par Rochecotte, dans le
Bas-Berry, autour de Palluau dans l'Indre, le mécontentement, l'agitation des déserteurs et des insoumis et la
résistance religieuse produisent une fermentation qui
grossit peu à peu, trouve des chefs et débouche sur des
actes de rébellion en mars 1796. La « Vendée de Pal-

95. J. Godechot, 1986b, p. 210-211.
96. C.-L. Chassin, 1973, P II, p. 435-439 ; F. Bergeron, 1989 ;
P. Barlet, 1997.

luau » est manifestement plus idéologique que sociale, bien loin de la Vendée de 1793. La répression est immédiate et les chefs jugés puis fusillés en décembre. A la fin mars, le Sancerrois est troublé à son tour, aux cris de « Vive le roi, vive le pape ! ». Trois semaines plus tard, les quelques milliers de « rebelles » rassemblés autour d'un noble, Phélippeaux, sont battus et dispersés par les troupes envoyées sur place. D'autres complots sont déjoués dans le centre de la France, comme dans le Doubs autour de Pichegru. Dans cet ensemble, le Sud-Est [97] se distingue toujours par sa pugnacité et son organisation. Tandis qu'Artois envoie Froment chercher de l'aide en Russie, Allier sert d'agent de liaison dans le Var et toute une organisation contre-révolutionnaire est imaginée. Autour du comte de Précy, l'armée royaliste de l'intérieur est divisée en 10 compagnies, encadrées par des commissaires dans les cantons. Mais la conspiration que le marquis de Bésignan trame depuis Lyon jusqu'aux monts du Forez est ruinée par la saisie de ses papiers. Si Lestang prend la tête d'une insurrection, qui part de Montélimar et dont les partisans s'emparent d'Avignon, obligeant le représentant Boursault à s'enfuir, il est pris dès ventôse et fusillé le 24 prairial an IV [98].

Au début de 1796, la situation politique semble avoir été rétablie au profit du nouveau régime, qui canalise la Contre-Révolution après l'avoir utilisée contre les jacobins. Par la suite, les principaux chefs royalistes de l'Ouest se soumettent : d'Autichamp, Guillemot dit le « roi de Bignan », Boisguy, Frotté, Scépeaux, d'Andigné (alors qu'il s'est emparé de Segré en janvier !), enfin Cadoudal en juin, qui pousse ses adjoints à briguer des mandats électifs. Hoche peut affirmer, le 30 juin 1796,

---

97. G. Lewis, 1978, p. 85-102.
98. C. Lucas, 1983, p. 154-155 ; G. Lefebvre, 1984, p. 76-80.

que la guerre civile est finie. Cependant, la pacification est feinte, les « maquis » restant en place dans une partie du Cotentin après le soulèvement en Normandie organisé par Frotté pendant l'été 1795 [99].

Les habitants du pays de Caux [100], détachés du régime dès 1794 mais sans adhérer pour autant au royalisme, sont certainement représentatifs de tout le pays. Ils vivent un « catholicisme tranquille », autour d'un réfractaire, sans pourtant lutter contre la République, et seule, une minorité veut revenir à l'Ancien Régime. Une sorte de « front de classes » se crée ainsi entre riches et pauvres en 1795, alors que les pauvres étaient jusque-là radicaux et les riches royalistes. L'utilisation politique par les contre-révolutionnaires du royalisme diffus qui existe manifestement dans le pays [101] n'a donc pas suffi à leur donner le pouvoir ; après 1796, ils vont essayer de s'en emparer en s'organisant mieux, avant de tenter le coup de force de 1799. La Contre-Révolution politique n'arrive plus à capter à son profit le mécontentement populaire ; elle doit trouver d'autres voies.

Comploteurs et étrangers.

Après 1795, la Contre-Révolution armée paraît sans avenir, les modérés tiennent le haut du pavé en France, en organisant un groupe de pression considérable dans le Club de Clichy, qui s'est formé d'abord dans la propriété de Gilbert-Desmolières, à côté des parcs de plaisir de la capitale. Le député d'André [102] anime ce club qui, au-delà des monarchiens et des monarchistes, attire à lui

99. Duc de Castries, 1979, p. 172, 183-185.
100. G. Lemarchand, 1987, p. 111-114.
101. R. Dupuy, 1996a.
102. D'André ou Dandré.

beaucoup de révolutionnaires modérés, mais qui couvre des activités plus contre-révolutionnaires autour d'un Comité secret, élargi jusqu'aux activistes comme Imbert-Colomès, le prince de Carency, Louis de La Trémoille ou Frotté. La novation indéniable de la période est en effet la place tenue par les conspirateurs et le rôle de « réseaux de correspondance [103] ». Tous les courants participent à cette activité qui mêle renseignement et trafic d'influence, quand il ne s'agit pas de dévoyer les républicains en leur promettant des sommes d'argent, comme pour Pichegru, ou en employant de « jolies femmes » auprès de Hoche, avant d'essayer de l'assassiner [104]. Ces réseaux tiennent des partitions compliquées, voire embrouillées, qui permettent à des individus peu recommandables et sans scrupule de s'engager dans des aventures rocambolesques ou misérables ; pourtant, ces activités souterraines sont liées avec des forces locales et régionales ainsi qu'avec des puissances étrangères et surtout avec l'Angleterre [105].

Figure exemplaire de ce travail militant et intellectuel, Mallet du Pan noue des relations avec tous les chefs de l'opposition, dont Artois et Provence, dirige le journal *Le Mercure britannique* et écrit dans les journaux contre-révolutionnaires (*Le Ventriloque*, *L'Abréviateur*) qui ont préparé la journée de Vendémiaire. Défendant l'idée d'une contre-révolution modérée, il cherche à établir le contact entre contre-révolutionnaires et révolutionnaires modérés, se distinguant autant du constitutionnalisme des feuillants que de « l'onirisme historiciste et décentralisé » de la réaction aristocratique [106]. Il échoue cependant à convaincre Louis XVIII et contribue à la

---

103. A. Doyon, 1969, p. 102-115 ; J. Godechot, 1984, p. 89-90, 199-216.
104. C.-L. Chassin, 1973, P II, p. 243 et 608 *sq.*
105. Faut-il les déprécier ? Duc de Castries, 1979, p. 208-210.
106. Pour ce qui suit, R. Griffiths, 1988, p. 156-179.

division de l'émigration, Londres étant lié à Altona et à Bâle où les monarchiens sont influents. Ceux-ci sont proches du jeune ministre de l'*Aliens Office*, William Huskisson, qui déteste les idées aristocratiques et les « doctrines étranges et romantiques » de Burke, si bien que d'Antraigues (comme les royalistes « purs » : le comte de Vaudreuil, Burke et Windham) les rend responsables du fait que le gouvernement anglais n'envoie aucun représentant de la noblesse en Vendée.

Les principaux réseaux sont tenus par des contre-révolutionnaires monarchistes, eux-mêmes divisés. Les uns sont reliés à Louis XVIII, les autres à Artois, chacun disposant d'un gouvernement et d'informateurs. Auprès de Louis XVIII, assisté de La Vauguyon et de D'Aravay, l'« Agence de Souabe » s'appuie sur Précy et Imbert-Colomès. Avec l'aide de Wickham, cette Agence fomente l'agitation dans l'est et le sud-est de la France, et entreprend des négociations avec Pichegru. L'Ouest et les réseaux de chouanneries reliés à l'Angleterre par bateaux faisant escale dans les îles anglo-normandes dépendent d'Artois. L'« Agence de Paris » (ou la Manufacture) est, elle, tiraillée entre le roi et son frère. Ses principaux membres sont l'abbé Lemaître, l'abbé Brottier, Despomelles, Sourdat, baron de Proli, Duverne de Presle, qui prend contact avec Charette en 1795… (et aussi un certain François qui passe au Directoire et les vend ensuite). Elle dispose de tout un réseau de conspirateurs, grands et petits, elle échange des lettres, de l'argent et de l'information, diffuse les nouvelles royalistes (vraies, fausses ou exagérées !). Enfin, d'Antraigues, critique de tous ces organismes, organise son propre système entre l'Italie et l'Espagne.

A la mi-octobre 1795, l'Agence de Paris est ruinée par l'arrestation de Lemaître, et son exécution ; elle renaît autour des abbés Brottier et La Marre, en s'éloignant de D'Antraigues. Estimant que la « guerre civile » rend la

« royauté odieuse et menaçante », et donc que « les royalistes de l'Ouest ont fait leur temps [107] », l'objectif est de
gagner « l'opinion publique » et de préparer les élections
de l'an V avec de l'argent anglais, distribué par Wickham, qui soutient l'idée d'une monarchie modérée. Dans
ce but, l'Agence fonde les « Amis de l'ordre », associations légales qui luttent contre les « buveurs de sang » et
essaiment dans les départements en rassemblant les
« honnêtes gens », car, dans le parti, les distinctions entre
« impartiaux, monarchistes et constitutionnels » doivent
être négligées ; ce que conteste Puisaye, estimant cet
objectif indigne des combats menés auparavant par
les chouans et les vendéens [108]. En fait, à l'intérieur, le
noyau dur est constitué par le « parti des Fidèles »
devenu « les Fils légitimes [109] » (plus tard l'« Institut
d'Élite des Braves Français »), qui prépare secrètement
le retour à la monarchie et l'installation de Louis XVIII
sur le trône. L'organisation, qui s'inspire des sociétés
jacobines pour mieux les concurrencer, est disciplinée et
pyramidale : dans chaque département, un président
communique avec Paris, localement l'objectif est de
contrôler les assemblées primaires ou, dans l'Ouest, de
maintenir la guérilla larvée. A partir de fin 1796, cette
organisation est en relation avec Grenville et Dutheil,
l'agent d'Artois, et la France est découpée en circons-
criptions militaires, l'Ouest dépendant d'Artois, l'Est de
Condé, le reste de Louis XVIII. Dans l'armée, les royalistes comme Willot agissent auprès de généraux,
comme Moreau [110], ou Pichegru.

Ces instituts touchent l'opinion par la propagande ou
par la charité, établissent des signes de reconnaissance

107. Mémoire de Duverne de Presle (ou de Praile) à Louis XVIII, *in*
F.D. Camps, 1995, p. 21.
108. C.-L. Chassin, 1973, P III, p. 23-25.
109. C.-L. Chassin, 1973, P II, p. 115-117.
110. G. Lefebvre, 1984, p. 238-239.

(main à l'oreille, mots de passe, phrases convenues...), distinguant les initiés, assurant des fidélités et donnant naissance à des militants royalistes convaincus, dont le rôle va durer jusqu'à la Restauration [111] et même sous la monarchie de Juillet. Leur activité est considérable à Bordeaux, où la jeunesse dorée est importante et où un puissant comité royaliste existe, outre l'Institut philanthropique (la veuve du chef vendéen Lescure, future Mme de La Rochejaquelein, s'y établit en sortant de la clandestinité), permettant des liaisons avec la Vendée et avec Artois. Dans le Toulousain, l'Aa [112] est active dès 1795, avec d'autres associations (Société des Amis de l'ordre, Coterie des Fils légitimes, Société des centeniers et dizainiers) regroupées dans l'Institut philanthropique animé par Antoine Pourquerie du Bourg. Cet ancien membre des camps de Jalès, mis à la tête de la province de Toulouse, porte le titre de commissaire du roi et a signé des brevets au nom de Louis XVII (comme cela se fit aussi en Vendée). Le fer de lance de cette organisation est composé par les Fils légitimes, qui assassinent le maire de Toulouse en 1797, et surtout qui luttent dans les élections contre les jacobins, qui les qualifient de « chouans » ! Leur activité permet qu'en 1797 l'Ariège, l'Aveyron et le Tarn envoient aux Conseils des contre-révolutionnaires notoires, mais Toulouse reste une « citadelle rouge dans un pays blanc » jusqu'au coup d'État de 1797, qui jette les royalistes dans la clandestinité, sans les écraser. Cette vitalité des réseaux royalistes ne va pas sans rivalités. Dans la Sarthe, où l'Institut philanthropique est très bien organisé, le comte Guyon de Rochecotte, animateur de la chouannerie, a été nommé directement par l'Agence de Paris. Il s'oppose violemment à Puisaye au point que Louis XVIII doit imposer le prince

111. G. Bertier de Sauvigny, 1948.
112. J. Godechot, 1987, p. 122-123.

de La Trémoille, pour diriger l'ensemble, au grand dam de Frotté, chef chouan, et de Despommelles, dernier membre de l'Agence de Paris en exercice, qui prétendaient au même rôle [113] !

L'Angleterre est au cœur de ce dispositif, les années 1794-1797 représentant le moment de sa plus grande implication dans la lutte contre la Révolution [114]. Mais la guerre d'usure qu'elle mène à Saint-Domingue atteste qu'elle ne possède pas une ligne politique claire et efficace. Alors qu'elle accepte le plan que Malouet a élaboré pour que la coopération s'établisse avec l'Espagne en 1795, le traité de paix signé par celle-ci avec la France empêche les Espagnols d'entrer en guerre et octroie la moitié de l'île espagnole à la République française [115]. Chaque pays, chaque groupe se bat pour ses seuls intérêts. La politique anglaise est de ce point de vue exemplaire : le gouvernement souhaite affaiblir définitivement un pays rival, s'emparer de ses possessions outre-mer, obtenir des compensations financières à ses dépenses de guerre. Après l'effondrement de la coalition et l'insurrection polonaise contre les Russes, le changement de stratégie est une nécessité : le gouvernement se rallie à l'idée d'une subversion interne de la France, en partant notamment de l'Ouest. Cependant, la politique extérieure demeure incohérente dans la mesure où l'Angleterre ne veut pas abandonner son aide aux Pays-Bas, ni arrêter ses interventions militaires outre-mer (notamment dans les Caraïbes), et qu'elle n'envoie pas de troupes directement en France.

Si Pitt reconnaît le régent [116] et est prêt à soutenir les chouans, il ne s'engage que modérément dans la lutte

113. C.-L. Chassin, 1973, P III, p. 44-46.
114. M. Wagner, 1994, p. 148 *sq.*
115. R. Griffiths, 1988, p. 206-207.
116. M. Wagner, 1994, p. 153 *sq.*

contre la France, son cabinet est divisé, puisque certains, comme Auckland, estiment que la paix est possible pour l'intérêt commercial, Thermidor n'étant plus la Terreur. La nomination de Windham comme secrétaire d'État à la Guerre n'a que des conséquences limitées, même si elle représente un tournant important. Cet ami de Burke qui entend mener une guerre internationale entre aristocrates et démocrates, ne convainc pas le cabinet et n'adopte pas une politique totalement antijacobine (en refusant de soutenir Fitzwilliam dans sa politique procatholique en Irlande pour éviter toute alliance avec les dissidents). Si, malgré les échecs de 1795, Windham obtient une aide financière pour les chouans, il se heurte à ses collègues qui misent plutôt sur les royalistes parisiens pour prendre le pouvoir.

Les ordres donnés par Grenville à Wickham visaient à reconstruire une monarchie constitutionnelle, en se méfiant des émigrés trop contre-révolutionnaires. La mort de Louis XVII ne change pas l'orientation, puisque Louis XVIII est confronté à la même exigence, assortie de demandes de dédommagements. La crainte que son intransigeance ne fasse le jeu des plus durs explique l'action souterraine des agents anglais : Wickham en Suisse, Drake à Gênes, John Trevor à Turin et Craufurd dans le sud de l'Allemagne. L'objectif est de créer un autre front intérieur, soutenu par de grosses sommes d'argent, dont Wickham est le dispensateur. S'élabore ainsi le plan prévoyant une insurrection à Lyon et en Franche-Comté, liée à l'avancée de troupes étrangères à l'Est, favorisé par le retournement de Pichegru et en coordination avec l'Agence de Paris, puisque l'insurrection de vendémiaire a lieu en même temps que la flotte anglaise permet le débarquement d'Artois dans l'île d'Yeu pour rejoindre Charette [117].

117. C.-L. Chassin, 1973, P II, p. 115 *sq.*

Tout échoue, faute de coordination effective et parce que les Anglais craignent toujours de donner trop d'importance aux partisans de l'absolutisme. Pis enfin, l'Angleterre est directement menacée, puisqu'à partir de juillet 1796 Hoche est nommé général en chef de l'armée d'Irlande, chargé de préparer un débarquement dans les îles Britanniques : la faiblesse des troupes terrestres anglaises rend cette opération possible. Une partie de la flotte réussit à prendre pied dans la baie de Bantry à la fin de décembre, mais rembarque aussitôt, faute de conditions météorologiques et tactiques favorables sur place. Enfin, la reprise des hostilités sur le Rhin fait reporter la tentative [118].

La tentative électorale.

La lutte que se mènent les révolutionnaires et les contre-révolutionnaires dans ces années ne peut pas se comprendre sans tenir compte de l'état de faiblesse et de division qui règne dans les deux camps. En 1796, la Contre-Révolution s'engage dans la compétition électorale (dans la « guerre d'opinion », selon le mot de Hoche), parce qu'elle est particulièrement affaiblie ; elle remporte les élections, mais sans pouvoir exploiter cet avantage, faute d'unité et de capacité d'initiative.

Louis XVIII [119] doit d'abord supporter une nouvelle avanie, puisque sa Cour de Vérone, partagée un temps entre contre-révolutionnaires durs, politiques (comme le maréchal de Castries), et modérés (Malouet, Mallet, Montlosier), est, en décembre 1795, sommée de quitter les terres vénitiennes, à la suite de la pression du Directoire. Il est même obligé d'employer des subterfuges pour

118. C.-L. Chassin, 1973, P II, p. 615-620.
119. Duc de Castries, 1979, p. 190-232.

fuir ses créanciers ; ensuite, il est confronté aux réticences des souverains allemands et de l'empereur d'Autriche, pour l'accueillir sur leurs territoires. Il entame ainsi une nouvelle errance, sous la menace parfois directe des armées françaises, ce qui le conduit de la Forêt-Noire au centre de l'Allemagne d'abord, à Blankenbourg et Wolfenbütel, avant de l'entraîner ensuite jusqu'en Russie à Mitau en 1798, suivant l'armée de Condé.

Toute l'émigration française est ainsi dispersée, devant la reprise des hostilités militaires et les avancées françaises : le duc de Bourbon est à Londres, Artois à Édimbourg, l'armée de Condé ne cesse de reculer, avant de devoir s'établir aux limites de la Russie et de la Pologne, tandis que les manœuvres pour gagner Pichegru et son armée à la cause contre-révolutionnaire ont échoué totalement. Deux obstacles possibles sont pourtant aplanis, le duc d'Orléans, qui continue de s'affirmer libéral et cristallise des espoirs chez les constitutionnels, se retire du jeu politique en émigrant aux États-Unis et Madame Royale, fille de Louis XVI, libérée, dont la rumeur annonçait un moment le mariage avec un prince autrichien, épouse un fils d'Artois, évitant toute concurrence dynastique [120].

Une autre menace plus grave apparaît dans l'été 1796, puisque les négociations entreprises par le Directoire avec le pape semblent déboucher sur un désaveu de la Contre-Révolution [121]. Si le pape est resté silencieux depuis 1791, alors qu'une congrégation romaine étudie les constitutions française et toscane, en vue de renforcer le pouvoir papal, les événements survenus en France, puis en Italie, changent la donne et ne permettent plus de regrouper tous les clercs exilés dans la condamnation de la Révolution. Faut-il reconnaître le régime du Directoire ou bien le roi

120. G. Lefebvre, 1984, p. 247-254.
121. B. Plongeron, 1994.

Louis XVIII ? Le pape laisse le libre passage aux troupes françaises dans ses États le 23 juin 1796 ; surtout, à partir du 5 juillet, le bref *Pastoralis Sollicitudo* est connu dans lequel sont affirmées « la nécessité d'être soumis aux autorités constituées » et l'obligation de ne pas laisser la religion être « décriée » par les novateurs. Le pape invoque l'obéissance aux clercs émigrés pour qu'ils acceptent de rentrer en France, qu'ils se soumettent aux lois de la République et qu'ils professent la religion catholique. L'Église veut contrôler le renouveau du culte, qui est considérable – en juin 1797, plus de 30 000 communes auront rétabli l'exercice libre du culte.

Ce bref est connu dans les milieux de l'émigration cléricale, publié par la presse républicaine le 5 novembre 1796 seulement, sans avoir d'existence réelle, le pape n'ayant pas donné suite. Mais ce « faux-vrai [122] » bref témoigne des débats qui divisent les milieux cléricaux et atteste que Contre-Révolution et catholicisme peuvent être déliés. La sauvegarde de la religion prime sur le retour de la monarchie, l'unité de l'Église doit être maintenue au-delà des querelles politiques, si bien que les prêtres réfractaires ne sont plus condamnés par principe, que le retour en France des clercs est toléré par certains évêques – mais refusé par d'autres. Louis XVIII manifeste clairement son mécontentement, soutenu par des contre-révolutionnaires normands qui parlent de suivre les « bons prêtres » jusque dans le schisme [123]. La querelle divise gravement l'émigration jusqu'en 1797 [124], préfigurant les négociations qui aboutissent en 1801 à la signature du Concordat avec Bonaparte – et aux schismes qui en découleront [125] ; elle annonce les divi-

---

122. Expression de B. Plongeron, 1994, p. 175.
123. G. Lefebvre, 1984, p. 236-237.
124. M.-C.-I. de Mercy, 1993, p. 413-415, 424-426.
125. Pour la Vendée, abbé Billaud, 1962.

sions qui auront lieu au XIXe siècle dans la droite française, entre contre-révolutionnaires et ultramontains. Nombre de prélats et le pape lui-même – qui accorde pourtant dans le même temps un chapeau de cardinal à Maury, authentique contre-révolutionnaire – viennent donc d'abandonner la tradition du droit divin et de compter avec la modernité de l'État [126]. Cette position touche même des curés de campagne qui ont traversé clandestinement la terreur en Vendée [127], si bien que la pacification progressive de cette région apparaît comme une trahison de l'idéal pour certains royalistes purs.

La position du Directoire est donc renforcée dans l'été 1796 par les multiples ralliements qui s'opèrent autour de lui, et par la répression qu'il dirige contre tous ses adversaires. Contre la gauche, Carnot mène une politique implacable : en mai 1796, Babeuf est arrêté ; un an plus tard, pendant son procès, le coup policier du camp de Grenelle permet de démembrer tous les réseaux néo-jacobins et d'en fusiller les chefs. Dans cette affaire, Carnot contrôle l'armée, s'appuyant sur le colonel Malo, et lutte contre l'influence des généraux républicains ; dans le même temps, il facilite l'épuration administrative des anciens révolutionnaires, qui a lieu dans toute la France (et notamment dans le Sud-Est) [128]. Le centre et les monarchistes constitutionnels peuvent ainsi se retrouver autour de Carnot en excluant les extrêmes. Les livres – opposés entre eux – de Lezay-Marnésia, *De la faiblesse du gouvernement qui commence et de la nécessité de se rallier à la majorité nationale, De l'organisation constitutionnelle et de l'organisation actuelle du pouvoir exécutif*, et de Benjamin Constant, *De la force actuelle du gouvernement et de la nécessité*

126. Y. Fauchois, 1987.
127. F. Lebrun, 1989, p. 125-126.
128. G. Lefebvre, 1984, p. 221-223.

de s'y rallier [129], contribuent à ce mouvement, illustré par le discours de Mathieu-Dumas aux Cinq-Cents, qui se déclare favorable au Directoire, parce qu'il crée « le triple accord des lois constitutionnelles, de l'opinion publique et des actes de son autorité ». Face au Directoire, régime qui apparaît stable, la Contre-Révolution serait une « nouvelle révolution » et non un retour à l'ordre.

Ceci ravive la crainte envers les mouvements royalistes, comme Constant l'explique : la victoire de la Contre-Révolution ne pourrait que profiter aux ultras, et donc, en contrepartie, ressusciter la gauche révolutionnaire. En septembre 1796, le débat autour de l'amnistie, qui ne concerne pas les néo-jacobins, grands perdants, amène alors des députés à s'opposer à ce que l'amnistie s'applique aux chefs royalistes et vendéens, aux réfractaires et aux émigrés [130]. Contre Carnot, Barras dénonce la préparation de coups d'État royalistes et avec Reubell et La Révellière, abandonne la politique d'apaisement avec la droite et l'Église [131]. La division entre les Directeurs fait écho aux rivalités qui traversent la Contre-Révolution, et qui rendent instables les alliances, puisque les royalistes se partagent entre « jacobins blancs » (selon le mot de Thibaudeau), c'est-à-dire les royalistes purs, et les constitutionnels, qui jouent davantage le jeu de la modération. Une constellation complexe et fluctuante se constitue autour du Club de Clichy, qui va des royalistes purs jusqu'aux constitutionnels (Mathieu-Dumas, Portalis...), et aux proches comme Dupont de Nemours et Boissy d'Anglas. Ce club fait le lien entre royalistes et Directoire, et notamment avec Carnot-Feulint.

129. B. Constant, 1988.
130. G. Lefebvre, 1984, p. 226-232.
131. G. Lefebvre, 1984, p. 242.

Si, pour tous, les élections de l'an V sont un enjeu essentiel, les voies pour obtenir le pouvoir sont différentes. Les modérés, aidés par l'argent de l'Angleterre et appuyés par les manœuvres des instituts philanthropiques, espèrent conquérir l'opinion. Tel est l'objectif des journaux, comme ceux que lance d'André, *Le Mémorial* (où signent La Harpe et Fontanes) et *L'Europe politique et littéraire*, et ceux qui paraissent pour l'occasion comme le *Journal des élections*, ou encore le libelle *Véritable Liste des candidats* publié par Quatremère de Quincy. Dans la Sarthe, un ancien chouan dirige *Le Préservatif de l'Anarchie*, à Toulouse *L'Antiterroriste* [132]… Ces publications préparent directement la campagne, à côté de publications plus virulentes, comme celles proposées par le journaliste Richer-Sérizy.

Or, à la fin de 1796, Louis XVIII ne voulant pas arriver au pouvoir par l'élection, soutient les tentatives de complot que le chef chouan sarthois Guyon de Rochecotte, qui a fait le voyage de Blankenbourg, entreprend en liaison avec l'abbé Brottier de l'Agence de Paris. Rochecotte et Frotté semblent disposer de forces suffisamment importantes et sûres pour que leurs territoires servent de bases aux opérations royalistes, contrairement aux chouans dont le dynamisme est plus faible et qui restent sous le commandement de Puisaye, toujours contesté. De 1795 à 1796, puis de 1799 à 1800, Frotté dirige des forces imposantes, au moins en théorie, et organisées, comme en témoignent ses « chasseurs du roi », il couvre ainsi 200 kilomètres d'est en ouest sur 100 du nord au sud, au sud de la Seine.

Fort de cela, Brottier tente de rallier des officiers de Paris, tandis que Rochecotte essaie de soulever le Maine, puis de soudoyer un régiment à Saint-Malo, de rassembler 50 hommes pour enlever les Directeurs, enfin de

---

132. F.D. Camps, 1995, p. 59-68.

faire assassiner Hoche. Ces projets, trop risqués aux yeux des modérés, sont « vendus », soit par le colonel Malo, soit par le prince de Carency, propre fils de La Vauguyon, « ministre » de Louis XVIII, et enfin par Duverne de Presle qui donne des listes de conjurés et permet le démantèlement du complot « anglo-royaliste ». Arrêtés en janvier 1797, dénoncés par leurs propres amis, qui essaient aussi de compromettre les constitutionnels dans ce jeu pervers, les conjurés, dont l'abbé Brottier, sont jugés par le conseil de guerre, qui, par peur des élections, ne les condamne qu'à des peines de prison. Rejugés, après les élections et le coup d'État, par le tribunal criminel, ils sont, cette fois, déportés en Guyane[133]. Dans cette période, les contre-révolutionnaires ont pourtant bénéficié de l'appui des généraux Pichegru, Willot, de l'amiral Villaret de Joyeuse, soit les plus hautes instances gouvernementales qui ont freiné les opérations militaires contre les troupes étrangères[134], sans pour autant conduire une manœuvre décisive.

Deux changements importants se produisent. Dans une nouvelle déclaration aux Français, Louis XVIII évoque le principe d'une constitution ; les élections de mars, qui ont donné lieu à de nombreuses manipulations de part et d'autre, sont un succès pour les royalistes, mais particulièrement pour les plus durs, comme Imbert-Colomès, Jordan, Willot, des modérés comme Démeuniers n'étant pas élus. Ce raz-de-marée permet que se constitue un groupe d'à peu près 330 députés royalistes dans les deux Assemblées, dont la présidence des Cinq-Cents va à Pichegru, et celle des Anciens à Barbé-Marbois, tandis que Barthélemy est désigné comme cinquième Directeur

133. C.-L. Chassin, 1973, P II, p. 317-327, P III, p. 26-46, 126-127 ; Rochecotte fait évader ensuite le commodore anglais Sydney-Smith de prison, avant d'être pris et fusillé en juillet 1798 ; M. Hutt, 1983, p. 530-533 ; R. Dupuy, 1997a, p. 124-126.
134. C.-L. Chassin, 1973, P III, p. 55 notamment.

– sans que cela remette en cause le poids des « triumvirs » républicains, Reubell, La Révellière et Barras. Ceux-ci peuvent même retrouver l'initiative politique, du fait de l'indécision des royalistes déchirés entre eux, et du refus des modérés – comme Carnot – de se laisser entraîner dans le rétablissement de l'Ancien Régime. Alors que les royalistes ne parviennent qu'à limiter les lois sur les cultes ou les émigrés, les Directeurs républicains ont beau jeu d'insister sur le danger qu'ont fait courir les comploteurs royalistes de janvier qu'ils font juger à nouveau. Ils sont confortés – notamment Barras, qui abandonne là toute idée de vendre ses services à Pitt [135] – dans cette position par l'envoi à Paris des papiers saisis sur d'Antraigues par les troupes de Bonaparte [136], le 21 mai à Trieste, dans des circonstances rocambolesques – dues à l'amateurisme de nombreux agents royalistes. La position des Directeurs républicains n'est pas exempte de faiblesse. Leur précipitation les conduit ainsi à une impasse, lorsque le 26 messidor, 14 juillet 1797, ils essaient de donner le ministère de la Guerre à Hoche pour contrer les royalistes. La tentative fait long feu, du fait de l'opposition des autres Directeurs et des Chambres, qui en appellent au respect de la Constitution.

Les Directeurs républicains profitent cependant des tergiversations des royalistes (d'André, qui refusait l'emploi de la force et s'opposait à La Trémoille, finit par se lier avec les « durs », Aubry, Delarue et Willot) pour organiser un coup d'État, le 4 septembre (18 fructidor), avec l'appui de l'armée d'Italie, commandée par Bonaparte, qui a envoyé Augereau à Paris. 53 députés, dont Pichegru, un ministre, Cochon de Lapparent, une dizaine de conspirateurs et les Directeurs Barthélemy et Carnot

135. G. Lefebvre, 1984, p. 309.
136. J. Godechot, 1986a, p. 148 *sq.*

sont destitués et sont envoyés en déportation – sauf Carnot, qui, averti, réussit à se cacher et à fuir à l'étranger. Au total, en comptant les députés dont l'élection est cassée, les Conseils perdent 177 députés. Les élections départementales et locales sont également concernées et plus d'une centaine de villes sont mises en état de siège [137]. Enfin, les émigrés et les réfractaires sont à nouveau visés par la répression. Les contre-révolutionnaires marquent le pas.

L'agitation royaliste se produit pourtant à nouveau dans de nombreuses régions. Dans la vallée du Rhône, elle entraîne la mort d'un jacobin « glaciériste » et de plusieurs royalistes. Les royalistes armés tombent dans le brigandage, opèrent assassinats et coups de main (prenant des villes comme Pont-Saint-Esprit, le 28 fructidor an V, avec 400 hommes, Carpentras, le 22 octobre, Montauban, le 4 octobre) [138] et règlements de compte sanglants (comme le massacre de la famille Malbos dans le Gard en novembre 1796) plus que de grandes opérations militaires [139]. Des événements analogues se produisent à Clermont-Ferrand, où les violences exercées par les royalistes au moment des élections se poursuivent par le massacre d'une quarantaine de « jacobins » en juillet 1797 [140] ; à Besançon, où la circulation des émigrés est dénoncée, des bagarres se produisent avec des jeunes patriotes, tandis que des cafés et des théâtres servent de lieux de rassemblement aux thermidoriens et aux royalistes ; autour de Nice, l'« omerta » protège les barbets, ils sont pourtant lourdement réprimés (fusillés sur place, envoyés dans l'Ouest, par des colonnes mobiles peu regardantes sur les moyens de combat), tandis que les protestations popu-

137. Communication de S. Clay, Clermont-Ferrand, 1997.
138. G. Lefebvre, 1984, p. 440.
139. G. Lewis, 1978, p. 103.
140. P. Bourdin, 1997.

laires et les processions religieuses attestent des sentiments contre-révolutionnaires des populations ; dans
l'Ouest, les chouans continuent à tenir les campagnes,
« ils ont tondu les uns, coupé les oreilles des autres, commis des pillages », mais le calme est à peu près respecté
en Vendée [141]. A Poitiers [142], à Châtellerault et à Saintes,
en thermidor 1797, des royalistes insultent les révolutionnaires, les traitent de buveurs de sang. La politisation des
campagnes est indéniable (les partis intégrant clivages et
traditions de violence antérieurs, politisant les conflits
claniques et familiaux), tandis que les jacobins relèvent
la tête dans les villes [143]. Chaque élection est marquée par
une flambée de violence, au point que les électeurs viennent avec des ruches en paille sur la tête en prévision des
coups à venir et que le sol est jonché de barreaux de
chaises rompus à la fin des réunions.

Si la Contre-Révolution est vaincue à nouveau en 1797,
ce n'est donc pas parce qu'elle aurait été réduite aux discours et aux menées des émigrés ou des chouans après
Vendémiaire [144]. Elle avait réussi bel et bien à modifier
l'opinion et entamé une prise de pouvoir légale. Elle est
surtout défaite par le succès des armées (de Hoche et surtout de Bonaparte) qui exalte encore le sentiment national
et soude des soldats autour de généraux qui se posent
comme défenseurs de la République, même si l'ambition
de Bonaparte commence à se manifester sans ambiguïté.
L'illustration du rassemblement de tous les Français
autour des victoires militaires est donnée par les travaux
des artistes et des savants [145]. Par contrecoup, la Contre-

141. C.-I. Brelot, 1966, p. 170-175 ; M.-A. Iafélice, 1987, p. 128-
132 ; J. Ruellan, 1991, p. 90.
142. J. Péret, 1988, p. 255.
143. G. Fournier, 1988, p. 63-76 ; C. Lucas, 1988b, p. 282-283,
285 ; M. Crook, 1988, p. 31-33.
144. Contrairement à G. Gengembre, 1989, p. 40.
145. É. Pommier, 1989.

Révolution est véritablement royaliste, abandonnant son caractère de regroupements de mécontents. Ce nouvel équilibre de l'opinion permet de comprendre les raisons du succès des entreprises de Bonaparte, qui se pose dès 1797 en général républicain, en protecteur de l'unité française et en principal artisan de la grandeur militaire du pays, fort de ses succès en Italie.

La victoire militaire qu'il remporte, jusqu'à imposer un traité de paix à l'empereur d'Autriche, doit être appréciée pour son importance dans la vie du pays. Par l'argent et les ressources qu'elle attribue à la France, par le contrôle commercial sur les républiques sœurs, par le patriotisme qu'elle suscite, cette réussite renforce le Directoire et lui donne les moyens d'une politique de rigueur républicaine. Il peut ainsi arrêter les négociations entamées avec l'Angleterre à Lille, et rompre les échanges en septembre 1797. La politique de Pitt a complètement échoué : la France n'est pas devenue un objet de la politique internationale, elle n'a pas éclaté entre ses factions ; au contraire, la coalition s'est effondrée, et si les colonies des Caraïbes sont prises, elles ne représentent pas un vrai gain ; en outre, il faut rebâtir l'opposition interne des chouans et des royalistes français [146]. Dernière conséquence enfin, les royalistes modérés ne sont plus indispensables à l'équilibre politique ; ils laissent face à face les tenants les plus déterminés de la République et de la royauté. La Contre-Révolution s'unifie par leur mise au second plan.

L'affirmation de la pensée contre-révolutionnaire.

Ce mouvement convergent de la Contre-Révolution vers un retour à l'aristocratisme, à l'absolutisme et à la défense de la religion est aussi attesté par les publica-

146. M. Wagner, 1994, p. 210-211.

tions de ces années-là [147]. Elles ont d'autant plus d'écho que les feuilles royalistes (et leurs milliers de lecteurs) renouent avec l'opinion comme lors des premières années de la Révolution. Les idées jouent à nouveau leur rôle (ceci explique que la répression à l'encontre des journaux contre-révolutionnaires est importante en 1799), créant les conditions d'une histoire immédiate.

Parmi les monarchiens [148], Fructidor oppose ceux qui espèrent encore dans la modération et la paix, et ceux qui comme Mallet, Malouet, Montlosier, en 1797, estiment nécessaire le passage à la guerre (tout en restant critiques envers Burke jugé digne des Petites Maisons) et se rapprochent de Louis XVIII, sans convaincre les « purs », dans la mesure où ils acceptent que l'Église puisse être soumise à l'État, hors du domaine spirituel. Lally-Tollendal, avec sa *Défense des émigrés français adressée au peuple français*, parue en 1797, prône toujours la modération et réclame le retrait des lois contre les émigrés, tout en reconnaissant que « la Révolution a vaincu » et en lançant un appel aux antijacobins au nom des propriétaires. Dans son livre, de 1796, *Des effets de la violence et de la modération dans les affaires de France*, Montlosier, qui forme avec Malouet et Lally-Tollendal le « triumvirat » monarchien à Londres, se dit « opposé dès le principe à toutes les mesures révolutionnaires » pour avancer ensuite l'idée qu'une violence contenue peut suffire contre la Révolution ; il propose notamment à l'Angleterre de faire débarquer des armées en France, dont une armée européenne formée de 15 000 chevaliers. Mais son *Journal de France et d'Angleterre*, fusionné avec *Le Courrier de Londres* fondé par Calonne, niant en 1796 qu'il y ait eu une « ancienne constitution » en France et plaçant la défense de la propriété à la base de

147. P. Beick, 1956.
148. R. Griffiths, 1988, p. 180-195.

la constitution sociale, ne trouve pas de public parmi les contre-révolutionnaires.

L'affirmation du lien entre Contre-Révolution et religion devient essentiel, dans le droit fil de l'illuminisme de Saint-Martin, qui l'expose en 1797 dans *L'Éclair sur l'association humaine*[149], après ses *Lettres à un ami ou Considérations politiques et religieuses sur la Révolution française*, parues en 1795. Selon lui, les événements révolutionnaires entrent dans le plan de la Providence, Dieu rapprochant les hommes de lui par la souffrance infligée. Cette position est déclinée par de nombreux auteurs, avec plus ou moins de force : l'abbé Duvoisin estime que le contrat est voulu par Dieu pour souder la société autour du roi dans sa *Défense de l'ordre social contre les principes de la Révolution française*, publiée à Londres en 1798 ; ce courant est illustré ensuite par Chateaubriand qui voit une régénération du christianisme par la Révolution dans son *Génie du christianisme*, publié deux ans après l'*Essai sur les révolutions*[150] (paru à Londres en 1797), qui avait mécontenté tout le monde, estimant la religion nécessaire du simple point de vue social.

Surtout, en 1796, dans sa *Théorie du pouvoir politique et religieux dans la société civile*, parue à Constance, Louis de Bonald[151] organise la société autour du principe religieux et s'oppose à l'individualisme, Dieu étant au cœur de toutes les créations d'État et des relations publiques, l'histoire de la Révolution n'aura été qu'une dégradation sociale, que la Contre-Révolution doit combattre. En 1796 et 1797, la publication des *Considérations sur la France* de Joseph de Maistre s'inscrit dans un programme de propagande monarchique mené par

149. P. Bénichou, 1973, p. 98-161.
150. M. Reinhard, [sd].
151. G. Gengembre, 1987.

Mallet du Pan (l'éditeur), l'ambassadeur anglais Wretcham (à Berne) et l'activiste royaliste Fauche-Borel, en réponse au livre de Constant [152]. Dans une pensée forte et apparemment paradoxale, de Maistre ne veut pas tirer vengeance de la Révolution : puisque en elle tout est « miraculeusement mauvais », elle participe du plan de régénération divin. Selon une formule destinée à la célébrité, il n'entend pas faire une révolution contraire, mais le contraire de la révolution, en réinsérant la France dans l'ordre providentiel dont l'orgueil humain et la philosophie l'ont sortie. Par son opposition à toute entreprise rationnelle, par sa critique des textes révolutionnaires estimée de peu de durée, ce qui atteste de leur médiocrité, par l'idée que la tradition vient de Dieu, mais encore par le pragmatisme et la résignation qu'il prône, le livre rencontre un grand succès dans toute l'Europe, faisant écho aux aspirations des émigrés [153]. L'influence de De Maistre est capitale pour deux autres raisons. D'une part, il reconnaît l'extrême importance de la Révolution comprise comme « une époque », qui crée de nouvelles configurations sociales. D'autre part, il incite à étudier pour elles-mêmes les réactions sociales, hors de tout *a priori* rationalisateur, ouvrant la voie aux analyses sociales. Les deux livres de Bonald et de De Maistre considèrent la Révolution comme un retour à la barbarie et une désacralisation irrémédiable, donc comme la fin de l'ordre naturel et le début de guerres civiles mondiales, rendues possibles par le capitalisme et la fin des relations diplomatiques. L'ordre social préconisé est inspiré du physiocratisme, fondant la propriété sur le sol et inscrivant la liberté dans le respect des devoirs, inspirés par l'Être suprême.

C'est une voie plus simplement politique, et moins sus-

152. Selon J.-L. Darcel cité par J. Grondeux, 1994, p. 346.
153. R. Triomphe, 1968, p. 172 ; M. Boffa, 1988, p. 1016-1017.

ceptible de donner source à des malentendus, qu'emprunte l'abbé Barruel [154], dans ses *Mémoires pour servir à l'histoire du jacobinisme*, à Hambourg, chez Fauche, puisque l'explication qu'il donne de la Révolution tient dans le complot maçonnique, étendu au monde [155]. La Révolution tient dans la conspiration contre la religion et contre les rois. Le livre fait suite à *La Collection ecclésiastique ou Recueil complet des ouvrages faits depuis l'ouverture des États généraux*, éditée entre 1791 et 1794, et à l'*Histoire du clergé pendant la Révolution française*, paru en 1797, qui avait dénoncé le schisme de la Constitution civile du clergé et établi avec méthode le récit des massacres (mettant notamment en scène de pieux ecclésiastiques calmes devant la mort que leur infligeaient des jacobins sataniques et des femmes hystériques). Dans une veine proche, l'abbé Guillon de Montléon [156] rend la République « extrêmement odieuse, insupportable », sans pourtant « conseiller de la renverser » dans son *Histoire de Lyon*, où il décrit le siège de la ville en insistant sur les massacres commis. De son côté, La Harpe, qui a rencontré le Dieu des chrétiens dans la prison du Luxembourg, dénonce les philosophes matérialistes, dans le journal *Le Mémorial* et dans son *Lycée ou Cours de littérature ancienne et moderne* paru en 1799. Dès 1797, dans un factum intitulé *Du fanatisme dans la langue révolutionnaire, ou De la persécution suscitée par les barbares du XVIIIe siècle contre la religion chrétienne et ses ministres*, il dénonçait les inventions monstrueuses de la langue [157]. Contre le « règne des monstres », il dénonce surtout le détournement de sens des mots sur-

154. A. Barruel, rééd., 1973.
155. D. Losurdo, 1989, p. 138, rappelle que l'accusation envers la maçonnerie mondiale se restreint à la France dans les éditions suivantes.
156. L. Trénard, 1987a, p. 25-27.
157. P. Roger, 1988, p. 158-159.

venu pendant la Révolution : « On avait formé... une langue qui était l'inverse du bon sens [158]. » Hors de France, Burke continue sa croisade antirévolutionnaire avec ses *Letters on the Proposals for Peace with the Regicide Directory of France*, publiées en 1796, qui insistent sur la monstruosité du régime républicain.

La novation apportée par tous ces ouvrages est une réflexion sur l'histoire. Même si ces auteurs [159] n'introduisent pas de responsabilités proprement humaines dans l'explication de la Terreur, si l'histoire immédiate est exprimée par la folie des hommes, sans prise en compte de la politique, ils donnent à la période une unité qu'elle n'a jamais eue. Le discours contre-révolutionnaire radicalise l'analyse et empêche de nuancer, disqualifiant les ouvrages de Lindet, de Constant ou de Lezay-Marmésia, qui essaient de rétablir les faits et le détail des responsabilités. La pensée contre-révolutionnaire, qui a pour elle l'avantage d'une lecture globalisante de faits contradictoires, conteste facilement les penseurs libéraux, puisque Mallet du Pan (ou Chateaubriand dans *L'Essai*), insiste sur les contradictions entre théorie et pratique de la Révolution, entre qualité du personnel politique et vertu républicaine. Tandis qu'elle trouve des échos paradoxalement à l'autre extrémité du spectre politique : chez les néo-jacobins, comme Billaud-Varenne. Ceux-ci tirent des leçons inverses de Thermidor (pour eux Robespierre n'a pas poussé assez loin la Révolution, et sont contre-révolutionnaires tous ceux qui refusent de se fonder sur le droit naturel et qui acceptent le déclin du monde) [160], ils rejoignent ainsi les penseurs les plus authentiquement contre-révolutionnaires, de Maistre, Bonald, dans l'idée que la Révolution s'ouvre sur l'ave-

---

158. É. Pommier, 1989, p. 244-245.
159. M. Ozouf, 1994.
160. F. Brunel, 1992a, p. 161-164.

nir. Reste que les révolutionnaires espèrent dans une révolution messianique, et que leurs opposants estiment l'Histoire illisible, hors d'une explication mystique, seule capable de rendre compte du chaos de la Terreur [161].

L'échec de la Contre-Révolution européenne.

Après Fructidor, le Directoire tente d'arrêter les progrès de la Contre-Révolution et de la rechristianisation, traduisant les émigrés devant des commissions militaires, déportant plus d'un millier de prêtres réfractaires venant de France, et plus de 9 000 prêtres belges. Il entend aussi lutter contre les « aristocrates à bonnet rouge », qui sont « floréalisés » en mai 1798, perdant les postes électifs conquis aux élections de mars, le tout sur fond de crise financière, mais aussi de remise en cause des idées et des sensibilités – même le succès du mélodrame [162] témoigne de cette envie de sortir par le rêve de situations violentes. Devant ce durcissement répressif, la Contre-Révolution locale renoue avec le brigandage, les attaques contre les fonctionnaires et contre les propriétés, en même temps que se développent des résistances collectives, comme à Toulouse où une partie de la population envoie massivement ses enfants dans les écoles religieuses et royalistes, limitant l'effet de la répression de 1798 [163].

De son côté, la Contre-Révolution organisée réinvente sa stratégie [164] à partir d'Augsbourg, où les agents anglais se replient autour de James Talbot, tandis que l'expansion

161. G. Gengembre, 1989, p. 60-69.
162. J.-M. Thomasseau, 1984.
163. O. Devaux, 1990.
164. G. Lefebvre, 1984, p. 685-689 ; duc de Castries, 1975, p. 227-234 ; F.D. Camps, 1995, p. 114 *sq.*

française en Europe fait peur aux souverains – à commencer par le tsar – et permet d'envisager la reconstitution d'une coalition militaire. Les Instituts philanthropiques sont réaménagés – sauf au nord de la France où ils ont disparu – et le recours à la force est maintenant accepté comme seul moyen de restauration. Avec La Trémoille à Paris, Précy à Lyon, la pyramide des instituts est entièrement renouvelée, 4 arrondissements découpent le Midi, à la tête de chacun d'eux un « visiteur », nommé par le roi, désigne un administrateur par département, lui-même contrôlant les présidents de sections. L'organisation est plus théorique que réelle, mais elle illustre la reprise en main de la Contre-Révolution par la noblesse, créant parfois des frictions [165] ; elle permet ainsi que des contacts se nouent, en liaison avec un conseil royaliste secret mis en place à Paris au printemps 1798. Elle correspond à un tournant dans l'Ouest, où les chefs sont définitivement désunis. Puisaye, qui a échoué à faire venir le comte d'Artois en Bretagne, n'a pas été reconnu par le roi et n'a obtenu aucune place, part au Canada fonder une colonie – curieusement féodale [166] ; Rochecotte, son rival, capturé puis exécuté, est remplacé par Bourmont, qui renforce le caractère militaire de la contre-révolution, dressant les rôles d'une quinzaine de légions, composant un état-major portant des uniformes, tentant une conscription royaliste – qui a plus de succès chez les fils de notables urbains que chez les paysans.

Cet effort est commun à toute la chouannerie, du Pays de Caux (où la renaissance de la chouannerie en 1798-1799 est fondée davantage sur les réseaux existants que sur des mécontentements populaires [167]) jusque dans les

165. J. Beaubestre, 1993, p. 7.

166. C.-L. Chassin, 1973, P III, chap. 37-38 ; M. Hutt, 1983, p. 555 *sq.*, et 1987.

167. G. Lemarchand, 1987, p. 107.

Côtes-du-Nord et dans le Morbihan[168] (où l'appareil royaliste semi-clandestin bloque les élections et les institutions)[169] tandis que la Vendée reste calme. En résulte l'agitation de bandes plus ou moins indépendantes, dans l'Ouest, dans le Bordelais, dans la vallée du Rhône, où un brigandage « chouan » s'installe jusqu'en 1800[170], l'exécution de chefs royalistes en 1798-1799 ne mettant pas fin à ces pratiques. Dans la Vienne[171], un placard invite à égorger les patriotes et à couper le col aux possesseurs de biens nationaux. Par contrecoup, à partir de 1798, « anarchistes » et contre-révolutionnaires s'affrontent à nouveau, ne permettant pas aux modérés de trouver une place.

L'Ouest est parcouru par des colonnes mobiles républicaines, qui doivent faire face à de nombreuses arrivées d'émigrés débarqués de bateaux anglais, témoignant toujours du grand rôle de l'Angleterre. Tous ces mouvements s'intègrent dans des projets d'ensemble soutenus par le gouvernement anglais, alliant les puissances étrangères aux contre-révolutionnaires français – ce qui convient à Windham qui veut associer les élites françaises au rétablissement monarchique. Les arbitrages entre les tendances contre-révolutionnaires sont rendus à Londres, où se rencontrent Pichegru, évadé de Guyane, et Dumouriez. Si bien que lorsqu'en novembre 1798 Talbot propose de faire assassiner les Directeurs, le gouvernement anglais refusant, pour continuer à mener « une guerre civilisée[172] », il est remplacé par Wickham, chargé de coordonner les opérations. Pichegru, promu généralissime, doit être chargé du commandement d'une petite armée, entrant en Franche-Comté et allant vers Lyon.

168. R. Dupuy, 1997a, p. 127-128.
169. B. Gainot, 1990, p. 180-181.
170. G. Lewis, 1978, p. 111.
171. J. Péret, 1988, p. 255, 259.
172. M. Wagner, 1994, p. 300.

Dans le Toulousain sont envoyés le comte de Paulo, un émigré, et le général Rougé, précédemment général républicain, où ils peuvent enrôler des réfractaires dans des bandes, protégées par les paysans et soutenues par les prêtres. 1 500 hommes se seraient trouvés ainsi sous les ordres de l'Institut dans la Haute-Garonne [173].

L'offensive générale est décidée pour septembre 1799, alors que l'armée française marque le pas sur tous les fronts, y compris en Irlande où le général Humbert débarque après la défaite des Irlandais par les troupes anglaises. L'Italie devient le pays de la Contre-Révolution religieuse dans l'hiver 1798-1799. Depuis 1796, des insurrections sporadiques ont éclaté dans le centre de la péninsule, notamment à Vérone, au moment des Pâques 1797, puis à Gênes en septembre. En 1798, les mouvements se généralisent, mais, l'année suivante, le soulèvement est mieux organisé, partant de la Calabre contre la République parthénopéenne, sur fond de luttes et de rivalités sociales et locales. A partir de février 1799, le cardinal Ruffo est à la tête des révoltes issues des communautés paysannes et des couches populaires pauvres ; il les canalise dans l'armée de la Vraie Foi ou la Sainte Foi, qui lutte contre les propriétaires gagnés aux idées des Lumières et les Français, qui sont chassés du sud de l'Italie en juin. En Toscane, les « viva Maria » constituent un mouvement très contradictoire où la foi des fidèles va de pair avec un certain anticléricalisme. En Suisse, l'entrée des troupes françaises, suscitant la constitution de la République helvétique, provoque des mécontentements et des insurrections armées à partir de l'été 1798, surtout dans les cantons centraux, débouchant sur une guerre paysanne au printemps 1799, qui cause beaucoup de destructions [174]. En revanche, le mouvement

173. J. Godechot, 1987, p. 123.
174. A. Zurfluh, 1989.

de résistance qui se déclenche en octobre 1798 contre la conscription et la persécution des prêtres, et pour la défense des dynamismes locaux, en Belgique, a beau être aidé par l'action d'agents du comte de Mérode, du prince d'Arenberg, et rassembler plusieurs milliers de ruraux auxquels se joignent des nobles, cette insurrection armée, qualifiée de « Vendée belge », est écrasée en quelques semaines [175].

Cependant, en France, les escarmouches et les coups de main ont commencé dès le début de 1799 (arbres de la Liberté abattus, morts d'homme, entrée dans des petites villes) entraînant des paniques, mais aussi un renforcement de la répression. La coordination des soulèvements n'étant pas assurée, l'insurrection débute le 5-6 août 1799 dans le Sud-Ouest par l'attaque de Toulouse. Le complot éventé et l'organisation déficiente, la ville n'est pas prise ; les insurgés battent la campagne jusqu'au 20 août, prenant des villes et fuyant devant les troupes républicaines. Au terme de cette poursuite, ils sont défaits à Montrejeau, laissant derrière eux plusieurs milliers de morts. L'échec est réel alors que des soulèvements ont lieu ailleurs dans le Sud-Ouest et que le Gers, l'Ariège et le Lot sont un temps tenus par les royalistes [176]. Aux frontières, les armées coalisées ne parviennent pas à obtenir des succès : le débarquement anglorusse en Hollande est repoussé par le général Brune, le 18 octobre, le coup de main anglais sur Ostende est sans suite, enfin Masséna et Soult écrasent les armées russe et autrichienne à Zurich, les 25 et 26 septembre.

Malgré ces nouvelles, dans l'Ouest, 200 chefs royalistes, soutenus par l'Angleterre et protégés par 1 200 hommes, réunis au grand jour à la mi-septembre à la limite du Maine et de la Mayenne, maintiennent leur

175. R. Devleehouver, 1969, p. 58-65.
176. J. Godechot, 1984, p. 369-371 ; J. Beaubestre, 1993.

appel à la guerre pour le 15 octobre. Cependant, c'est dans la confusion que les armées royalistes investissent pour une nuit les villes de l'Ouest, Le Mans, Nantes, Saint-Brieuc et échouent devant Vannes, Cholet et Vire. Aussi spectaculaires qu'elles soient, ces actions demeurent sans suite, les armées républicaines contrôlent la région, même difficilement, et empêchent toute unité [177]. La preuve en est apportée fin novembre. Les hostilités sont suspendues autour d'Angers alors que les chouans de Cadoudal prennent possession d'armes et d'argent venant d'Angleterre, sans que les républicains, prévenus, puissent s'y opposer. Mais les chouans sont incapables de profiter de cet avantage et, de décembre à février, ils se soumettent bon gré mal gré dans toute la région. Pour faire un exemple, Frotté est capturé et fusillé [178].

L'effet le plus immédiat de ces menaces royalistes dénuées de force en définitive a été de faire réapparaître des exigences jacobines. Jourdan demande ainsi que la patrie soit déclarée en danger, et que des mesures politiques à l'encontre des contre-révolutionnaires soient prises. La crainte de voir les néo-jacobins relever la tête est à la base du mouvement de révision de la constitution que conduit Sieyès, et qui va contribuer au coup d'État des 18 et 19 brumaire. Cette « révolution » est l'occasion de négociations entre chefs royalistes de l'Ouest et généraux ; alors que les uns ont été battus par les autres, aucun ne dispose d'armées puissantes et tous hésitent sur la politique à mener. La guerre se termine dans de filandreuses négociations, rompues par des reprises de combat, ou des oppositions violentes, aussitôt brisées. Alliant l'amnistie, le compromis et la répression, Bonaparte réussit à obtenir le désarmement des troupes, le ralliement des prêtres et la pacification fin décembre

177. C.-L. Chassin, 1973, P III, p. 317-458.
178. R. Dupuy, 1997a, p. 67-69.

1799, en même temps que la Constitution de l'an VIII est adoptée.

La Contre-Révolution, en tant que telle, n'est pas morte. Dans les mois qui suivent, la tâche des Consuls est de confirmer ce retour au calme, en alliant l'amnistie (envers Bourmont), le compromis (envers Cadoudal) et la répression (envers Frotté), sans pour autant réussir. Les conspirations royalistes ne cessent pas ; de la machine infernale de la rue Saint-Nicaise à la reconstitution des armées royales en 1812-1813, en passant par les coups de main et les complots, elles préparent ainsi la restauration et les soulèvements de 1814 et de 1815, notamment dans l'Ouest. Cependant, après 1799, le rôle de la Contre-Révolution change dans le cours de l'histoire de France. Située dans la ligne des mouvements royalistes survenus pendant le Directoire, la Contre-Révolution est devenue un courant organisé avec ses militants et ses soutiens, ses animateurs et ses partisans. Elle n'est plus ce grand rassemblement multiforme des années 1791-1793, incarnant une certaine idée de la France, hiérarchique, religieuse, opposée à une autre vision de la nation, plus égalitaire, et plus détachée de la religion. En 1799, la nation s'est trouvée liée aux généraux victorieux et aux politiques proposant l'union des Français : la Contre-Révolution, comme la Révolution ne sont plus que des éléments minoritaires dans le jeu politique. Dans cette lutte fratricide qui a perdu sens pour la majorité des Français, la nation se construit dorénavant autour du patriotisme militaire, capté par Bonaparte. Les deux courants, révolutionnaire et contre-révolutionnaire, rivaliseront entre eux après 1815 pour s'identifier à la Patrie et s'opposeront aux forces politiques plus modérées qui gouverneront le pays de 1830 à 1870. Il faudra attendre 1877 pour que les républicains gagnent dans cette course et que la Révolution entre à son port.

Conclusion

Entre 1789 et 1799 ont été expérimentées les différentes formes et composantes de ce qui est devenu, finalement, la Contre-Révolution intransigeante, regroupée
derrière un souverain en exil, dotée d'une légitimité politique et idéologique, illustrée par des héros et des martyrs, justifiée par des penseurs reconnus. Les mouvements « aristocratiques », qui, en 1788-1789, avaient,
contre le roi, mobilisé les masses avant d'en perdre le
contrôle et de mériter, à juste titre, les premiers, la qualification de contre-révolutionnaires, en constituent le
cœur en 1799 ; ils ont capté à leur profit l'identité contrerévolutionnaire et réussi à empêcher l'influence des courants royalistes modérés en s'imposant comme les seuls
adversaires de la Révolution, devenue, de son côté, la
rupture essentielle dans l'Histoire de l'Europe. Cette
situation n'était donc pas acquise à l'avance ; elle a été
confortée par le climat politique général, excluant l'adversaire, poussant vers les extrêmes, en cherchant à établir l'unité d'une nation rêvée. Elle a résulté de l'usure
des tentatives de gouvernement au centre, dont les
échecs successifs ont légitimé le face-à-face entre la
Révolution montagnarde et la Contre-Révolution intransigeante, devenues les deux derniers protagonistes de la
vie politique française, au moins jusqu'au coup d'État
de Brumaire, qui les a contournées en liant la nation à

l'armée et au sentiment national. Cependant, durant les cinquante années suivantes, la Contre-Révolution extrême pourra se prétendre indispensable à l'équilibre international troublé par l'irruption révolutionnaire et faire oublier ses propres responsabilités dans la radicalisation de la Révolution.

Ce noyau dur de la Contre-Révolution porte en effet de lourdes responsabilités dans la gravité des luttes sociales et politiques qui ont affecté la France, touchée plus que tous les autres pays par la vague révolutionnaire qui a traversé l'Europe de la fin du XVIIIe siècle. Le refus du compromis, la tradition de l'exclusion ont pesé lourd sur la gestion de la vie politique française, rendant la monarchie incapable de trouver une voie moyenne, favorisant les opposants extrémistes, créant une mémoire immédiate d'une noirceur désespérante. L'impétuosité de la Révolution française a tenu aux obstacles dressés d'emblée contre les courants réformistes. La part jouée par la Contre-Révolution militante est ainsi considérable dans l'histoire de la Révolution, qui ne peut pas être étudiée seule sans tenir compte de cette opposition initiale. De surcroît, les contre-révolutionnaires radicaux ont été les premiers instigateurs du cadre de pensée collectif qui a disqualifié les compromis ; ils ont provoqué et entretenu la réplique des révolutionnaires radicaux.

Dans un retour logique, le renforcement du courant contre-révolutionnaire militant résulte des adjonctions successives, effectuées selon des temporalités différentes, de groupes résistant à la marche de la Révolution ou rejetés par elle : clergé réfractaire, paysannerie attachée au catholicisme ou à ses traditions propres, et de mouvements engagés originellement dans la contestation de l'ordre existant pour leur propre compte, monarchiens, feuillants, fayettistes. Parties prenantes du mouvement patriote en 1788-1789, ces ensembles ont été victimes et enjeux du processus de radicalisation enclenché ensuite.

Leur rattachement à la Contre-Révolution extrême a été variable dans le temps et dans la forme ; dans tous les cas, ils ont été conduits à participer aux guerres civiles et ont subi une importante répression. Cette implication a été, paradoxalement, unificatrice et a eu des effets durables. Ainsi, l'alliance nouée, dans les années 1793-1794, entre les paysanneries de l'Ouest et la noblesse contre-révolutionnaire est exemplaire par sa longévité et son efficacité, sans pourtant que chaque groupe perde jamais son autonomie politique et culturelle [1]. L'histoire compliquée des droites françaises et de leurs enracinements régionaux trouve ses origines dans ce processus d'amalgame et d'exclusion, puisque, région par région, les équilibres politiques s'établissent de façons différentes. En même temps, cette extension de la Contre-Révolution en a altéré la nature initiale, a entraîné des tensions internes importantes, lui a fait perdre son caractère élitiste et l'a rendue souvent inefficace ; cependant, elle lui a donné une base sociale élargie, dont l'examen reste encore à entreprendre, et lui a permis de durer, jusqu'à la reconquête du pouvoir après 1815.

L'extension de la Contre-Révolution s'est réalisée aussi parce qu'elle a été l'occasion de dénonciations et l'enjeu de surenchères entre groupes révolutionnaires. Ainsi, le spectre contre-révolutionnaire a accueilli même un temps les sans-culottes et les robespierristes déchus, et plus longtemps les girondins et les Indulgents. Ce dernier amalgame est capital : il illustre l'extrémité à laquelle est arrivé le jeu politique, utilisant la catégorie « Contre-Révolution » pour disqualifier des rivaux dans un système de pensée fondé sur l'exclusion des opposants. Cet aspect de la marche de la Révolution n'a pas cessé de fasciner jusqu'à aujourd'hui. L'intransigeance qui le fonde, les aspirations unitaires qui le justifient,

1. J.-C. Martin, 1989b ; R. Bourreau, 1995.

comme le machiavélisme qu'il permet, composent un moment exceptionnel de l'histoire de la France. Exposer cet amalgame permet de comprendre pourquoi certains groupes (les girondins, les monarchiens…) ont été accusés de n'avoir été que des contre-révolutionnaires masqués, et explique les difficultés pour la France à être gouvernée au centre, dont l'existence même est suspecte aux yeux des courants radicaux, continuant à affirmer leur pureté doctrinale. De cette situation, le pays, deux cents ans plus tard, n'est pas vraiment sorti : l'ostracisme qui pèse sur les « girondins », opposés dans un lieu commun consternant aux « jacobins », en est un témoignage durable, comme sans doute le goût national pour les débats politiques faisant appel à des doctrines et la difficulté d'avouer gouverner au centre.

Une des clés de la course terrible de la Révolution vient de ce que la Contre-Révolution la plus extrême et la plus déterminée a été rejointe, bon gré mal gré, par des groupes modérés, et que l'application même du mot Contre-Révolution a été étendue à des éléments moteurs du courant réformateur, jusqu'aux militants les plus révolutionnaires. La Contre-Révolution aura donc été, outre l'aspect strictement contre-révolutionnaire, qui la constitue cependant dès 1789, le réceptacle des recalés de l'unification française à un titre ou à un autre. Elle n'a pourtant jamais incarné l'espoir d'une unité nationale comme a pu le faire la Révolution radicale ; son intransigeance initiale et ses alliances avec les ennemis de la Nation l'en ont empêchée. Cependant, d'une certaine façon, elle a représenté le prix à payer pour la recherche d'une fraternité exclusive, elle-même vouée à l'échec ; deux cents ans plus tard, cette macule originale n'est pas totalement effacée [2], on peut penser qu'elle ne le sera pas tant que les courants « contre-révolutionnaires » et

2. M. Winock, 1993, p. 8.

« révolutionnaires » les plus radicaux ne reconnaîtront pas leurs responsabilités conjointes et n'abandonneront pas leurs prétentions à organiser le cadre politique.

L'inventaire et le catalogue de ce qui a pu apparaître, à un moment ou à un autre, comme contre-révolutionnaire ont toutefois moins compté, dans ces pages, que la compréhension des mécanismes politiciens et l'analyse des systèmes de pensée qui ont utilisé la qualification de contre-révolutionnaire en essayant de voir comment cette qualification avait été appliquée à tel groupe social, telle entité régionale ou tel mouvement, à un moment donné, dans une perspective précise. C'est ce que nous avons tenté de présenter dans le schéma suivant, pour montrer, de façon simpliste, comment différents mouvements s'étaient reconnus comme contre-révolutionnaires, avaient été agrégés au noyau militant, ou avaient été accusés d'être contre-révolutionnaires[3]. Le processus est certes commun à toute l'époque contemporaine qui a vu, pendant les deux derniers siècles, d'innombrables glissements de la gauche vers la droite ; toutefois, la période révolutionnaire aura inauguré ces évolutions comme elle aura contribué à orienter les boussoles politiques autour de pôles fixés jusqu'à aujourd'hui : principes politiques (place de la représentation politique…), religieux (séparation de l'Église et de l'État…), ou sociaux (égalité civique, assistance…), symboles (la Bastille), ou exemples historiques (la mort du roi…). C'est moins 1789 qui crée l'opposition droite/gauche, que les dix années suivantes qui, au travers d'expériences confuses et souvent mal comprises, installent un cadre de pensée dont la dichotomie n'est à peu près établie qu'en 1797-1799 seulement.

---

3. Sous une première version, J.-C. Martin, 1996a.

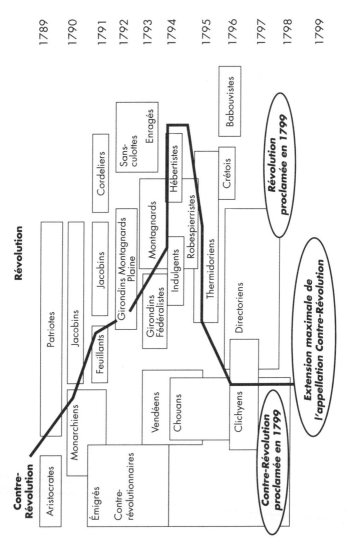

TABLEAU SCHÉMATIQUE DES POSITIONS POLITIQUES DES FACTIONS ET DES COURANTS DE 1789 À 1799

Le rôle joué par la Contre-Révolution militante dans ce processus interdit d'en rejeter toute la responsabilité sur la Révolution, si tant est que le mot ait encore un sens puisqu'elle n'a jamais été ce bloc dont l'unicité a toujours plus contenté ses détracteurs que ses promoteurs. En 1789, le principe d'exclusion est partagé par les éléments les plus radicaux, il s'est imposé à tout le pays faute d'une vision politique claire de la part du roi et de ses conseillers, à cause de revanches anciennes et d'ambitions nouvelles, dans la médiocrité des perspectives politiques et la confusion. Ces circonstances dans lesquelles la Contre-Révolution s'est affirmée peu à peu justifient que l'écriture de l'Histoire ait, dans ce livre, mêlé l'étude des principes et des concepts avec le recensement des actions les moins élaborées, qu'elle ait donné sa place à la langue politique inventée et expérimentée dans ces tensions, enfin qu'elle ait essayé de rendre compte des malentendus nés entre les différents groupes sociaux et politiques. La constitution de la Contre-Révolution est ainsi l'occasion de saisir le moment particulier pendant lequel une configuration politique inédite s'est formée en France ; faire le récit de sa naissance a permis d'insister sur l'aspect conjoncturel qui a présidé à cette apparition, redonnant à l'histoire de notre pays un élément important de sa généalogie.

Ce livre entend ainsi justifier la vision que les Français ont de « leur » histoire nationale [4], répondant à la responsabilité morale [5] pesant sur l'historien. Il a voulu réinsérer la mémoire nationale dans la plénitude des affrontements et des exclusions qui lui ont été consubstantiels, dans ce temps pendant lequel la Révolution a voulu s'assimiler au sort de la Nation. Dans l'histoire que nous avons voulu établir, le foisonnement des faits, la multi-

---

4. J. Revel, 1989, p. 25.
5. B. Baczko, 1969 ; merci à M. Porret.

plicité des acteurs, le brassage des idées ont été considérés dans leur surgissement natif, aveugle sur leurs conséquences, inconscient même des contemporanéités des faits parmi lesquels il se produisait. Ce point mérite enfin que l'on s'y arrête. Il ne s'agissait pas de minimiser l'existence de traditions politiques, mais de montrer seulement le creuset d'où elles sont sorties et de rappeler l'importance du cadre historique, traversé de contradictions et d'imprévus, bâti plus par le hasard et les conflits que par les idées. L'insurrection vendéenne illustre bien ce processus, puisque les insurgés ont surpris davantage les nobles contre-révolutionnaires, qui continuaient de considérer avec une défiance justifiée les révoltes rurales, que les révolutionnaires, prêts, à l'inverse, à lire dans toutes les réticences les signes d'un refus des principes qu'ils défendaient. Ni les uns ni les autres ne peuvent cependant aux yeux de l'Histoire se prévaloir de posséder une juste appréciation des choses et ce n'est surtout pas la suite des événements qui a donné raison aux uns plutôt qu'aux autres.

Pour subvertir une formulation ordinaire du travail historique, nous avons moins souhaité exposer ce qui « s'était réellement passé », puisque ce projet suppose que l'historien ait la capacité de dévoiler ce qui était caché derrière l'apparence des faits, que nous avons voulu exposer comment cela s'était passé, en rendant compte de l'enchevêtrement des actes et des proclamations comme du dédale des interactions et des malentendus. Ce sont les conjonctions d'impondérables et les résultantes de luttes qui ont promu la Vendée comme région contre-révolutionnaire, alors que la palme aurait pu tout aussi bien revenir à la Bretagne ou à la bordure méridionale du Massif central, toutes deux engagées dans des luttes persistantes contre les innovations révolutionnaires depuis 1790.

De la même façon que nous avons pris à bras le corps

tout ce qui avait concouru à l'existence de la Contre-Révolution, il était souhaitable de relativiser l'influence des idées contre-révolutionnaires telles qu'elles se sont édifiées à cette époque, malgré l'image que l'historiographie et la mémoire qui en sont nées peuvent donner. Pour ne prendre qu'un seul exemple, la pensée de Burke a considérablement influencé les contemporains ; cependant, le gouvernement anglais a continuellement mené une politique inspirée d'autres principes et s'est méfié non moins continuellement des amis de Burke. Dire cela n'est pas réduire la part de la Vendée ou de la pensée de Burke dans le patrimoine historique que nous possédons aujourd'hui, et qui leur accorde une place sûrement plus grande que celles qu'elles possédaient au XVIIIe siècle. Il convenait seulement, ici, de conduire une approche dégagée des habitudes historiographiques, sans préjuger de ce qui avait été classé comme important ou secondaire par les mémoires et par les structures idéologiques.

La vertu du récit est de rendre palpable l'aléatoire au moment où il se fige, mais aussi et surtout de restituer aux acteurs leur propre responsabilité. Ce livre a ainsi moins recherché des causalités que des responsabilités. En l'occurrence, le refus de la prise en compte de l'évolution sociale et la manipulation de l'opinion d'abord, la politique du pire ensuite, qui ont été pratiqués par les contre-révolutionnaires les plus déterminés, et aussi les plus aveugles aux conséquences de leurs choix, ont joué un rôle essentiel dans la marche de la Révolution et surtout dans l'expérience terrible de la Terreur, qui obsède encore notre mémoire collective. Il est certes inutile d'entamer des procès à titre posthume à des individus et des groupes qui ont engagé la France dans les extrémités et les violences de la Terreur. Toutefois, il nous semblait nécessaire de sortir de débats vains qui ont cherché l'explication dans l'essence de tel régime ou dans la vertu de telle doctrine. Les choix individuels ne se dissolvent pas dans des chaînes causales. Nous avons enfin bien conscience, en terminant, que rendre cette part de responsabilité aux acteurs de l'Histoire participe d'une urgence partagée par tous ceux qui doivent rendre compte d'expériences contemporaines traumatisantes, et accomplit totalement l'injonction capitale de « faire de l'histoire » : le récit du passé visant, avant tout, à bâtir le présent avec les acteurs de l'Histoire.

Bibliographie[*]

[*] Par convention, le lieu d'édition est Paris, quand il n'est pas mentionné.

Abréviations utilisées

ABPO	*Annales de Bretagne et des Pays de l'Ouest.*
AESC	*Annales Économies, Sociétés, Civilisations.*
AHRF	*Annales historiques de la Révolution française.*
AN	Archives nationales.
BSHSDS	*Bulletin de la Société historique et scientifique des Deux-Sèvres.*
DUSP	*Dictionnaire des usages sociopolitiques.* INaLF.
FH	*French History.*
FHS	*French Historical Studies.*
HSr	*Histoire et Sociétés rurales.*
JMH	*Journal of Modern History.*
PP	*Past and Present.*
RH	*Revue historique.*
RN	*Revue du Nord.*
RHMC	*Revue d'Histoire moderne et contemporaine.*

Actes des 113ᵉ et 114ᵉ Congrès nationaux des Sociétés savantes, 1991, CTHS, 1988-1989.

Aportes, 1990, n° 12, « La Revolución francese », Madrid.

Archives de France, 1988, *La Révolution française à travers les archives*.

Colloque d'Orléans, 1988, *La Révolution et l'Ordre juridique privé*, PU Orléans.

Colloque de Rochefort, 1994, *La Déportation de l'an II*, Diocèse de La Rochelle et de Saintes.

Commission internationale d'Histoire militaire, 1991, *L'Influence de la Révolution française sur les armées en France, en Europe et dans le Monde*, Vincennes, actes n° 15, Fondation pour les études de défense nationale, 2 tomes.

La Révolution française et le Monde rural, CTHS, 1989.

Le Jura contre Paris, 1994, Société d'émulation du Jura, Lons-le-Saunier.

INALF, 1995, *Langages de la Révolution*, Klincksieck.

Abdoul-Mellek L., 1994, « D'un choix politique de Robespierre : la Terreur », *in* J.-P. Jessenne, 1994, p. 191-204.

Abensour L. dir., 1978, *Le Romantisme noir*, Cahiers de l'Herne.

Agulhon M., 1989, « Lectures de la révolution », *in* M. Vovelle, 1989a, p. 2389-2396.

Amiot A.-M., 1978, « Le rôle de l'illuminisme dans la formation d'une doctrine de régénération… », *in Régénération et Reconstruction sociale entre 1770 et 1848*, Université de Nice, Vrin, p. 70-112.

Anderson B., 1996, *L'Imaginaire national*, La Découverte.

André J., 1993, *La Révolution fratricide*, PUF.

André-Vincent Ph.-I., 1974, *Les Révolutions et le Droit*, LGDJ.

Andrews R.M., 1967, « L'assassinat de Gérard… », *AHRF*, p. 309-338.

Andrey G., 1987, « La Suisse d'Ancien Régime… », *in* R. Dupuy, 1987a, p. 255-263.

Andriès L., 1988, « Les florilèges littéraires pendant la Révolution française », *Littérature*, 69, p. 6-12.

Antoine M., 1987, « La monarchie absolue », *in* K.M. Baker, 1987a, p. 3-24.

Arsac F., 1936, « Une émeute contre-révolutionnaire à Meymac… », *AHRF*, p. 148-162.

Augustin J.-M. *et al.*, 1993, *Les Déclarations de l'An I*, PUF.

Augustin J.-M., 1994, *Le Faux Évêque de la Vendée*, Perrin.

Aulard A., 1897, *Recueil des Actes du Comité de Salut public*, Paris.

Aymes J.-R., 1989, « L'Espagne et le refus de la Révolution, 1789-1795 », *in* M. Vovelle, 1989a, p. 660-667.

Baczko B., 1969, « La responsabilité morale de l'historien », *Diogène*, 67, p. 61-70.

Baczko B., 1978, *Lumières de l'Utopie*, Payot.

Baczko B., 1983, « Le complot vandale », *Le Temps de la Réflexion*, IV, p. 195-242.

Baczko B., 1988, « L'expérience thermidorienne », *in* C. Lucas, 1988a, p. 339-370.

Baczko B.,1989a, *Comment sortir de la Terreur*, Gallimard.

Baczko B., 1989b, « "Monstres sanguinaires" et "circonstances fatales" », *in* F. Furet, 1989b, p. 131-138.

Baczko B., 1996, « "Comment est fait un tyran"… », *in* J. Ehrard, 1996, p. 25-54.

Baecque A. de, 1987, « Le sang des héros… », *RHMC*, p. 553-586.

Baecque A. de, 1988, *La Caricature révolutionnaire*, CNRS.

Baecque A. de, 1989a, « Les soldats de papier », *in* M. Vovelle, 1989a, p. 297-312.

Baecque A. de, 1989b, « Le discours anti-noble (1787-1792) », *RHMC*, p. 3-28.

Baecque A. de, 1993, *Le Corps de l'Histoire*, Calmann-Lévy.

Baecque A. de, 1994, « The trajectory of a wound », *in* K. Baker, 1994, p. 157-176.

Baecque A. de, 1998, « Les dernières heures de la princesse de Lamballe », *L'Histoire*, 217, p. 74-79.

Baker K.M. dir., 1987a, *The Political Culture of the Old Regime*, Londres, Pergamon Press.

Baker K., 1987b, « Politique et opinion publique sous l'Ancien Régime », *AESC*, p. 41-71.

Baker K., 1988, *Condorcet, raison et politique*, Hermann, trad. française.

Baker K., 1993, *Au tribunal de l'opinion*, Payot, trad. française.

Baker K. dir., 1994, *The Terror*, New York, Pergamon Press, vol. IV.

Balibar R., 1988, « L'action révolutionnaire des lettrés dans la simplification démocratique de la langue française », *in* Colloque d'Orléans, 1988, p. 89-98.

Baradel Y., 1988, « Révolution et Contre-révolution dans une place de guerre », *in* M. Gilli, 1988, p. 71-83.

Barbe J.-P., 1988, « Inscriptions de la Révolution dans les voyages fictifs… », *in* M. Gilli, 1988, p. 357-368.

Barère B., 1842, *Mémoires*, Bruxelles.

Barlet P., 1997, « Les "Blancs" de l'Indre », *in* D. Turrel, 1997, p. 325-334.

Barnave A., 1988, *Introduction à la Révolution française*, PU Grenoble, rééd.

Barny R., 1987, « L'évolution idéologique de J.-J. Mounier… », *in Bourgeoisie de province et Révolution*, PU Grenoble, p. 81-102.

Barny R., 1993, *Les Contradictions de l'idéologie révolutionnaire des Droits de l'Homme*, Université de Besançon, Les Belles Lettres.

Barrault É., 1994, *La Feuille nantaise*, Université de Nantes, maîtrise, dact.

Barruel A., 1973, *Mémoires pour servir à l'histoire du jacobinisme*, Chiré-en-Montreuil, La Pensée française, rééd.

Bart J., 1989, « Bourgeois et paysans : la crainte et le mépris », *in La Révolution française et le Monde rural*, 1989, p. 459-476.

Bayard F., 1994, « Lyon et les Lyonnais vus de Paris », *in* B. Benoit, 1994, p. 70-77.

Bayon-Tollet J., 1982, *Le Puy-en-Velay et la Révolution française*, Université de Saint-Étienne.

Beau J., Issartel J.-L, Gaspin R., 1988, *Les Chemins de la Révolution*, Privas, Fédération des œuvres laïques.

Beaubestre J., 1993, *L'Insurrection de l'an VII en Midi-Pyrénées*, Toulouse, bvPublications.

Bécu J.-L. et J., 1990, *Le Clergé jurassien face à la Révolution française, 1789-1799*, Langres, D. Guéniot, 2 tomes.

Beick P., 1956, *The French Revolution seen from the Right. Social Theories in Motion, 1789-1799*, Philadelphie.

Bellenger D.A., 1986, *The French Exiled Clergy in the British Isles after 1789*, Bath, Downside Abbey.

Bénichou P., 1973, *Le Sacre de l'écrivain*, José Corti.

Benoit B., 1988, *Guide historique de la Révolution à Lyon*, Éd. de Trévoux.

Benoit B., 1990, « Les "Drômains" et Lyon », *in* N. Nathan-Tilloy, 1990, p. 491-500.

Benoit B. dir., 1994, *Ville et Révolution*, Lyon, PUL.

Benzaken J.-C., 1995, « Méounes : un village du Var entre Révolution et Contre-Révolution… », *in* B. Cousin, 1995, p. 187-193.

Bercé Y.-M., 1974, *Croquants et Nu-pieds*, Gallimard.

Bercé Y.-M., 1987, « Nostalgie et mutilation… », *in* R. Dupuy, 1987a, p. 172-179.

Bergeron Chard F., 1989, *La Révolte de Crève-Bouchure*, Niherne (Indre), Bedesup éditeur, Vérité-89.

Bernard C., 1990, *Le Chouan romanesque*, PUF.

Bernard-Griffiths S. *et al.*, 1992, *Révolution française et « Vandalisme révolutionnaire »*, Universitas.

Bernsen M., 1988, « L'intertextualité comme "queste"... », *Littérature*, 69, p. 72-86.

Bertaud J.-P., 1978, *La Révolution armée*, Laffont.

Bertaud J.-P., 1984, *Les Amis du roi*, Perrin.

Bertaud J.-P., 1987, « La presse royaliste parisienne », *in* R. Dupuy, 1987a, p. 205-210.

Bertier de Sauvigny G., 1948, *Le Comte Ferdinand de Bertier et l'Énigme de la Congrégation*, Les Presses continentales.

Beyssade J.-M., 1993, « Les États généraux de 1715 », *in* B. Bourgeois, 1993, p. 207-219.

Biard M., 1995, « Collot d'Herbois et la répression », *in* B. Cousin, 1995, p. 207-216.

Bien D.D., 1974, « La réaction aristocratique avant 1789 : l'exemple de l'armée », *AESC*, p. 505-534.

Billaud abbé, 1962, *La Petite Église*, Nouvelles Éditions latines.

Billecocq J.-B., 1981, *Souvenirs*, Société des Études robespierristes.

Bindman D. dir., 1989, *The Shadow of the Guillotine*, Londres, British Museum.

Blanc O., 1989, *Les Hommes de Londres*, O. Orban.

Blanning T.C.W., 1981, « Gegenrevolutionnäre Kräfte », *in Deutscher Jakobiner*, catalogue d'exposition, Mayence, p. 87-96.

Blanning T.C.W., 1986, *The French Revolution in Germany, Occupation and Resistance in the Rhineland 1792-1802*, Oxford, Clarendon Press.

Blanning T.C.W., 1996, *The French Revolutionary Wars*, Londres, Arnold.

Bluche F., 1986, *Septembre 1792, logiques d'un massacre*, Laffont.

Boffa M., 1988, « Joseph de Maistre », *in* F. Furet, 1988b, p. 1013-1019.

Boffa M., 1989, « La Révolution française et la Contre-Révolution », *in* F. Furet, 1989a, p. 85-112.

Bohrer K.-H., 1989, « Zeit des Revolution, Revolution der Zeit », *Die Ideen von 1789*, Francfort, Suhrkamp.

Bois P., 1960, *Paysans de l'Ouest*, Flammarion.

Bonnet colonel G., 1958, *Les Guerres insurrectionnelles et révolutionnaires*, Payot.

Bouloiseau M., 1971, *Recueil des Actes du Comité de Salut public*, Bibliothèque nationale.

Bourdin G., 1989, *Révolution et Contre-Révolution dans l'Orne*, Alençon, Archives départementales de l'Orne.

Bourdin P., 1995, « Des ganses blanches, une armée grise, les noires forêts d'Auvergne », *120e Congrès national des Sociétés savantes*, Aix-en-Provence, p. 361-396.

Bourdin P., 1997, « Les jacobins du Bois de Cros... », *AHRF*, p. 249-304.

Boureau A., 1988, *Le Simple Corps du roi*, Les Éditions de Paris.

Bourgeois B., d'Hondt J. dir., 1993, *La Philosophie et la Révolution française*, Vrin.

Bourgeon J., 1986, *La vie est dans le pré*, Saint-Sébastien-sur-Loire, ACL.

Bourreau R., 1995, *Monarchie et Modernité*, Publications de la Sorbonne.

Bourrier M., 1991, « Promu-exclu de la révolution, un commandant patriote nommé Trophime Laffont... », *Actes...*, 1991, p. 56-76.

Boutier J., 1979, « Les révoltes paysannes en Aquitaine », *AESC*, p. 760-787.

Boutier J., Boutry P., Bonin S., 1993, *Les Sociétés politiques*, Atlas de la Révolution française, EHESS, n° 6.

Bouton A., 1958, *Les Francs-Maçons manceaux et la Révolution française*, Le Mans.

Boyer H. *et al.*, 1989, *Le Texte occitan de la Révolution française (1788-1800)*, Montpellier, SFALEO.

Braconnier M., 1995, « Le fédéralisme lyonnais… », *in* B. Cousin, 1995, p. 197-205.

Brégeon J.-J., 1991, *Carrier et la Terreur nantaise*, Perrin.

Brelot C.-I., 1966, *Besançon révolutionnaire*, Cahiers d'Études comtoises, n° 9, Les Belles Lettres.

Bruguière M., 1986, *Gestionnaires et Profiteurs de la Révolution*, O. Orban.

Brunel F., 1989, *Thermidor*, Bruxelles, Complexe.

Brunel F., 1992a, *Billaud-Varenne. Les principes régénérateurs du système social*, PU Sorbonne.

Brunel F. et Goujon S., 1992b, *Les Martyrs de Prairial*, Genève, Georg.

Brunet M., 1990, *Le Roussillon. Une société contre l'État*, Perpignan, Le Trabucaire.

Burstin H., 1986, « Le "protagoniste"… », *in L'Événement*, Aix-Marseille, Jeanne Laffitte, p. 65-77.

✓ Cabanes-Boquet, [sd], *Senlis à l'époque révolutionnaire*, Paris-XIII, thèse, dact.

Cadé M., 1990, *Guerre et Révolution en Roussillon, 1793-1795*, Perpignan, Service des Archives.

Camps F.D., 1995, *Instituts philanthropiques et Réseaux contre-révolutionnaires*, Paris-I, maîtrise, dact.

Carré de Busserolles J., 1865, *Les Colonnes infernales*, Tours.

Castaingts-Beretervide M., 1994, *La Terreur et la Déportation des Basques du Labourd*, Saint-Jean-de-Luz, Ikuska, « Oroituz ».

Castries duc de, 1979, *Les Hommes de l'émigration*, Tallandier.

Certeau M. de, Revel J., Julia D., 1975a, *Une politique de la langue*, Gallimard.

Certeau M. de, Revel J., Julia D., 1975b, « Une ethnologie de la langue », *AESC*, p. 3-42.

Champflour commandant de, 1899, *La Coalition d'Auvergne*, Riom.

Charnay J. dir., 1990, *Lazare Carnot, ou le savant citoyen*, PU Sorbonne.

Chartier R., 1981, « Culture, Lumières et doléances : les cahiers de 1789 », *RHMC*, p. 68-93.

Chartier R., 1989, « Le monde comme représentation », *AESC*, p. 1505-1520.

Chartier R., 1994, « Les historiens et les mythologies », *Liber*, p. 5-8.

Chassin C.-L., 1973, *Études documentaires sur la Révolution française*, rééd., Mayenne, Floch, 11 tomes, classés en G, V, P, pour désigner les trois parties de l'ouvrage selon sa propre terminologie.

Chaumié J., 1968, *Le Réseau d'Antraigues*, Plon.

Chaussinand-Nogaret G., 1982, *Mirabeau*, Gallimard, « Folio ».

Chevalier J.-J., 1979, *Barnave*, PU Grenoble.

Church C.H., 1981, *Revolution and Red Tape*, Oxford, Clarendon Press.

Clénet L.-M., 1991, *La Contre-Révolution*, PUF, « Que sais-je ? ».

Cléray E., 1932, *L'Affaire Favras*, Éd. des Portiques.

Clorivière P. de, 1988, *Études sur la Révolution*, Escurolles, Éd. Fideliter.

Cobb R., 1964, *Terreur et Subsistance*, Clavreuil.

Cobb R., 1975, *La Protestation populaire en France*, Calmann-Lévy.

Connein B., 1978, *Langage politique et Mode d'affrontement*, EHESS, thèse, dact.

Constant B., 1988, *De la force du gouvernement actuel...*, Flammarion, rééd. P. Raynaud.

Copit F., 1994, *La Presse à Nantes au début du Directoire*, Université de Nantes, maîtrise, dact.

Cot A.L., 1991, « J. Bentham et la Révolution française », *in* G. Faccarello, 1991, p. 477-485.

Cottret M., 1986, *La Bastille à prendre*, PUF.

Coudart L., 1986, *Histoire et Mesure*, p. 209-228.

Coudart L., 1987, « Les lecteurs... », *in* R. Dupuy, 1987a, p. 211-221.

Coudart L., 1995, *La Gazette de Paris*, L'Harmattan.

Coulet E., 1964a, « Le massacre des administrateurs du Var », *175ᵉ anniversaire de la Révolution française*, Commission d'histoire économique et sociale de la RF, Imprimerie nationale, p. 421-424.

Coulet E., 1964b, « Jacobins et royalistes à Toulon 1790-1792 », *89ᵉ Congrès des Sociétés savantes de Lyon*, p. 7-45.

Cousin B. *et al.*, 1989, *La Pique et la Croix*, Le Centurion.

Cousin B. dir., 1995, *Les Fédéralismes*, PU Provence (Aix-Marseille).

Crook M., 1987, « Le mouvement sectionnaire à Toulon », *in* R. Dupuy, 1987a, p. 150-159.

Crook M., 1988, « Les Français devant le vote… », *in* R. Huard, 1988, p. 31-33.

Crook M., 1991, *Toulon in War and Revolution*, Manchester UP.

Crook M., 1994, « Marseille, Aix et Toulon… », *in* B. Benoit, 1994, p. 201-216.

Crouzet D., 1993, *Les Guerriers de Dieu*, Champvallon.

Cubells M., 1987a, *Les Horizons de la Liberté*, PU Provence (Aix-Marseille).

Cubells M., 1987b, « L'idée de province et l'idée de Nation… », *Provence historique*, 148, p. 135-146.

Dalby J., 1989, *Les Paysans cantaliens et la Révolution française*, Clermont-Ferrand, Faculté des lettres. *note*

Darnton R., 1968, *La Fin des Lumières*, Perrin.

Dartevelle R., 1990, « Stratégie missionnaire et "rechristianisation"… », *in* A.-M. Duport, 1990, p. 129-149.

David M., 1987, *Fraternité et Révolution française*, Aubier.

Débard J.-M. dir., 1992, *Montbéliard sous la Révolution*, Société d'émulation de Montbéliard.

Debien G., 1953, *Les Colons de St-Domingue et la Révolution*, Colin.

Délègue A.-Q., 1994, *Le Clergé lozérien sous la Révolution*, Paris-IV, maîtrise, dact.

Deleplace M., 1992, « Anarchie/anarchistes », *DUSP*, n° 4, p. 9-33.

Devaux O., 1988, « L'influence de l'Aa dans l'enseignement à Toulouse de 1789 à 1820 », *in* B. Plongeron, 1988, p. 469-475.

Devaux O., 1990, « Dieu et le roi dans l'enseignement primaire toulousain… », *in* A.-M. Duport, 1990, p. 167-178.

Devaux O., 1995, « Notes sur quelques enseignants suspects… », *RH*, p. 421-451.

Devleeshouver R., 1969, « Le cas de la Belgique », Colloque *Occupants-Occupés*, Bruxelles, p. 46-48.

D'Hollander P., 1989, « La levée des trois cent mille hommes en Haute-Vienne », *Annales du Midi*, 185-186, p. 73-89.

Dhombres J. et N., 1996, *Lazare Carnot*, Fayard.

Dhont L., 1987, « Les processus révolutionnaires et contre-révolutionnaires en Belgique », *in* R. Dupuy, 1987a, p. 273-283.

Di Padova T., 1976, « The Girondins and the question of revolutionary government », *FHS*, 3, p. 432-450.

Didier B., 1988, « Lumières et "Nation" chez Robespierre », *in* M. Gilli, 1988, p. 693-704.

✔ Diesbach G. de, 1975, *Histoire de l'émigration*, Perrin.

Dimier L., 1917, *Les Maîtres de la Contre-Révolution*, Nouvelle Librairie nationale.

Domergue L., 1984, *Le Livre en Espagne au temps de la Révolution française*, PU Lyon.

Domergue L., Lamoine G., 1990, *Après 89, la Révolution, modèle ou repoussoir*, Toulouse, PU Le Mirail.

Dorigny M., 1992, « Les Girondins avant le "Fédéralisme"… », *in* M. Vovelle, 1989b, p. 285-292.

Dorigny M., 1995, « Pouvoir central et pouvoirs locaux… », *in* B. Cousin, 1995, p. 63-72.

Dornic F., 1951, « Un problème mal posé : le massacre de MM. Cureau et de Montesson… », *AHRF*, p. 162-168.

Doucet R., 1909, « L'esprit public dans le département de la Vienne pendant la Révolution », *Mémoires de la Société des antiquaires de l'Ouest*, Poitiers, t. II, 3e série, p. 32-53.

Doyle W., 1988, *Des origines de la Révolution française*, Calmann-Lévy.

Doyon A., 1969, *Un agent royaliste pendant la Révolution*, Société des Études robespierristes.

Droguet A. dir., 1991, *Les Bleus de Bretagne de la Révolution à nos jours*, Saint-Brieuc, Archives départementales.

Duchet M., 1995, *Anthropologie et Histoire au siècle des Lumières*, Albin Michel.

Dufraisse R. *et al.*, 1991, *Revolution und Gegenrevolution, 1789-1830*, Munich, Oldenburg Verlag.

Dujardin P., 1996, « Des États généraux à l'Assemblée nationale… », *in* S. Rémi-Giraud, 1996, p. 245-260.

Dupont-Bouchat M.-S., 1988, « La pratique des tribunaux criminels… en Belgique », *in* Colloque d'Orléans, 1988, p. 509-526.

Duport A.-M., [1988], *Terreur et Révolution, Nîmes en l'an II, 1793-1974*, Touzot éd.

Duport A.-M. dir., 1990, *Religion, Révolution, Contre-Révolution dans le Midi, 1789-1799*, Nîmes, J. Chambon.

Duport A.-M., 1995, « Le fédéralisme gardois et après ? », *in* B. Cousin, 1995, p. 139-146.

Duprat A., 1997, « Autour de Villeneuve, le mystérieux auteur de la gravure *Contre-Révolution* » , *AHRF*, p. 423-440.

Dupront A., 1982, « Sémantique historique et analyse de contenus », *in* M. Cranston, P. Mair, *Langage et Politique*, Bruxelles, Bruylant, p. 79-85.

Dupuy R., 1972, *La Garde nationale et les Débuts de la Révolution en Ille-et-Vilaine*, Klincksieck.

Dupuy R., 1980, « Aux origines du "fédéralisme" breton », *ABPO*, p. 337-360.

Dupuy R., Lebrun F. dir., 1987a, *Résistances à la Révolution*, Imago.

Dupuy R., 1987b, « Ignorance, fanatisme et contre-Révolution », *in* R. Dupuy, 1987a, p. 37-42.

Dupuy R., 1988a, *De la chouannerie à la Révolution*, Flammarion.

Dupuy R., 1988b, « Le roi de la contre-révolution », *in* C. Lucas, 1988a, p. 192-203.

Dupuy R., 1991, « Les Bleus de Bretagne », *in* A. Droguet, 1991, p. 189-196.

Dupuy R. dir., 1995a, *Pouvoir local et Révolution*, PU Rennes.

Dupuy R., 1995b, « Le comportement politique de la paysannerie française… », *HSr*, 3, p. 113-118.

Dupuy R. et Morabito M. dir., 1996a, *1795. Pour une République sans Révolution*, PU Rennes.

Dupuy R., 1996b, « Réaction thermidorienne et royalisme », *in* R. Dupuy, 1996a, p. 243-250.

Dupuy R., 1997a, *Les Chouans*, Hachette, « La vie quotidienne ».

Dupuy R., 1997b, « Quiberon vu de Rennes », *in* D. Turrel, 1997, p. 221-232.

Dussert G., 1989, *Vadier, le grand inquisiteur*, Imprimerie nationale.

Duval M., 1987, « Les arbres de la Liberté en Bretagne », *in* R. Dupuy, 1987a, p. 55-67.

Égret J., 1962, *La Prérévolution*, PUF.

Ehrard J. dir., 1996, *Images de Robespierre*, Naples, Vivarium.

Ellul J., 1970, *Autopsie des Révolutions*, Seuil.

Elyada O., 1991, *Presse populaire et Feuilles volantes de la Révolution à Paris, 1789-1792*, Société des Études robespierristes.

Emsley C., « Nationalist rhetoric and nationalist sentiment… », *in* O. Dan et J. Dinwiddy, *Nationalism in the Age of the French Revolution*, Londres, Hambledon Press, p. 39-43.

Encrevé A., 1990, « Les protestants et la Révolution française », *in* P. Viallaneix, 1990, p. 101-127.

Faccarello G. et Steiner P. dir., 1991, *La Pensée économique pendant la Révolution française*, PU Grenoble.

Farge A., Revel J., 1985, *Logiques de la Foule*, Seuil.

Farge A., 1988, *Dire et Mal-dire*, Seuil.

Farge A. et Dauphin C. dir., 1997, *De la violence et des femmes*, Albin Michel.

Fauchois Y., 1987, « Les évêques émigrés et le royalisme », *in* R. Dupuy, 1987a, p. 386-396.

Favre R., 1976, *La Mort au siècle des Lumières*, PU Lyon.

Fitzsimmons M.P., 1996, « New light on the Aristocratic Reaction in France », *FH*, 10, 4, p. 418-431.

Flanet R., 1990, « Les insurrections de l'Ouest… », *ABPO*, p. 457-472.

Fogel M., 1993, « La désolation du Palatinat… », *in* J.-C. Martin, 1993, p. 111-118.

Forrest A., 1974, *Society and Politics in Revolutionary Bordeaux*, Oxford UP.

Forrest A., 1987, « Le recrutement des armées et la Contre-Révolution », *in* R. Dupuy, 1987a, p. 180-190.

Forrest A., 1988a, *Déserteurs et Insoumis*, Perrin.

Forrest A., 1988b, « Federalism », *in* C. Lucas, 1988a, p. 309-327.

Forrest A., 1996, « L'armée et la politique sous le régime thermidorien », *in* R. Dupuy, 1996a, p. 275-285.

Fournier G., 1988, « Les incidents électoraux… », *in* R. Huard, 1988, p. 63-76.

Francesco A. de, 1994, « Les rapports entre administrateurs et administrés… », *in* B. Benoit, 1994, p. 217-227.

Francesco A. de, 1995, « Naissance et mort d'une démocratie municipale », *in* B. Cousin, 1995, p. 293-301.

Frayssenge J., 1990, « Religion et Contre-Révolution en Rouergue méridional », *in* A.-M. Duport, 1990, p. 87-94.

Frélaut B., 1991, « Les Bleus de Vannes », *in* A. Droguet, 1991, p. 189-196.

Frélaut B., 1993, « Quiberon, la répression du débarquement », *in* J.-C. Martin, 1993, p. 85-100.

Frœschlé-Chopard M.-H., 1987, « L'Église et le peuple dans les cahiers de doléances… », *Provence historique*, 148, p. 121-134.

Froger J., 1995, *Le Personnel dirigeant de la Révolution française en Isère*, Grenoble, thèse, dact.

Fuoc R., 1989, *La Réaction thermidorienne à Lyon*, Lyon, Fédérop et « Vive 89 ».

Furet F., Ozouf M., 1979, « Deux légitimations historiques de la société française au XVIIIᵉ siècle, Mably et Boulainvilliers », *AESC*, p. 438-450.

Furet F., 1988a, *La Révolution française*, Hachette.

Furet F., Ozouf M. dir., 1988b, *Dictionnaire critique de la Révolution française*, Flammarion.

Furet F., 1989a, *L'Héritage de la Révolution*, Hachette.

Furet F., Ozouf M. dir., 1989b, *The Transformation of Political Culture, 1789-1848*, vol. III de *The French Revolution and the Creation of Modern Political Culture*, Londres, New York, Pergamon Press.

Furet F., Halévy R., 1989c, *Orateurs de la Révolution française*, Gallimard, t. I.

Furet F., Ozouf M. dir., 1991, *La Gironde et les Girondins*, Payot.

Furet F., 1993, *Le Passé d'une illusion*, Calmann-Lévy.

Gainot B., 1991, « Les élections de 1799 dans le Morbihan », *in* A. Droguet, 1991, p. 180-191.

Gainot B., 1994, « Espaces politiques, espaces publics, espaces civiques », *in* B. Benoit, 1994, p. 245-256.

Garrett C., 1986, « Religion and Revolution in Montauban », *Proceeding of the Western Society for French History*, 13.

Garrett C., 1994, « The myth of the Counterrevolution in 1789 », *FHS*, p. 784-800.

Gascar P., 1979, *L'Ombre de Robespierre*, Gallimard.

Gauchet M., 1989, *La Révolution des Droits de l'Homme*, Gallimard.

Gauchet M., 1992, « La droite et la gauche », *in* P. Nora, 1992, t. II, p. 394-468.

Gauchet M., 1993, *La Révolution des Pouvoirs*, Gallimard.

Gendron F., 1983, *La Jeunesse sous Thermidor*, PUF (1re édition, Presses universitaires du Québec, 1979).

Gengembre G., 1987, « Bonald, la doctrine pour et contre l'Histoire », *in* R. Dupuy, 1987a, p. 342-351.

Gengembre G., 1988, « Bonald... », *in* F. Furet, 1988b, p. 943-949.

Gengembre G., 1989, *La Contre-Révolution ou l'Histoire désespérante*, Imago.

Genty M., 1995, « Association, affiliation ou Fédération... », *in* B. Cousin, 1995, p. 39-50.

Gérard Alice, 1970, *La Révolution française, mythes et interprétations, 1789-1970*, Flammarion.

Gérard Alain, 1993, *La Vendée*, Champvallon.

Gerbaud G., 1972, « Esprit public et police générale dans le district de Clermont-Ferrand », *in La Révolution dans le Puy-de-Dôme*, Bibliothèque nationale, p. 13-43.

Gerbod P., 1981, « La scène parisienne et sa représentation de l'histoire nationale dans la première moitié du XIXe siècle », *RH*, p. 3-31.

Gerbod P., 1982, « L'éthique héroïque en France, 1870-1914 », *RH*, p. 409-430.

Gianformaggio L., 1988, « La récompense du civisme... », *in* Colloque d'Orléans, 1988, p. 71-87.

Gilli M., 1987, « Aspects de la Contre-Révolution... », *in* R. Dupuy, 1987a, p. 264-272.

Gilli M. dir., 1988, *Région, Nation, Europe*, Annales littéraires de l'université de Besançon, Les Belles Lettres.

Gilli M., 1995, « Évolution du sens des mots *patriote, patrie, patriotisme* en Allemagne... », *in Langages de la Révolution*, INALF, Klincksieck, p. 53-66.

Girault de Coursac P. et P., 1982, *Enquête sur le procès du roi Louis XVI*, La Table ronde.

Girault de Coursac P. et P., 1988, *Louis XVI et la Question religieuse pendant la Révolution*, ŒIL.

Giroussens C., 1990, *Istres sous la Révolution*, Istres, Les Amis du Vieil Istres.

Godechot J., 1952, « Mémoires de C.A. Alexandre, sur les journées révolutionnaires de 1791 et 1792 », *AHRF*, p. 148-161.

Godechot J., 1969a, *La Prise de la Bastille*, Gallimard.

Godechot J., 1969b, « Les variations de la politique française à l'égard des pays occupés, 1792-1815 », Colloque *Occupants-Occupés*, Bruxelles, p. 15-42.

Godechot J., 1983, *La Grande Nation*, Aubier-Montaigne.

Godechot J., 1984, *La Contre-Révolution*, PUF, rééd. « Quadrige ».

Godechot J., 1985a, *Les Institutions de la France*, PUF, 3ᵉ éd.

Godechot J., 1985b, « Si la Restauration avait eu lieu en 1793 », *AHRF*, p. 365-366.

Godechot J., 1986a, *Le Comte d'Antraigues*, Fayard.

Godechot J., 1986b, *La Révolution dans le Midi toulousain*, Toulouse, Privat.

Godechot J., 1987, « La Contre-Révolution dans le Midi toulousain », *in* R. Dupuy, 1987a, p. 119-125.

Godineau D., 1988, *Citoyennes tricoteuses*, Alinéa.

Goldstein M.A., [sd], *The People in the French Counter-Revolutionary Thought*, Berne, P. Lang.

Goodwin A., 1973, « War transport and counterrevolution in France in 1793 », *in* M. Foot éd., 1973, *War and Society*, Londres, Barnes and Noble, p. 213-224.

Gough H., 1988, *The Newspapers Press in the French Revolution*, Londres, Routledge.

Goujard P., 1983, « La rumeur de Thiouville », *Cahiers des Études normandes*, n° 1.

Goujard P., 1989, « Les pétitions au Comité féodal », *in La Révolution française et le Monde rural*, 1989, p. 67-82.

Goulemot J.-M., 1986, « Notes sur la mémorisation de la Révolution française… », *Romantisme*, 51, p. 17-22.

Goulemot J.-M., 1996, *Le Règne de l'Histoire*, Albin Michel.

Gourlet P.-M., 1989, *Révolution, Vendée, Chouannerie*, Cholet, Éd. du Choletais.

Goyard P., 1993, « L'œuvre administrative », *in* B. Bourgeois, 1993, p. 96-97.

Goyehenetche J., 1994, « Deux cas historiographiques des guerres de la Convention… », *in* J.-B. Orpustan, 1994, p. 163-188.

Grenier J., 1980, « Hegel et la Révolution française », *AHRF*, p. 2-28.

✓ Griffiths R., 1988, *Le Centre perdu*, PU Grenoble.

Grondeux J., 1994, « Étapes de la réflexion politique occidentale, le providentialisme de J. de Maistre, 1753-1821 », *Historiens-géographes*, 345, p. 337-351.

Grumbrecht H.-U., 1983, « Chants révolutionnaires, maîtrise de l'avenir et niveau de sens collectif », *RHMC*, p. 235-256.

Guéniffey P., 1995, « Participation électorale… », *in* R. Dupuy, 1995a, p. 209-223.

Guibert-Sledziewski É., « Pour la patrie… », *in La Bataille, l'Armée, la Gloire*, Université de Clermont-Ferrand-II, t. 1, p. 199-208.

Guidi M.E.L., 1991, « Le citoyen Bentham… », *in* G. Faccarello, 1991, p. 487-504.

Guilhaumou J., 1985, « Aristocrates/Aristocratie… », *DUSP*, n° 1, p. 9-12.

Guilhaumou J., 1988, « Marseille-Paris, la formation et la propagation d'un mot d'ordre : "du pain et du fer" (1792-1793) », *in* R. Huard, 1988, p. 199-210.

Guilhaumou J., 1989, « Paris-Marseille en 1793... », *in* M. Vovelle, 1989b, p. 293-304.

Guilhaumou J., 1992, *Marseille républicaine (1791-1793)*, FNSP.

Guilhaumou J., 1994, « Fragments of a discourse of denunciation », *in* K. Baker, 1994, p. 139-155.

Guilhaumou J., 1995, « Maignet et le fédéralisme... », *in* B. Cousin, 1995, p. 127-138.

Guiomar J.-Y., 1990, *La Nation entre l'histoire et la raison*, La Découverte.

Guiomar J.-Y., 1995, « Patrie, Nation, État », *in* INaLF, 1995, p. 461-469.

Günther H., 1985, *Die Französische Revolution*, Francfort, Deutsche Klassiker Verlag.

Halévy R., 1991, « Les Girondins avant la Gironde », *in* F. Furet, 1991, p. 137-168.

Hampson N., 1973, « The French Revolution and the Nationalisation of Honour », *in* M.R.D. Foot ed., *War and Society*, Londres, Barnes and Noble, p. 199-212.

Hampson N., 1987, « La Contre-Révolution a-t-elle existé ? », *in* R. Dupuy, 1987a, p. 462-468.

Hampson N., 1988a, « La Patrie », *in* C. Lucas, 1988a, p. 125-138.

Hampson N., 1988b, *Prelude to Terror*, Londres, Basil Blackwell.

Hampson N., 1991, « The heavenly City of the French revolutionaries », *in* C. Lucas, 1991, p. 46-68.

Hanson P.R., 1986, « Les clubs politiques de Caen... », *Annales de Normandie*, 2, p. 123-141.

Hanson P.R., 1992, « The federalist revolt... », *FH*, p. 335-355.

Hardman J., 1993, *Louis XVI*, Londres, Yale UP.

Hardouin-Fugier É., 1987, « Architectes et entrepreneurs… », *Autour des mentalités et des pratiques politiques sous la Révolution française*, 112ᵉ Congrès national des Sociétés savantes, CTHS, t. III, p. 99-112.

Hardouin-Fugier É., 1988, « Le souvenir des victimes de 1793 à Lyon… », *in* B. Plongeron, 1988, p. 660-668.

Hartman É., 1990, *La Révolution française en Alsace et en Lorraine*, Perrin.

Henwood P., Monage É., 1989, *Brest, un port en révolution, 1789-1799*, Rennes, Ouest-France.

Hermant D., 1978, « Destruction et vandalisme pendant la Révolution française », *AESC*, p. 703-719.

Higonnet P., 1980, « The politics of linguistic terrorism and grammatical hegemony during the French Revolution », *Social History*, p. 41-69.

Higonnet P., 1981, *Class Ideology and the Rights of the Nobles*, Oxford, Clarendon Press.

Higonnet P., 1988a, *Sister Republics*, Harvard UP.

Higonnet P., 1988b, « Sans-Culottes », *in* F. Furet, 1988b, p. 418-424.

Hiltenbrand J.-P., 1990, « Un souverain bien révolutionnaire », *Le Trimestre psychanalytique*, 2, p. 81-94.

Hincker F., 1982, « Un micro-climat politique… », *ABPO*, p. 162-172.

Hobsbawm E., 1990, *Nations et Nationalismes depuis 1780*, Gallimard, trad. française.

Hoffman S., 1987, « A note on the French Revolution and the language of violence », *Daedalus*, p. 149-156.

Huard R. dir., 1988, *Les Pratiques politiques en France à l'époque de la Révolution française*, Montpellier, Université Paul-Valéry.

Hublot E., 1987, *Valmy*, Fondation pour les études de la défense nationale.

Hudde H., 1988, « L'air et les paroles… », *Littérature*, 69.

Hunt L., 1980, *in Histoire de la vie privée*, Seuil, t. 4, p. 21-52.

Hunt L., 1984, *Politics, Culture and Class in the French Revolution*, Berkeley, California UP.

Hunt L., 1993a, *The Family Romance of the French Revolution*, California UP, trad. française, Colin, 1995.

Hunt L. dir., 1993b, *The Invention of Pornography*, New York, Zone Books.

Hunt L., 1993c, « Pornography and the French Revolution », *in* L. Hunt, 1993b, p. 301-339.

Hutt M., 1983, *Chouannerie and Counter-Revolution*, Cambridge UP.

Hutt M., 1987, « Un projet de colonie chouanne au Canada », *in* R. Dupuy, 1987a, p. 444-451.

Hyslop B., 1965, *L'Apanage de Philippe Égalité*, Paris, Société des Études robespierristes.

Iafélice M.-A., 1987, « Les "Barbets" des Alpes-Maritimes… », *in* R. Dupuy, 1987a, p. 126-132.

Iafélice M., 1991, « L'échec de la francisation du comté de Nice… », *115e-116e Congrès national des Sociétés savantes*, CTHS, 1, p. 101-106.

Ihl O., 1996, *La Fête républicaine*, Gallimard.

Janes R., 1991, « Beheading », *Representation*, 35, p. 21-51.

Jaume L., 1989, *Le Discours jacobin et la Démocratie*, Fayard.

Jehanno I., 1990, *Noyal-Muzillac pendant la Révolution*, Rennes-II, maîtrise, dact.

Jessenne J.-P., 1987, *Pouvoir au village et Révolution*, PU Lille.

Jessenne J.-P. *et al.*, 1994, *Robespierre*, PU Lille.

Johnson J.A., 1955, *Calonne and the Counter-Revolution*, Londres.

Jones C., 1991, « Bourgeois Revolution revivied… », *in* C. Lucas, 1991, p. 69-118.

Jones P.M., 1988, *The Peasantry in the French Revolution*, New York, Cambridge UP.

Jordan D.P., 1981, *The King's Trial*, California UP.

Kaplan S.,1995, *Le Meilleur Pain du monde*, Fayard.

Kermoal C., 1991, « Les émeutes paysannes… », *in* A. Droguet, 1991, p. 41-55.

Labrosse C., Rétat P., 1989, *Naissance du journal révolutionnaire*, PU Lyon.

Labrosse C., 1990, « Le temps immédiat… », *in L'Espace et le Temps reconstruit*, PU Provence (Aix-Marseille), p. 109-121.

Lacorne D., 1994, « Essai sur le commerce atlantique des idées républicaines », *in* Y. Mény, *Les Politiques du mimétisme institutionnel*, L'Harmattan, p. 39-60.

Lagrée M., 1982, « Prêtres et laïcs dans le légendaire contre-révolutionnaire… », *ABPO*, p. 219-236.

Lagrée M. et Roche J., 1993, *Tombes de Mémoire*, Rennes, Apogée.

Laingui A., 1993, « La loi pénale sous la Révolution », *in* B. Bourgeois, 1993.

Lamandon A., 1972, « Les fêtes civiques dans le département du Puy-de-Dôme, sous la Révolution », *in La Révolution dans le Puy-de-Dôme*, Bibliothèque nationale, p. 265-314.

Lamarque P., 1981, *Les Francs-Maçons aux États généraux*, EDIMAF.

Lamarque P., 1988, « Naissance de l'Assemblée nationale », *Dix-Huitième Siècle*, 20, p. 111-118.

Langlois C., 1987, « La Révolution malade de la Vendée », *Vingtième siècle, revue d'histoire,* p. 63-78.

Langlois C., 1988a, *La Caricature contre-révolutionnaire*, CNRS.

Langlois C., 1988b, « L'iconographie contre-révolutionnaire », *in La Caricature française et la Révolution, 1789-1799*, Los Angeles, California UP, Grunwald Center for the Graphic Arts, p. 43-56.

Langlois C., 1990, « Religion et révolution, bibliographie critique », *Archives et Sciences sociales des religions*, 72, p. 189-204.

Langlois C., 1994, « Le serment révolutionnaire, archaïsme et modernité », *in* J.-C. Martin, 1994, p. 25-39.

Langlois C., 1996, *Atlas de la Révolution française*, EHESS, n° 10.

Lapied M., 1986, « Les massacres révolutionnaires sont-ils des événements… », *L'Événement*, Marseille, Jeanne Laffitte, p. 123-134.

Lapied M., 1987, « La Contre-Révolution et l'opposition au rattachement à la France… », *in* R. Dupuy, 1987a, p. 133-140.

Lapied M., 1988, « Les formes d'intervention populaire dans la Révolution… », *in* R. Huard, 1988, p. 221-234.

Lapied M., 1996, *Le Comtat et la Révolution française*, PU Provence (Aix-Marseille).

Larrère C., 1993, « La nation chez Sieyès », *in* B. Bourgeois, 1993.

Laspougeas J., 1991, « L'université de Caen contre la
Révolution », *in* R. Dufraisse, 1991, p. 63-80.

Lastours S. de, 1991, « Influence de la Révolution française sur l'armée russe jusqu'en 1813 », *in* Commission militaire, 1991, t. II, p. 61-68.

Le Bozec C., 1996, « Boissy d'Anglas et la constitution
de l'an III », *in* R. Dupuy, 1996a, p. 81-90.

Lebrun F., 1989, *Parole de Dieu et Révolution*, Imago,
rééd.

Le Cour Grandmaison O., 1992, *Les Citoyennetés en
révolution*, PUF.

Ledoux V., 1991, « Les intellectuels catholiques lillois et
le centenaire de la Révolution française », *Mélanges de
science religieuse*, vol. 48, n° 1, p. 113-124.

Lefebvre G., 1924, *Les Paysans du Nord*, Lille.

Lefebvre G., 1968, *La Révolution française*, PUF, rééd.
A. Soboul.

Lefebvre G., 1984, *La France sous le Directoire*, Éd.
sociales, rééd. J.-R. Suratteau.

Lefebvre G., 1988, *La Grande Peur de 1789*, rééd. Colin.

Lefebvre J., 1987, *La Révolution française vue par les
Allemands*, PU Lyon.

Legrand E., 1995, *Les Fouetteuses des Couets*, Université de Nantes, maîtrise, dact.

Lemarchand G., 1987, « Une contre-révolution impossible… », *in* R. Dupuy, 1987a, p. 106-115.

Lemarchand G., 1989, *La Fin du féodalisme dans le
Pays de Caux*, CTHS.

Lemay E.-H., 1991, *Dictionnaire des Constituants*, Universitas.

Lemay E.-H. et Patrick A., 1996, *Revolutionaries at Work*, Oxford, Voltaire Foundation.

Leoni F., 1975, *Storia della contrarivoluzione in Italia, 1789-1859*, Naples, Guida editori.

Lestapis A. de, 1969, *La « Conspiration de Batz »*, Société des Études robespierristes.

Leuwers H., 1993, « Révolution et guerre de conquête », *RN*, n° 299, p. 21-40.

Leuwers H., [sd], « Droit des peuples et droits du peuple vainqueur », *Justice et Institutions françaises en Belgique*, Hellemmes, Ester Éditeur, p. 203-228.

Lewis G., 1978, *The Second Vendée*, Oxford UP.

Lewis G. et Lucas C. dir., 1983, *Beyond the Terror*, Cambridge UP.

Lewis G., 1990, « Les égorgeurs du Midi », *in* A.-M. Duport, 1990, p. 121-128.

Lewis G., 1994, *The French Revolution. Rethinking the Debate*, Londres, Routledge.

Ligou D., 1987, « Le président Nicolas Jannon », *in* R. Dupuy, 1987a, p. 377-385.

Ligou D., 1991, « Sur la Contre-Révolution à Montauban », *in* J. Sentou, 1991, p. 90-105.

Ligou D., 1995, « Le fédéralisme et son échec dans le pays montalbanais », *in* B. Cousin, 1995, p. 147-157.

Liris É., [sd], *La Symbolique de la régénération*, Paris-I, thèse, dact.

Llorca M.-L., 1994, *Lettres parisiennes d'un révolutionnaire poitevin, P. Dubreuil-Chambardel*, Tours, Maison des Sciences de la Ville.

Lombard P., 1993, *Le Procès du roi*, Grasset.

Losurdo D., 1989, « Vincenzo Cuoco, la révolution napolitaine de 1799… », *RH*, p. 133-157.

Lucas C., 1978, « The problem of the Midi in the French Revolution », *Transactions of the Royal Historical Society*, 28.

Lucas C., 1979, « Violence et société traditionnelle », *Cahiers d'Histoire*, n° 24.

Lucas C., 1983, « Themes in Southern Violence », *in* G. Lewis, 1983, p. 152-194.

Lucas C. dir., 1988a, *The Political Culture of the French Revolution*, New York, Pergamon Press, vol. II.

Lucas C., 1988b, « Le jeu du pouvoir local sous le Directoire », *in* R. Huard, 1988, p. 281-296.

Lucas C., 1990, *La Structure de la Terreur*, Saint-Étienne, Université Jean-Monnet, CIEREC, trad. française.

Lucas C. dir., 1991, *Rewriting the French Revolution*, Oxford, Clarendon Press.

Lucas C., 1994a, « Revolutionary violence », *in* K. Baker, 1994, p. 64-65.

Lucas C., 1994b, « Violence urbaine », *in* B. Benoit, 1994, p. 85-92.

Lucas C., 1996, « Les thermidoriens et les violences de l'an III », *in* R. Dupuy, 1996a, p. 39-48.

Luna F.A. de, 1988, « The "Girondins" were Girondins, after all », *FHS*, p. 507-518.

Lüsebrink H.-J., Reichhardt R., 1986, « La prise de la Bastille comme "événement total" », *L'Événement*, Marseille, Jeanne Laffitte, p. 77-102.

Lutaud O., 1973, *De la Révolution d'Angleterre à la Révolution française*, La Haye, Martins Nijhoff.

Luzzato S., 1994, « "L'opinion dominique" », *in* B. Benoit, 1994, p. 131-146.

Luzzato S., 1996, « Le rêve d'un "lit de justice" populaire au printemps de l'an II », *AHRF*, p. 362-372.

Lyons M., 1975, *France under the Directory*, Cambridge UP.

Lyons M., 1980, *Révolution et Terreur à Toulouse*, Toulouse, Privat.

Mac Phee P., 1988, « Les formes d'intervention populaire en Roussillon… », *in* R. Huard, 1988, p. 235-252.

Mac Phee P., 1993, « Counter-Revolution in the Pyrénées », *FH*, p. 313-343.

Madelin L., 1935, *La Contre-Révolution sous la Révolution*, Plon.

Maintenant G., 1984, *Les Jacobins*, PUF, « Que sais-je ? ».

Maire C., 1994, « Port-Royal », *in* P. Nora, 1994, t. 3, p. 470-529.

Maire C.-L., 1995, *De la cause de Dieu à la cause de la Nation*, EHESS, thèse.

Mallet du Pan J., 1793, *Considérations sur la nature de la Révolution de France…*, Londres.

Maradan E., 1988, « Fribourg et le commerce des faux assignats, 1792-1794 », *in* M. Gilli, 1988, p. 149-159.

Marienstras É. dir., 1990, *L'Amérique et la France, deux révolutions*, Publications de la Sorbonne.

Marin L., 1981, *Le Portrait du roi*, Minuit.

Marion M., 1934, *Le Brigandage pendant la Révolution*, Paris.

Martin D., 1993, *La Révolution en Auvergne, Bourbonnais et Velay*, Clermont-Ferrand, Bouhdiba éd.

Martin J.-C. dir., 1981, *Vendée-Chouannerie*, Nantes, Reflets du Passé.

Martin J.-C., 1987, *La Vendée et la France*, Seuil.

Martin J.-C., 1989a, « Vendée contre Révolution et révolutionnaires contre-révolutionnaires », *ABPO*, p. 477-483.

Martin J.-C., 1989b, *La Vendée de la Mémoire, 1800-1980*, Seuil.

Martin J.-C., Lardière X., 1992, *Le Massacre des Lucs*, La Crèche, Geste éd.

Martin J.-C. dir., 1993, *La Vendée et le Monde. Enquêtes et Documents*, Université de Nantes-Ouest Éditions, n° 20.

Martin J.-C. dir., 1994, *Religion et Révolution*, Anthropos-Economica.

Martin J.-C. dir., 1995, « La guerre civile entre Histoire et Mémoire », *Enquêtes et Documents*, Université de Nantes-Ouest Éditions, n° 21.

Martin J.-C., 1996a, *Révolution et Contre-Révolution en France, 1789-1989*, PU Rennes.

Martin J.-C., 1996b, « Femmes et guerre civile, l'exemple de la Vendée, 1793-1796 », *Clio*, p. 97-115.

Martin J.-C., 1996c, « Nantes et la chouannerie bretonne », *in* Nantes-Histoire, *Nantes et la Bretagne*, Skol Vreizh, p. 105-112.

Martin J.-C., 1997a, « Vendée : les criminels de guerre devant leurs juges », *L'Histoire*, 209, p. 52-57.

Martin J.-C., 1997b, « Sur le traité de paix de La Jaunaye, février 1795… », *ABPO*, p. 69-88.

Martin M., 1972, « Journaux d'armées sous la Convention », *AHRF*, p. 567-605.

Martin M., 1975, *Les Origines de la presse militaire en France à la fin de l'Ancien Régime et sous la Révolution, 1770-1799*, Paris-Vincennes, thèse, dact.

Martres J.-L. *et al.*, 1991, *Le Discours sur les Révolutions*, Economica.

✳ Marx R., 1974, *La Révolution et les Classes sociales en Basse-Alsace*, Bibliothèque nationale.

Maspero-Clerc H., 1973, *Un journaliste contre-révolutionnaire, Jean-Gabriel Peltier,* Société des Études robespierristes.

Mathiez A., 1918, *La Conspiration de l'étranger*, Paris.

Mathiez A., 1922, *La Révolution française*, Paris.

Mathiez A., 1975, *Le Club des Cordeliers pendant la crise de Varennes*, Genève, Slatkine Reprints.

Mayaud J.-L., 1989, « Logique économique et logique politique… », *La Révolution dans la Montagne jurassienne*, Colloque de La Chaux-de-Fonds, Regards sur le Haut-Doubs, p. 89-101.

Mayaud J.-L., 1994, « Pour une généalogie catholique de la mémoire contre-révolutionnaire : la petite Vendée du Doubs », *in* J.-C. Martin, 1994, p. 215-228.

Mayer A.J., 1971, *Dynamics of Counter-Revolution in Europe, 1870-1956*, New York, Harper & Row.

Maza S., 1987, « Le tribunal de la nation », *AESC*, p. 73-90.

Mazauric C., 1987, « Autopsie d'un échec… », *in* R. Dupuy, 1987a, p. 238-244.

Mazauric C., 1989, « Contre-Révolution », *Dictionnaire Soboul*, PUF.

Mazauric C., 1997, « Sur Babeuf à propos de la Vendée », *in* D. Turrel, 1997, p. 251-264.

Medick H., 1990, « Les missionnaires en canot », *Genèses*, p. 24-46.

Ménard de La Groye, 1989, *Correspondance*, Le Mans, Conseil général de la Sarthe.

Ménès J.-C., 1987, « Grands plans contre-révolutionnaires dans l'Ouest », *in* R. Dupuy, 1987a, p. 68-81.

Ménès J.-C., 1989a, « Contre-Révolution et Terreur à Saint-Malo », *Annales de la Société d'histoire et d'archéologie de Saint-Malo*, p. 220-239.

Ménès J.-C., 1989b, « Rapport de l'agent monarchien Hamelin… », *Annales de la Société d'histoire et d'archéologie de Saint-Malo*, p. 289-302.

Mercy M.-C.-I. de, 1993, *Lettres d'émigration*, Le Mans, Siloë.

Meyer J., Corvisier A., Poussou J.-P., 1991, *La Révolution française*, PUF, 2 tomes.

Meyer J.A., 1987, « La Christiade, "une Vendée mexicaine" », *in* R. Dupuy, 1987a, p. 452-461.

Meyer J.-C., 1982, *La Vie religieuse en Haute-Garonne sous la Révolution, 1789-1801*, Toulouse, PU Le Mirail.

Miard L., 1989, *La Révolution dans l'Ouest de la France, vue d'Espagne*, Nantes, Conseil général de Loire-Atlantique.

Michalik K., 1989, « La marche des femmes sur Versailles… », *in Les Femmes et la Révolution française*, Toulouse, PU Le Mirail, t. 1, p. 55-62.

Michaud C., 1997, « Marquis, citoyen, espion, agent double ? », *in* D. Turrel, 1997, p. 265-278.

Middell M., 1992, « Widerstand gegen die Revolution », *in* K. et M. Middell, *200. Jahrestag des Französischen Revolution*, Leipziger Universitätverlag, p. 222-233.

Middell M., Dupuy R. dir., 1994, *Widerstände gegen Revolutionen, 1789-1989*, Leipziger Universitätverlag.

Mitchell H., 1974, « Resistance to the Revolution in Western France », *PP*, 63, p. 94-131.

Mondot J. et Ruiz A. dir., 1994, *Interférences franco-allemandes et Révolution française*, PU Bordeaux.

Moreau Th., 1982, *Le Sang de l'Histoire*, Flammarion.

Morissey R., 1997, « L'antiquité de la modernité », *in* D.-J. Grange et D. Poulot, *L'Esprit des Lieux*, PU Grenoble, p. 331-342.

Moulinas R., 1988a, *Journées révolutionnaires à Avignon*, Nîmes, J. Chambon.

Moulinas R., 1988b, « Un journaliste engagé, Sabin Tournal... », *in* R. Huard, 1988, p. 145-162.

Moulinas R., 1994a, « Violences à Avignon : les massacres de la Glacière (octobre 1791) », *in* B. Benoit, 1994, p. 93-103.

Moulinas R., 1994b, « Avignon, Rome et la Révolution », *in* J.-C. Martin, 1994, p. 119-139.

Moureaux R., 1991, *Quiberon en 1795, la répression*, Université de Nantes, maîtrise, dact.

Mousnier R., 1985, « Les journées révolutionnaires », *in* J. Nicolas, 1985, p. 502-510.

Muchembled R., 1992, *Le Temps des supplices*, Colin.

Murray W.J., 1986, *The Right-Wing Press in the French Revolution*, Woodbridge, Boydell Press.

Nathan-Tilloy N., Genty C., 1990, *Les Drômois acteurs de la Révolution*, Valence, Archives départementales.

Nicolas J. dir., 1985, *Mouvements populaires et Conscience sociale*, Maloine.

Nicolas J., 1989a, « Le vin de la Révolution », *L'Histoire*, 122, p. 69-71.

Nicolas J., 1989b, *La Révolution française dans les Alpes*, Toulouse, Privat.

Nicolle B., 1996, « Lanjuinais et la constitution de l'an III », *in* R. Dupuy, 1996a, p. 91-113.

Nicolle P., 1934, « Les meurtres politiques... », *ARHF*, p. 97-118, 212-232.

Nicolle P., 1937, « Le mouvement fédéraliste dans l'Orne », *AHRF*, p. 217-219.

Nora P. dir., 1984, 1992, 1994, *Les Lieux de Mémoire*, Gallimard.

Norberg K., 1993, « The libertine whore », *in* L. Hunt, 1993b, p. 225-252.

Olsen M.V., 1988, « Translating a revolution ; American political vocabulary in the discourse of the society de 1789 », *Proceedings of the Annual Meeting of the Western Society for French History*, vol. 15.

Orpustan J.-B. dir., 1994, *La Révolution française dans l'histoire et la littérature basques du XIXe siècle*, Bayonne, Izpegi.

Ory P. dir., 1987, *Nouvelle Histoire des idées politiques*, Hachette.

Ozouf M., 1976, *La Fête révolutionnaire*, Gallimard.

Ozouf M., 1984a, *L'École de la France*, Gallimard.

Ozouf M., 1984b, « War and terror in France », *JMH*, p. 579-593.

Ozouf M., 1987a, « L'opinion publique », *in* K. Baker, 1987a, p. 419-433.

Ozouf M., 1987b, « L'idée et l'image du régicide : l'originalité de Ballanche », *in* R. Dupuy, 1987a, p. 331-341.

Ozouf M., 1989, *L'Homme régénéré*, Gallimard.

Ozouf M., 1994, « The Terror after the Terror », *in* K. Baker, 1994, p. 3-18.

Ozouf M., 1996, « Les décrets des deux-tiers ou les leçons de l'histoire », *in* R. Dupuy, 1996a, p. 193-209.

Ozouf-Marignier M.-V., 1989, *La Formation des départements*, EHESS.

Paillard Y.-G., 1970, « Fanatiques et jureurs dans le Puy-de-Dôme », *AHRF*, p. 298-302.

Paine T., 1987, *Les Droits de l'Homme*, Belin.

Paineau P., 1989, « René Maillot ou l'inconstant destin d'un patriote vertueux », *BSHDS*, t. 22, 3, p. 165-190.

Paineau P., 1994, *Le Clergé paroissial du district de Châtillon-sur-Sèvre face au serment de 1791*, Université de Nantes, DEA, dact.

Palmer R.R., 1989, *Le Gouvernement de la Terreur*, Colin, trad. française.

Patault A.-M., 1988, « La Déclaration des Droits de l'homme et du citoyen… », *in* Colloque d'Orléans, 1988, p. 151-160.

Patrick A., 1972, *The Men of the First Republic*, Baltimore.

Patrick A., 1989, « La formation d'une image contre-révolutionnaire », *in* M. Vovelle, 1989a, p. 38-44.

Patrick A., 1990, « The Second Estate in the Constituent Assembly, 1789-1791 », *JMH*, 2, p. 223-252.

Pauvert J.-J., 1989, *Estampes érotiques révolutionnaires*, H. Veyrier.

Pécout G., 1994, « La politisation des paysans au XIXe siècle », *HSr*, 2, p. 91-126.

Pelzer E., 1989, « La fin de la féodalité en Alsace », *in* *La Révolution française et le Monde rural*, 1989, p. 41-54.

Péret J., 1988, *Histoire de la Révolution française en Poitou-Charentes*, Poitiers, Projets-Éditions.

Péret J., 1992, *La Terreur et la Guerre*, Mougon, Geste éd.

Péret J., 1994, « Serment et ruptures sociales ? », *in* J.-C. Martin, 1994, p. 56-69.

Peronnet M., 1985, « La théorie de l'ordre public… », *in* J. Nicolas, 1985, p. 625-634.

Peronnet M., 1987, « Les censures de la Sorbonne au XVIIIe siècle », *in* R. Dupuy, 1987a, p. 27-36.

Peronnet M., 1988, « Les camps de Jalès… », *in* R. Huard, 1988, p. 326-334.

Peronnet M., 1990, « Religion, Révolution, Contre-Révolution dans le Midi », *in* A.-M. Duport, 1990, p. 13-24.

Peronnet M., 1991a, « Chant guerrier de l'armée de Luckner… », *Actes*, 1991, p. 475-486.

Peronnet M., 1991b, « Naissance du Midi », *in* J. Sentou, 1991, p. 9-27.

Peschot B., 1989, « La guerre des vivres dans le sud de la Mayenne (1795-1796) », *La Mayenne*, n° 12, p. 169-188.

Peschot B., 1991, « La question des niveaux de la guerre dans les pacifications de l'Ouest… », *Impacts*, Revue de l'UCO, Angers, n° 2, p. 43-49.

Peterson M.D., 1991, « Thomas Jefferson et la Révolution française », *in* J.-L. Martres, 1991, t. I, p. 19-30.

Petit J., 1966, *La Justice révolutionnaire en Maine-et-Loire sous la Convention*, Poitiers, thèse de droit, dact.

Petitfrère C., 1977, *Blancs et Bleus d'Anjou*, Lille, Paris, Champion – devenus en 1981 *Les Vendéens d'Anjou*, CTHS, et, en 1985, *Les Bleus d'Anjou*, CTHS.

Pétré-Grenouilleau O., 1995, *L'Argent de la traite*, Aubier.

Pierre R., 1990, « Le maître menuisier François Allié », *in* N. Nathan-Tilloy, 1990, p. 131-137.

Pimenova L., 1991, « Analyse des cahiers de doléances », *in Mélanges de l'École de Rome*, 103, 1, p. 85-101.

Plongeron B., 1969, *Conscience religieuse et Révolution*, Picard.

Plongeron B. dir., 1988, *Pratiques religieuses dans l'Europe révolutionnaire (1770-1820)*, Belgique, Turnhout, Brepols.

Plongeron B., 1989, *L'Abbé Grégoire ou l'Arche de la Fraternité*, Letouzey et Ané.

Plongeron B., 1990, « Citoyen, Nation, Patrie... », *Impacts*, nᵒˢ 1-2, p. 3-34.

Plongeron B., 1994, « Soumission aux lois de la République ?... », *in* J.-C. Martin, 1994, p. 171-183.

Pocock J.G.A., *Virtue, Commerce and History*, Cambridge UP.

Polasky J., 1989, « Le nationalisme belge et la Révolution française », *in* M. Vovelle, 1989a, p. 562-568.

Pommier É., 1989, *L'Art de la Liberté*, Gallimard.

Popkin J., 1990, *Revolutionary News*, Durham et Londres, Duke UP.

Popkin J., 1991, « The concept of public opinion... », *Storia della Storiografia*, 20, p. 77-92.

Poton D., 1990, « Les journées de janvier-février 1791 à Sommières », *in* A.-M. Duport, 1990, p. 75-86.

Poulot D., 1993, « Le patrimoine des musées », *Genèses*, n° 11, p. 25-49.

Poulot D., 1996, *« Surveiller et s'instruire. » La Révolution française et l'intelligence de l'héritage historique*, Oxford, Voltaire Foundation.

Procacci G., 1993, *Gouverner la misère*, Seuil.

Prost A., 1996, *Douze Leçons sur l'Histoire*, Seuil.

Proust A., 1869, *La Justice révolutionnaire à Niort*, Niort.

Quesnel M., 1992, « Les massacres de septembre », dossier, *Revue de l'Institut catholique de Paris*, n° 44.

Quétel C., 1989, *La Bastille*, Laffont.

Quoy-Bodin J.-L., 1987, *L'Armée et la Franc-Maçonnerie*, Economica.

Ramsay C., 1992, *The Ideology of the Great Fear, the Soissonnais in 1789*, Baltimore, J. Hopkins UP.

Ranzato G. dir., 1994, *La Guerre fratricide*, Turin, Bollati Borienghieri.

Raynaud P., 1993, « Droit et histoire chez Burke », *in* B. Bourgeois, 1993.

Reedy W.J., 1983, « Language, Counter-Revolution and the "two cultures" », *Journal of the History of Ideas*, 4, p. 579-597.

Régaldo M., 1987a, « La Révolution "modérée" », *in* P. Ory, 1987, p. 112-124.

Régaldo M., 1987b, « Le radicalisme révolutionnaire », *in* P. Ory, 1987, p. 125-132.

Reinhalter H., 1987, « La théorie du complot… », *in* R. Dupuy, 1987a, p. 245-254.

Reinhalter H. dir., 1993, *Der Josephismus*, Francfort, Peter Lang.

Reinhard M., 1952, *Le Grand Carnot*, Hachette.

Reinhard M., [sd], *Religion, Contre-révolution et Révolution*, CDU.

Reinhard M., 1969, *La Chute de la royauté*, Gallimard.

Rémi-Giraud S. et Rétat P. dir., 1996, *Les Mots de la Nation*, PU Lyon.

Rémond R., 1954, *La Droite en France de 1815 à nos jours*, Aubier, rééd. 1982.

Rétat P., 1990, « Représentations du temps révolutionnaire », *in L'Espace et le Temps reconstruits*, PU Provence (Aix-Marseille), p. 121-129.

Rétat P., 1996, « *Roi, peuple(s), nation* à la fin de l'Ancien Régime », *in* S. Rémi-Giraud, 1996, p. 189-198.

Reuss R., 1922, *La Constitution civile du clergé et la Crise religieuse en Alsace*, Strasbourg, Faculté des lettres.

Reuss R., 1924, *La Grande Fuite de décembre 1793*, Strasbourg, Istra.

Revel J. dir., 1989, *L'Espace français*, Seuil.

Rey A., 1989, « *Révolution », histoire d'un mot*, Gallimard.

Rials S., 1987, *Révolution et Contre-Révolution au XIXᵉ siècle*, DUC-Albatros.

Rials S., 1988, *La Déclaration des Droits de l'homme…*, Hachette, « Pluriel ».

Richet D., 1991, *De la Réforme à la Révolution*, Aubier.

Ritter J., 1988, « Le huitième bataillon de volontaires… », *in Actes…*, 1988, p. 405-424.

Roberts J., 1990, *The Counter-Revolution in France 1787-1830*, New York, St Martin's Press.

Roche D., 1988, *Les Républicains des Lettres*, Fayard.

Roger P., 1988, « Le débat sur la "langue révolutionnaire" », *in* J.-C. Bonnet, *La Carmagnole des Muses*, Colin, p. 157-184.

Roucaute Y., 1993, « "Surtout, surtout", Jean-Louis Seconds, théoricien de la terreur », *in* J.-M. Augustin, 1993, p. 15-36.

Roudinesco É., 1989, *Théroigne de Méricourt*, Seuil.

Rougé R., 1991, « We began the dance… », *in* J.-L. Martres, 1991, t. I, p. 53-70.

Roze R.B., 1978, *Gracchus Babeuf*, New York, Edward Arnold.

Rudé G., 1953, « Les émeutes parisiennes de février 1793 », *AHRF*, p. 32-57.

Rudé G., 1982, *Les Foules dans la Révolution française*, Maspero.

Ruellan J., 1991, « Moncontour dans la Révolution », *in* A. Droguet, 1991, p. 90.

✳ Sabatier G., 1985, « De la révolte de Roure aux masques armés », *in* J. Nicolas, 1985, p. 121-146.

Sagnes J. dir., 1993, *L'Espagne et la France...*, PU Perpignan.

Saillard D., 1995, *La Mémoire de la Révolution française en Franche-Comté*, Paris-I, thèse, dact.

Saint-Gervais A. de, 1828, *Histoire de l'émigration*, Paris.

Saint-Just L.-A. de, 1984, *Œuvres complètes*, Éd. Lebovici.

Saint-Marc C. de, 1906, *Les Émigrés du Poitou*, Niort.

Samson R., 1975, *Les 14-Juillet, fête et conscience nationale, 1789-1973*, Flammarion.

Sanchez J.-P., 1996, *Mythes et Légendes de la conquête de l'Amérique*, PU Rennes.

Schama S., 1989, *Citizens*, New York, Knopf.

Schama S., 1992, *Patriots and Liberators*, New York, Vintage Books.

Schnur R., 1983, *Revolution und Weltbürgerkrieg*, Berlin, Duncker & Humblot.

Scholem G., 1981, *Du frankisme au jacobinisme*, Gallimard-Seuil, EHESS.

Scott S.F., Rothaus B., 1985, *Historical Dictionary of the French Revolution*, Wesport, Greenwood Press.

Scott S.F., 1987, « L'armée royale et la contre-révolution », *in* R. Dupuy, 1987a, p. 191-201.

Scott W., 1973, *Terror and Repression in Revolutionary Marseille*, Londres, Barnes and Noble, McMillan.

Sécher R., 1985, *La Vendée-Vengé*, PUF.

Sénac de Meilhan G., 1987, *Des principes et des causes de la Révolution en France*, Desjonquères.

Sentou J. dir., 1991, *Révolution et Contre-Révolution dans la France du Midi*, Toulouse, PU Le Mirail.

Serna P., 1994, *Antonelle*, Paris-I, thèse, dact. Le livre paru en 1997 aux éditions du Félin n'a pas pu être pris en considération.

Sewell W.H., 1983, *Gens de métier et Révolutions*, Aubier.

Sewell W.H., Jr., 1994a, *A Rhetoric of Bourgeois Revolution*, Durham et Londres, Duke UP.

Sewell W, Jr., 1994b, « The Sans-Culotte Rhetorique of Subsistence », *in* K. Baker, 1994, p. 249-270.

Shapiro B.M., 1992, « Revolutionary Justice in 1789-1790 : The Comité des Recherches, the Châtelet and the Fayettist Coalition », *FHS*, 17, 3, p. 656-669.

Singer B.C., 1986, *Society, Theory and the French Revolution*, Londres, MacMillan.

Sirinelli J.-F. et Vigne É. dir., 1992, *Les Droites en France*, Gallimard, 3 tomes.

Slavin M., 1986, *The Making of an Insurrection*, Harvard UP.

Soboul A., 1953, « Une commune rurale pendant la Révolution », *AHRF*, p. 140-160.

Soboul A., 1958, *Les Sans-Culottes*, Clavreuil, thèse.

Soboul A. dir., 1980, *Girondins et Montagnards*, Société des Études robespierristes.

Solé J., 1988, *La Révolution en question*, Seuil.

Solé J., 1994, « Robespierre à la Convention le 8 Thermidor... », *in* J.-P. Jessenne, 1994, p. 205-215.

Soteras J., 1991, « Les Bleus à Lorient... », *in* A. Droguet, 1991, p. 149-160.

Staël Mme de, 1983, *Considérations*, Tallandier, rééd.

Starobinski J., 1979, *1789. Les emblèmes de la Raison*, Flammarion.

Stone B., 1994, *The Genesis of the French Revolution*, Cambridge UP.

Suleau F., 1989, *Le Fou du roi*, textes présentés par N. Basset, France-Empire.

Sutherland D., 1982, *The Chouans*, Oxford Press, Clarendon, 1990, trad. française, Société historique et archéologique de Rennes.

Sutherland D.M.G., 1986, *France Revolution, Counter-revolution*, Londres, Fontana Press.

Sutherland D., 1989, « L'Association bretonne : la conspiration du marquis de La Rouérie », *ABPO*, p. 433-456.

Tackett T., 1986, *La Révolution, l'Église et la France*, Éd. du Cerf.

Tackett T., 1989, « Nobles and Third Estate in the revolutionary dynamic of the National Assembly », *AHR*, p. 271-301.

Tackett T., 1997, *Par la volonté du peuple*, Albin Michel, trad. française de *Becoming a Revolutionary*, 1996, Princeton UP. La parution récente de ce livre n'a pas permis de l'utiliser autant que nécessaire.

Tassier S., 1934, *Histoire de la Belgique sous l'occupation française*, Bruxelles.

Terrier D., 1995, *Les Deux Ages de la proto-industrie*, EHESS.

Thomasseau J.-M., 1984, *Le Mélodrame*, PUF, « Que sais-je ? ».

Tilly C., 1970, *La Vendée*, Fayard, trad. française.

Trénard L., 1987a, « Les Pays de l'Ain face au fédéralisme », *in* R. Dupuy, 1987a, p. 160-168.

Trénard L., 1987b, « La révolution française, source d'histoire immédiate », *in Littérature et Révolution française*, Annales littéraires de l'université de Besançon, Les Belles Lettres, p. 11-40.

Triomphe R., 1968, *Joseph de Maistre*, Genève, Droz.

Tulard J. dir., 1990, *La Contre-Révolution*, Perrin.

Tulard J., 1992, « Paris face aux massacres de septembre », *Revue de l'Institut catholique de Paris*, 44, p. 9-14.

Turrel D. dir., 1997, *Regards sur les sociétés modernes, mélanges offerts à C. Petitfrère*, Université de Tours, CEHVI.

Vaissière P. de, 1924, *A Coblence*, Les Belles Lettres.

Valensi L., 1992, *Fables de la mémoire*, Seuil.

Valin C., 1991, *Crises et Révolution dans le district de La Rochelle*, Université de Rouen, DEA, dact., dir. C. Mazauric.

Valin C., 1992, *Autopsie d'un massacre*, Saint-Jean-d'Angély, Éd. Bordessoules.

Valin C., 1993, « La bataille inaugurale dite de Pont-Charrault », *in* J.-C. Martin, 1993, p. 35-64.

Valin C., 1997, *La Rochelle-La Vendée, 1793*, La Rochelle, Le Croît vif.

Van Kley D., 1987, « The jansenist constitutional legacy in the French Revolution », *in* K. Baker, 1987a, p. 169-202.

Vary D. et Muller C., 1993, *Hommes de Dieu et Révolution en Alsace*, Belgique, Turnhout, Brepols.

Vastet J.-M., 1988, « La vie religieuse des protestants en Ardèche, de 1789 à 1815 », *in* B. Plongeron, 1988, p. 245-255.

Venturino D., 1993, « A la politique comme à la guerre ? », *Storia della Storiografia*, 23, p. 135-152.

Viallaneix P., Ehrard J., 1980, *Aimer en France*, PU Clermont-Ferrand.

Viallaneix P. dir., 1990, *Réforme et Révolutions*, Montpellier, Réforme/Presses du Languedoc.

✓ Vidalenc J., 1963, « L'Affaire de Quiberon », *in Actes du 87ᵉ Congrès national des Sociétés savantes*, Imprimerie nationale, p. 300-333.

Vidalenc J., 1964, *Les Émigrés français*, PU Caen.

Vingtrinier E., 1924, *La Contre-Révolution*, Paris.

Viola P., 1980, « Luttes pour l'hégémonie au printemps 1793 », *in* A. Soboul, 1980, p. 121-148.

Viola P., 1987, « Les intellectuels napolitains face à la défaite de 1799 », *in* R. Dupuy, 1987a, p. 321-328.

Viola P., 1988, « Liberalismus und Konterrevolution in den Kreisen der jungen Opposition... », *in* R. Koselleck et R. Reichardt, *Die Französische Revolution als Bruch des gesellschaftlichen Bewußtseins*, Munich, Oldenburg Verlag, p. 631-639.

Viola P., 1995, « Deux modèles de fédérations », *in* B. Cousin, 1995, p. 19-26.

Vivier T., 1991, « La perception de l'aérostation militaire dans la France révolutionnaire », *in* Commission militaire, 1991, p. 279-296.

Vovelle M., 1987, « Aspects sociaux de la Contre-Révolution en Provence », *in* R. Dupuy, 1987a, p. 141-150.

Vovelle M., 1988, *La Révolution contre l'Église*, Bruxelles, Complexe.

Vovelle M. dir., 1989a, *Images de la Révolution*, Londres, Pergamon Press, 4 tomes.

Vovelle M. dir., 1989b, *Paris et la Révolution*, Publications de la Sorbonne.

Vovelle M., 1993, *La Découverte de la Politique*, La Découverte.

Wagner M., 1988a, « Die Gegenrevolution », *in* R. Reichardt, *Die Französische Revolution*, Freiburg-Würzburg, Ploetz Verlag, p. 98-113.

Wagner M., 1988b, « Vendée-Aufstand und Chouannerie in Lichte der neuere Forschung », *Francia*, p. 733-754.

Wagner M., 1994, *Gegenrevolution und England*, Munich, Oldenburg Verlag.

Wahnich S., 1992/3, « *Anglais*, des ennemis extraordinaires », *DUSP*, n° 4.

Wahnich S., 1994a, « Les Républiques sœurs... », *AHRF*, p. 165-177.

Wahnich S., 1994b, « La mémoire d'un crime politique en débat », *in* B. Garnot, *Ordre moral et Délinquance*, Dijon, EUD, p. 187-195.

Wahnich S., 1997, *L'Impossible Citoyen*, Albin Michel.

Walter G., 1948, *La Révolution française vue par ses journaux*, Tardy.

Walzer M., 1989, *Régicide et Révolution*, Payot.

Wartelle F., 1980, « Contre-pouvoir populaire ou complot maximaliste ?... », *in 111ᵉ Congrès national des Sociétés savantes de Poitiers*, CTHS, p. 59-90.

Weulersse G., 1985, *La Physiocratie à l'aube de la Révolution*, EHESS.

Whaley L., 1993, « Political factions and the Second Revolution », *FH*, p. 205-224.

Wilson W., 1985, *Réseaux contre-révolutionnaires en Provence*, PU Provence (Aix-Marseille), thèse de 3ᵉ cycle, dact.

Winock M., 1993, « Voyage à l'intérieur de la Droite »,
    L'Histoire, 162, p. 8-21.

Young A., 1976, *Voyages en France*, Colin.

Zurfluh A., 1989, « Les armées révolutionnaires à
    Uri... », *Histoire, Économie et Société*, 1, p. 101-118.

Zysberg A., 1988, « L'Affaire d'Orgères... », *in* Col-
    loque d'Orléans, 1988, p. 639-651.

Index des noms
de personnes

Table

Du même auteur

AUX MÊMES ÉDITIONS

La Vendée et la France
1987

La Vendée de la Mémoire, 1800-1980
1989

La Révolution française.
Étapes, bilan, conséquences
coll. « Points Mémo », 1996

CHEZ D'AUTRES ÉDITEURS

aux Éditions Reflets du Passé, Nantes

Une guerre interminable, la Vendée 200 ans après
1985

La Loire-Atlantique dans la tourmente révolutionnaire
1989

aux Éditions Gallimard, coll. « Découvertes »

Blancs et Bleus dans la Vendée déchirée
1986

*aux Éditions Yvan Davy, Vauchrétien,
Brissac-Quincé (Maine-et-Loire)*

Les Vendéens de la Garonne
traditions familiales des Vendéens migrants
1989

aux Éditions Belin

La France en Révolution
1990

à Geste Éditions, La Crèche (Deux-Sèvres)

Le Massacre des Lucs, Vendée 1794
(en collaboration avec Xavier Lardière)
1992

La Vendée en 30 questions
1996

Une région nommée Vendée
1996

aux Éditions L'Harmattan

L'Histoire mise en scène, Le Puy du Fou
(en collaboration avec Charles Suaud)
1996

aux Presses universitaires de Rennes

Révolution et Contre-Révolution
en France, 1789-1989
1996

RÉALISATION : PAO ÉDITIONS DU SEUIL
IMPRESSION : MAURY-EUROLIVRES À MANCHECOURT
DÉPÔT LÉGAL : MAI 1998 – Nº 25872 (98/04/64368)

Collection Points

SÉRIE HISTOIRE

DERNIERS TITRES PARUS